本书受西南民族大学国家级一流本科专业建设项目、铸牢中华民族共同体意识视域下国家公园文旅融合研究项目（2024GTT-TD11）资助

高等院校旅游专业系列教材

旅游景观概论

沈兴菊　主　编
刘　韫　副主编

北京·旅游教育出版社

图书在版编目（CIP）数据

旅游景观概论 / 沈兴菊主编. -- 北京 : 旅游教育出版社, 2024. 10. --（高等院校旅游专业系列教材）. ISBN 978-7-5637-4763-4

Ⅰ. F590

中国国家版本馆CIP数据核字第20247N175E号

高等院校旅游专业系列教材

旅游景观概论

沈兴菊　主编

责任编辑	何　丹
出版单位	旅游教育出版社
地　　址	北京市朝阳区定福庄南里1号
邮　　编	100024
发行电话	（010）65778403　65728372　65767462（传真）
本社网址	www.tepcb.com
E - mail	tepfx@163.com
排版单位	北京旅教文化传播有限公司
印刷单位	唐山玺诚印务有限公司
经销单位	新华书店
开　　本	710毫米×1000毫米　1/16
印　　张	15.5
字　　数	211千字
版　　次	2024年10月第1版
印　　次	2024年10月第1次印刷
定　　价	45.00元

（图书如有装订差错请与发行部联系）

目 录

第一章 旅游景观概述 ·· 1
 本章导读 ··· 1
 本章学习目标 ··· 1
 第一节 景观与旅游景观 ··· 2
 第二节 旅游景观的分类 ··· 7
 第三节 旅游景观的特性 ··· 14
 第四节 旅游景观形成的条件与要素构成 ···························· 16
 思考与练习 ··· 22
 本章参考文献 ··· 22

第二章 旅游景观学基础理论 ·· 24
 本章导读 ··· 24
 本章学习目标 ··· 24
 第一节 旅游景观学 ··· 24
 第二节 旅游景观学的基础理论 ····································· 26
 思考与练习 ··· 38
 本章参考文献 ··· 38

第三章 新时代的中国旅游景观 ·· 40
 本章导读 ··· 40
 本章学习目标 ··· 40
 第一节 中国旅游景观发展的时代背景 ······························ 40
 第二节 新型旅游景观的出现 ······································· 49
 思考与练习 ··· 61
 本章参考文献 ··· 61

第四章　地质地貌景观 …… 64
　　本章导读 …… 64
　　本章学习目标 …… 64
　　第一节　地质地貌景观概述 …… 65
　　第二节　地质地貌景观的类型 …… 66
　　第三节　地质地貌景观的旅游价值 …… 73
　　思考与练习 …… 76
　　本章参考文献 …… 76

第五章　水体景观 …… 78
　　本章导读 …… 78
　　本章学习目标 …… 78
　　第一节　水体景观概述 …… 78
　　第二节　水体景观的旅游价值 …… 80
　　第三节　典型水体景观 …… 84
　　思考与练习 …… 90
　　本章参考文献 …… 91

第六章　气象气候景观 …… 92
　　本章导读 …… 92
　　本章学习目标 …… 92
　　第一节　气象气候概述 …… 92
　　第二节　气象气候景观的特点、类型和分布 …… 94
　　思考与练习 …… 101
　　本章参考文献 …… 101

第七章　生物景观 …… 103
　　本章导读 …… 103
　　本章学习目标 …… 103
　　第一节　生物景观概述 …… 104
　　第二节　植物景观 …… 108
　　第三节　动物景观 …… 112

思考与练习 ……………………………………………………………………… 115
　　本章参考文献 …………………………………………………………………… 115

第八章　中国园林景观 ……………………………………………………………… 117
　　本章导读 ………………………………………………………………………… 117
　　本章学习目标 …………………………………………………………………… 117
　　第一节　中国园林景观概述 …………………………………………………… 118
　　第二节　中国园林景观的文化特征 …………………………………………… 120
　　第三节　中国园林景观的类型及风格 ………………………………………… 127
　　第四节　中国园林景观的特点与旅游价值 …………………………………… 132
　　思考与练习 ……………………………………………………………………… 135
　　本章参考文献 …………………………………………………………………… 135

第九章　中国古代建筑景观 ………………………………………………………… 137
　　本章导读 ………………………………………………………………………… 137
　　本章学习目标 …………………………………………………………………… 137
　　第一节　中国古代建筑景观概述 ……………………………………………… 138
　　第二节　中国古代军事工程建筑景观 ………………………………………… 140
　　第三节　中国古代宫殿建筑景观 ……………………………………………… 146
　　第四节　中国古代楼阁建筑、桥梁建筑与水利工程景观 …………………… 152
　　思考与练习 ……………………………………………………………………… 168
　　本章参考文献 …………………………………………………………………… 168

第十章　民俗风情景观 ……………………………………………………………… 171
　　本章导读 ………………………………………………………………………… 171
　　本章学习目标 …………………………………………………………………… 171
　　第一节　生产民俗景观 ………………………………………………………… 172
　　第二节　传统村寨及民居建筑景观 …………………………………………… 176
　　第三节　饮食民俗景观 ………………………………………………………… 181
　　第四节　节庆文化景观 ………………………………………………………… 184
　　思考与练习 ……………………………………………………………………… 188
　　本章参考文献 …………………………………………………………………… 188

第十一章　现代人文景观 ·················· 190
　本章导读 ···································· 190
　本章学习目标 ································ 190
　第一节　红色文化景观 ························ 191
　第二节　主题公园 ···························· 196
　第三节　现代城市景观 ························ 207
　第四节　现代乡村景观 ························ 212
　思考与练习 ·································· 217
　本章参考文献 ································ 218

第十二章　旅游景观的开发 ·················· 220
　本章导读 ···································· 220
　本章学习目标 ································ 220
　第一节　旅游景观开发的概念和基本理论 ········ 221
　第二节　旅游景观开发的评价与方法 ············ 225
　第三节　旅游景观的保护与管理 ················ 238
　思考与练习 ·································· 241
　本章参考文献 ································ 241

第一章

旅游景观概述

本章导读

　　景观是自然生态，也是文化传承。一个国家的景观是生长在其土地上的民众记忆、感知与情感的重要依托，也是国土资源的重要组成部分。当人们置身名山大川、古迹名胜，尽享旅游带来的乐趣时，景观就已经成为观赏的重要组成部分，甚至成为旅游不可或缺的要素之一。景观是旅游资源的基础单元，是景区景物的主体。任何旅游地都离不开景观，作为其旅游开发与发展的基础，独特的景观甚至成为区域旅游形象的标识，成为地方旅游形象传播的重要载体。

　　作为旅游活动产生和演进基础元素的景观，既以其自身的审美属性成为旅游吸引物，也以丰富多样的空间组合成为旅游目的地建设的重要途径。为此，旅游景观研究亟待成为旅游研究的主要领域之一，原本为多学科研究对象的景观，走进多学科交叉渗透的旅游学科是十分自然的。可以预见，对旅游景观的系统研究，特别是对旅游景观与旅游发展关系的研究，对于旅游理论深化、学科发展以及旅游开发的实践都将大有裨益。

本章学习目标

　　1. 熟悉旅游景观的主要分类，并能根据分类标准对不同的旅游景观进行识别和归类；理解旅游景观的特性，并能举例说明。

　　2. 分析旅游景观的形成条件，以及它们如何影响旅游景观的形成和发展。掌握旅游景观的要素构成，包括场域感知、旅游吸引物、感知条件等子要素，并了解它们之间的相互关系和影响。

第一节 景观与旅游景观

一、景观的概念

"景观"（landscape），是一个内涵丰富的概念。俞孔坚先生（1988）曾对"景观"概念的发展演化做过系统论述，他指出，欧洲的"景观"含义与汉语"风景""景致""景色"相一致，等同于英语的"scenery"[1]。在我国，"景观"是作为"风景"的同义词出现在文学艺术领域的。从东晋开始，山水画（风景画）就已从人物画的背景中逐渐独立出来，成为一个门类，景观（风景）很快就成为艺术家们的研究对象，这也造就了我国丰富的山水美学理论，堪称举世无双，因此也才有中国园林景观的臻美。综上，从"景观"的出处来看，它的含义同"风景""景致""景色"相一致，都是视觉美学意义上的概念。

1885年，德国地理学家洪堡在《历史的景观学》一书中第一次将"景观"定义为地理学的概念，但当时对景观内涵的认识在学术界分歧较大。1949年，苏联地理学家宋采夫对景观作出定义："自然地理景观应该是具有同类地质基础和相同的一般地质条件、发生上一致的地域；在它的范围内，能观察到地质构造、地貌形态、地表水和地下水、小气候和土壤、植物群落和动物群落的同一种相互联系、相互制约的结合体有规律的典型的重复。"[2] 显然，从地理学角度来看，景观的理论核心是自然综合体，具有均一性、多样性和完整性等基本特征。早在1935年，英国地理学家布朗就曾倡议地理学家应该更多致力于景观旅游研究。他和詹姆斯、卡尔森等先后论述了局地的自然资源、发展基础、聚落构成的差异对旅游业发展的影响，测定了旅游形态及其经济价值，并阐述了景观形态和景观过程。20世纪40年代，埃塞林、迪赛对景观的利用进行了分析。50年代，联邦德国的地理学家哈恩从参观景观的游客性质、逗留时间、季节性变化等方面划分了联邦德国的景观类型。这段时间景观形态及其一般经济意义均得到了学界重视，但偏重景观描述，而景观形成，特别是其如何发展的理论则极少被探讨[3]。随着景观基础学、比较景观学的相继问世，并产生深远影响，"景观"逐渐走向"景观学"，成为以研究景观的形成、演变和特征为对象的地理学分支学科。

此后，"景观"一词的内涵和外延在不断丰富。其含义从描写风景的原意开始，在生态学、地理学、地质学、建筑学、艺术学、旅游学等多学科中不断发展。而不同角度、不同领域、不同主体对其含义的认识都存在一定的差异：生态学家把"景观"定义为生态系统或生态系统的子系统；地理学家认为景观是特定区域地表的自然现象及其动态变化的综合体，是一种地表景象；地质学家认为景观是具有相同地质基础的地域，是地形地物的同义词；建筑学家则把景观作为建筑物的配景或背景；艺术学家对于"景观"的理解一直延续着其最初的含义，将其等同于风景。在旅游学领域，这一概念通常被理解为一定区域的整体外观样貌，因此"景观"也被视为旅游资源的重要组成部分。

从目前各个学科的"景观"概念来看，景观本体仍体现出各种要素空间综合的含义。景观是土地及土地上的空间和物体所构成的综合体，是复杂的自然过程和人类活动在大地上留下的烙印，是多种功能（过程）的载体，因而可被理解为包含以下含义。

（1）风景：视觉审美过程对象。

（2）栖居地：人类生活的空间和环境。

（3）生态系统：一个具有结构和功能、内在和外在联系的有机系统。

（4）符号：作为社会精神文化的信源而存在，人类不断从中获得信息[4]。

景观是一个地理实体，通过历史与时间的演化最终成为自然面貌与人类活动影响的有机合成体，是人文与环境统一的整体。景观的延展概念则强调它是被当地居民和旅游者所感知、记忆与依赖的区域。

二、旅游景观

20 世纪 70 年代至 80 年代，"景观论"被引入旅游科学，出现了"旅游景观"这个新概念。区域中具有一定景色、景象和形态结构，可供观赏的景致、建筑和可供享受的娱乐场所等客观实体，以及能让旅游者感受、体验的文化精神现象，甚至该区域存在的优美的环境条件以及旅游接待服务等内容，均可被泛指为"旅游景观"。这一新的含义逐渐为人们所接受。其中，有学者把那些区域环境中，吸引旅游者并能满足其心理及精神需要、具有相应的旅游价值及功能的客体和文化精神现象称为"旅游资源"。并且，为便于同"旅游资源"相区别，而把那些主要为满足旅游者的生理需求，具有保障旅游者食、宿、行、购等功能的设施条件及经济服务实体称为"旅游载体"或"旅游社会经济资源"[5]。20世纪以来随着旅游业的迅速发展，旅游景观成为人们耳熟能详的词。各地在大力提倡自然景观保护的同时，也在竭尽所能地新建和修缮各种人文景观，以满足人们不断增长的景观审美、休闲游憩、旅行度假的需求。旅游景观在日益走向微型化的同时，也在走向大型化，并在向各个领域与生产生活结合与渗透[6-9]。旅游景观成为既古老又年轻的研究对象。

"旅游景观"一词产生之初被当作旅游发展的概念性产物，是"景观"概念的延伸和细化，可以被理解为旅游者观赏的客观对象。能够被旅游利用的景观常被等同于旅游资源。随着研究的深入，不同的学者从不同角度对其进行了定义。

（一）文化角度

从文化角度来看，旅游景观是指区域中的景致、建筑和历史遗留下来的名胜古迹，还包括能让旅游者感受到的、具有地方特色的传统风俗习惯等精神文明现象。

（二）旅游开发角度

从旅游开发角度，陈彦光、王义民认为，旅游景观是一个区域内的综合体，由各种具有旅游价值的事物组成，包括各种景点、风景及各种旅游设施和人文环境[10]。王迪云认为，旅游景观是一种特殊的文化景观，是空间和感知的客观实体，是开发者出于旅游发展的目的，对自然景观或文化景观进行旅游开发改造而形成的一种新的景观[11]。

（三）旅游产品角度

从旅游产品角度来看，王云等在1999年提出，旅游景观可以直接用于旅游业，是旅游产品的核心基础，是吸引旅游者进行旅游活动的各种因素和条件，是旅游者进行旅游活动的客观对象，包括物质和精神两方面因素[12]。

从对"景观"概念的讨论中可以看出，旅游景观是人类在空间中选择、改造或创造的特定景观，兼具"景观"早期的风景意义和地理学中的自然和文化景观内涵。旅游景观可以被理解为旅游者对某一区域内的自然和人文旅游资源具有规律或共同特征的系列景象之复合感知，而且，每个人可以用独特的方式对其加以解释。旅游学家经常将景观当作资源，景观是吸引旅游者前往参观的吸引物，实质上，从旅游资源和旅游景观二者的关系看，旅游资源是旅游景观的前提或条件，而旅游景观则是旅游资源的派生物或发展方向。旅游资源更注重吸引力和经济、社会、环境效益，而旅游景观则强调地域环境的综合性。

在旅游活动中，旅游者追寻的目标是通过对旅游景观的综合感知来产生某种视觉愉悦及美好的内心体验，所有旅游活动都是围绕景观体验展开的。因此，旅游景观是指在旅游活动中旅游者所观赏体验的任何有价值的对象，既包括自然景观，也包括人文景观。许多旅游景观都是兼具自然特性和人文特征，所以其既是旅游活动的客观对象，也是整合农业资源、自然环境、劳动生产、居民生活和风情民俗文化的综合性载体，是弘扬文化、传承文明的重要工具。

三、旅游景观的感知

旅游既是一种社会经济现象，又是一种精神文化现象，前者着重于物质基础，后者产生于意识基础，旅游是二者综合的具体表现。从旅游审美角度看，旅游景观是旅游审美和感知视野中的景观。人对景观的感知效果也是建立在景观认知基础上的，不同人对景观感知的效果不仅与景观本身有关，还与对景观解读的意义有关，这也导致了景观美学和感知评价的不确定性。

（一）景观感知体验的相关概念

哲学上对"感知"的解释，即感觉与知觉的统称。在环境心理学中，感知指最初的感觉，主要指人类通过多种感官对目标事物及所处的环境产生的感觉和认知意识。感知可被简单地理解为知觉体验，它的特点是通过感官在体验事物的过程中形成对目标相关特征的发现，并由此上升到对目标事物的情绪反馈。

约翰·O.西蒙兹等认为，"人们规划的不是场所，不是空间，不是形体，而是一种体验。"[13]感知体验是通过视觉、听觉、触觉等感官对事物与环境的形态、规模、肌理等景观元素的获取与发现的过程，最终形成体验，并产生体验性评价。景观感知体验是基于风景园林学和环境心理学等学科研究提出的一个概念，是作为景观感受主体的人对于景观包括视觉感知、听觉感知、触觉感知等多种层面感知的统称，表现为景观给人带来的体验与情绪影响。景观感知体验的结果是感知体验者对景观产生的感受，经过人的生理感受和心理感受的综合作用，形成对景观的情绪反馈，对其最为简单的描述即满意程度。本书中，被感知的景观对象为旅游景观，景观感知体验为旅游者对旅游景观的感知体验，是一种包括视觉要素、服务设施要素以及文化与活动要素的感知体验。

（二）景观感知体验的经典理论

1. 需求层次理论

需求层次理论，首次出现于1943年的《人类激励理论》，作者是美国心理学家亚伯拉罕·马斯洛，所以该理论又被称为"马斯洛需求理论"。该理论认为人具有五个层次的需求，从低到高排序为生理需求、安全需求、社交需求、尊重需求以及自我实现需求[14]。这五个层次的需求呈现递进的关系，在低层次的需求得到满足之后才有可能产生高层次的需求。生理需求是人生存的基础需求，即对生活中衣食住行的需求；安全需求是在满足生理需求的基础上，对其他如出行的安全、职业的保障等方面的需求；社交需求，是个人参与社会人际交往的需求，需要通过交往获取他人和群体的关心、理解和支持等，是感情需求的主导，相比物质需求，这种情感需求更为细微，也更加难以度量；尊重需求是个人情感需求的高层次发展，是一种永远得不到满足的需求，尊重需求要求别人对自身尊重，还包括自身追求的社会地位、权利和自尊感得到满足，这是一个基于个人性格特征差异、具有个体巨大差别的需要；自我实现需求是五个需求中的最高层级，是自我潜力与理想得到充分发挥和实现的需要。

2. 环境认知理论

环境认知反映了感受者对空间世界产生感知，以及进行思考与想象的能力。

在环境认知过程中，形成了重要的知觉理论。在知觉理论研究中，视觉感知是最为迅速、直接的感知方式，也是环境感知的主要途径。最初，关于环境感知的研究主要集中在对视觉感知的研究。与此同时，在对知觉过程的研究中，由于知觉获得的信息会受个人记忆与想象的影响，使得信息的准确性难以界定，这也是学界的一个难点和讨论焦点。到了20世纪中后期，随着对心理学等学科研究的深入，学界将研究重点转向了记忆以及想象产生的认知影响，掀起了一场浩大的认知革命风暴，带来了专业的环境认知理论。在对环境认知理论的研究过程中，研究者开始重新审视思维、记忆以及想象等这类复杂的人类认知机制。多数心理学专家在研究中提出了"认知地图"的概念，认为感受者对其所处的环境会根据经验进行结构化的处理，即研究环境本体的不同特征对感受者产生的心理暗示[15]。

3. 环境与行为关系理论

作为多学科的交叉领域，环境与行为关系理论是环境心理学的重点内容之一，其主要研究物理环境（包括自然环境、建成环境）、社会环境、心理环境、信息环境（如虚拟环境、学习环境）与行为之间的关系。李曾道（1999）对环境与行为关系进行了深入研究，认为环境行为是由于对环境产生的经验或是环境刺激引起的行为，而环境与行为关系即环境行为与其对应的物质、文化或者社会关系的相互作用。这是对环境与行为关系的解释，确定了环境会对感受者行为产生影响，并形成某种关联性。在环境对行为的影响机制研究方面，环境行为学家阮伯特（1979）认为，社会场合对人的行为造成影响，而物质环境提供了分析、解释社会场合的线索。此外，英国行为主义心理学家提出了唤醒理论，分析了不同尺度的活动空间对个人产生的不同心理影响，即通过唤醒进而使本体产生应对环境的不同行为，当环境过度缩小使之产生困难时，便会激发个人的攻击行为[16]。

（三）景观感知的人群适应性

旅游者的景观感知受其年龄、性别、知识结构、文化背景等诸多因素影响。不同类型的旅游者对同类型景观的偏好也有较大差异。例如，生态旅游者对自然景观的偏好和文化旅游者对文化景观的偏好等。因此，景观感知度具有人群适应性，不同类型的景观感知度计算结果的合理性，只针对采用相同或相似方式观赏、体验景观的自然形态和文化内涵的特定人群。无论何种类型的旅游者，只能通过特定的感知方式对文化景观进行体验。例如，对特定地域建筑风格的感知，需要观赏者观察体验这些建筑的共性特征和文化符号。因此，进入文化旅游地的旅游者并非都是文化旅游者，如果缺失相关知识和阅历，也没有文化导游的引导，则很难体验文化景观的意义，也就难以形成特定的文化感知。

尽管景观感知度具有人群适应性，但对于生态旅游者和文化旅游者来说并没有一个严格的划分界线，许多旅游者兼有两种类型的特征，他们既对以自然风景为主的生态旅游感兴趣，也愿意探究文化景观背后的意义。同样，一个旅游地也难以被严格地划分为自然或人文旅游地，往往是自然和文化景观的聚合体。对于经过规划设计而开放的旅游地来说，旅游景观的自然审美价值和文化寓意会按照特定的设计方式向旅游者传递。

第二节 旅游景观的分类

旅游景观是由景观要素组成的综合体。景观要素是指可供人们观赏、感受、参与活动的要素。该综合体，是通过景观要素能量、信息的组合与相融，形成包含各种景观结构的整体系统。每个景观又是各具特色可供人们观赏、感受的综合体[17]。

旅游景观是旅游者游览观赏视觉形象的艺术空间。景观蕴含着三个不同文化层次以及与之相对应的艺术空间：一是景观历史文化与艺术层次空间，即景观环境的风土人情、风俗习惯等人文风貌的历史文化与艺术层次空间；二是景观环境生态层次空间，即土地、地形、水体、动植物、气候、光照等自然资源环境的生态层次空间；三是景观游览感受层次空间，这是指旅游者游览、观赏、感受对象的层次空间，即景观所展示的视觉感受层次空间。景观的这三个文化层次及艺术空间形成了景观游览的文化艺术形象，并自始至终贯穿于旅游者观赏景观的视觉感受过程之中。所以，景观作为一种视觉形象，既是一种自然景观，又是一种生态景观和视觉感受景观空间形象的整体展示。

基于不同的实践需要和研究目的，旅游景观产生了诸多不同分类[18]。

一、情态分类法

依据景观的情态，旅游景观可分为动态景观和静态景观[19]。动态景观是随时间的推移而产生明显景观色彩或质量变化的景观，往往给人以动态美，激发人们的热情，如瀑布、潮汐、节庆表演等。源于人文活动的动态旅游景观，在旅游产业化的热潮中得到了大力发掘和传播[20]。静态景观则是不随时间而产生色彩等景观要素变化的景观，它们给旅游者带来了静谧、安详、深沉之感，如山地景观、湖泊景观、建筑景观等。

二、位置组合分类法

按照景观的位置组合分类，旅游景观可以分为主景与配景，前景、中景与背景，对景与分景，框景、漏景、夹景、添景以及借景等。

（一）主景与配景

主景是景观的重点，一般位于景观空间的中心，集中体现景观的主题与功能。配景起陪衬主景的作用，与主景形成了和谐的整体。在不同性质、不同规模和不同环境条件的景观中，主景和配景的布置有很大的差异。一般，主景处于突出的位置、较高的空间并具有较大的体量，这是景观建筑最常用的景观营构方法，也是景观美鉴赏的一般途径。

（二）前景、中景与背景

前景、中景与背景是按照景观距离旅游者的远近及空间层次划分的，又被称为近景、中景和远景。景观若无层次则显得单调而无纵深感，失去美的韵致和多姿的风采。

（三）对景与分景

对景是处于景观轴线及景观视线端点的景观，分为正对和互对。正对，指在道路、广场的中轴线端部布置景点，或以轴线作为对称轴，常用于规则景观园林中，以取得雄伟庄严效果，如景山为故宫轴线上的对景；互对，是在轴线或景观视线的两端设置景观，使两景相对，如颐和园中的佛香阁与昆明湖。

整体景观被划分为若干个空间，呈现出园中有园、景中有景、岛中有岛、湖中有湖的境界，这就是分景，见图1-1。它能使景观空间多变，虚实相间。因功能作用和艺术效果不同，分景分为障景（抑景）和隔景。在景观中凡能抑制视线，引导空间转变方向的屏障景物均为障景。障景直接采取截断行进路线或逼迫其改变方向的办法来完成。隔景是将景观分隔成不同景区景观，通过阻隔部分视线和游览线，增加景观层次性、神秘感和可变性，常见的隔景方式有影壁、屏风、廊院、树木等。

图1-1　分景

（四）框景、漏景、夹景、添景与借景

所谓框景（见图1-2），就是把围墙或建筑的门洞、窗洞作为画框，把门窗外面的真实山水景观或竹石小景，纳入画框，当作挂在墙上的中堂或尺幅画。园林中的树木也可形成类似门洞、窗洞的框架式空间。框景营构了自然与人造景观美妙衔接的画面。漏景（见图1-3）则是在框架之上设有各样纹式，形成所谓的漏窗，借此将框景分割而成，其涉猎的景观与框景相比，增加了含蓄、细腻和神秘感。夹景是为了突出优美景色，常将视线两侧较为贫乏的景观，利用树丛、树列、山石、建筑等加以隐蔽，形成较封闭的狭长空间，突出空间端部的景物。这种左右两侧起隐蔽作用的前景被称为夹景，能起障丑显美的作用，增加景观的深远感。添景则是为主景或对景增加了丰富的层次感，一般在缺乏近景的情况下可作添景处理。添景可以用建筑小品、林木等来构建。在眼光所及的范围内，把周边景观巧妙组合到观赏视线中来，并使景观空间扩大，丰富观赏内容和景观层次，这就叫借景。借景随距离、视角、时间、地点等不同而异，分为远借、邻借、仰借、俯借、应时而借等。

图1-2 框景

图1-3 漏景

三、其他分类法

旅游景观也可以依据其他不同分类法，分为生命景观与无生命景观、静谧

景观与声响景观、硬质景观与软质景观等[18]，这些分类法，在景观设计时常被使用。

四、本书的分类法

本书认为，上述分类法都是基于一般景观分类方法，是囿于景观的某种层面而使用的划分类型。这些分类法未能很好地突出旅游景观的旅游个性，且过多地强调了景观的一般特征。综合前述分类，结合旅游景观概念的拓展，尤其是休闲游憩产业的系统构建，同时考虑旅游景观营造与旅游发展阶段的密切关系，遵循景观个体、层序清晰、归类明确、有利拓展和适应大旅游和休闲时代特征等原则，借鉴国家标准 GB/T 18972—2017《旅游资源分类、调查与评价》中有关旅游资源的分类体系，本书将旅游景观类型划分为三级系统：一级为旅游景观大类，共 4 个大类，即自然景观、文化景观、现代人文景观与社会风情景观；二级为旅游景观亚类，共 21 个亚类；三级为旅游景观类型。具体如表 1-1 所示。

表 1-1　旅游景观分类

旅游景观大类	旅游景观亚类	旅游景观类型
自然景观	地质景观	断层、褶曲、节理、地层剖面、钙华与泉华、矿点矿脉与矿石积聚地、生物化石点、重力堆积体、泥石流堆积、地震遗迹、陷落地、火山与熔岩
	地貌景观	山丘、峡谷、独峰、峰林、峰丛、石（土）林、奇特与象形山石、岩壁与岩缝、沟壑地、丹霞、雅丹、堆石洞、岩石洞与岩穴、沙丘地、岸滩、岛区、岩礁、冰川堆积体、冰川侵蚀遗迹
	水体景观	风景河段（观光游憩河段、暗河河段、古河道段落）；湖泊景观（观光游憩湖区、沼泽与湿地、潭池）；瀑布景观（悬瀑、跌水）；泉水景观（冷泉、地热与温泉）
	生物景观	植物景观（林地、草地、独树）；动物景观（水生动物景观、陆地动物景观、鸟类、蝶类）；花卉景观（草场花卉、林间花卉）
	气象气候景观	云雾、雨雪、雾凇、避暑气候、避寒气候、极端与特殊气候、物候景观、海市蜃楼、彩虹
	天象与太空景观	日出、晚霞、月色、日月食现象、流星与彗星景观、极光、星辰观察、陨石、天体景观

续表

旅游景观大类	旅游景观亚类	旅游景观类型
文化景观	古人类遗迹景观	人类活动遗址、文化层、文物散落地、原始聚落
	历史时期文化遗址景观	历史事件发生地、军事遗址与古战场、废弃寺庙、祭祀遗址、废弃生产地、交通遗迹、废城与聚落遗迹、长城遗迹、烽燧
	文化建筑与设施景观	宗教建筑（佛塔、寺庙、石窟、宫观、教堂），墓葬［陵园、墓（群）、悬棺］，长城段落，城（堡），摩崖字画，碑碣（林），广场，人工洞穴，建筑小品，古村寨，古镇，交通建筑（大桥、大港、渡口、航空港、栈道），水工景观（水库、水井、运河与渠道、堤坝、灌区、提水设施）
	传统园林景观	假山、叠石、花木、桥、亭、廊、舫等建筑小品
	居住地与社区	古村寨、乡土建筑、特色街巷、特色社区、名人故居与历史纪念建筑、书院、会馆、特色店铺、特色市场
现代人文景观	主题公园	历史文化展现型、微缩型、复古型、民俗汇集型、机械活动型、现代游乐型、军事主题型、生物主题型（专门）
	产业场景观	农业景观，渔业景观，工矿景观，服务性产业景观（医疗、度假等），高新技术产业景观，建设工程景观
	纪念园景观	灾害纪念园、战争纪念园、历史事件纪念园、人物纪念园
	活动场馆	聚会接待厅堂（室）、展示（博览）演示场馆、体育健身场馆、歌舞游乐场馆、现代城市及其游憩商业区
	其他特定场景	教学科研实验场所、祭祀活动场所、军事观光地、边境口岸、景物观赏点、现代雕塑
社会风情景观	民间习俗景观	地方风俗与民间礼仪、民间节庆民间演艺、民间健身活动与赛事、宗教活动、庙会与民间集会、饮食习俗、特色服饰
	现代节庆景观	旅游节、文化节、商贸农事节、体育节
	文化艺术景观	语言、文字、文艺团体、文学艺术作品（诗词题赋、壁画、传说、神话等）、传统手工艺
	人事纪录景观	人物事件
	地方特色商品	菜品饮食、农林畜产品与制品、水产品与制品、中草药材及制品、传统手工产品与工艺品，日用工业品及其他物品

　　自然景观即天然景观，是指那些只受到人类间接、轻微或偶尔影响而基本保持其原有自然面貌的旅游景观。空间尺度较大的自然景观一般分布在开发

历史短暂、人口稀少的地区，如极地、高山、荒漠、沼泽、热带雨林以及某些自然保护区等。空间尺度较小的自然景观常见于城市郊区和乡村田野。文化景观，指那些在历史时期形成，受人类活动直接影响和长期作用使自然面貌发生明显变化并具有历史文化价值的景观。现代人文景观是指在当下为迎合人们参与、娱乐和休闲等多样旅游形式而兴建的旅游景观。现代人文景观是为适应一定的旅游市场需求，满足旅游者的多方面需要，专门创造出的具有较高美学、历史、艺术价值且具有普遍的旅游吸引力的特殊新景观。它可以超越时间和空间地域的限制，成为人们旅游观赏、娱乐或学习求知的对象。各类主题公园是其中最典型的代表。社会风情景观是以人为载体的，通过人的生产生活、行为习惯以及人际交往关系等方式表现出来的景观，可参与性是其首要旅游功能。本书同时还尝试将文化艺术景观、地方特色商品，以及传统村寨与民居建筑列入社会风情景观大类。

需要说明的是：第一，尽管多数旅游景观属于几种单一景观构成的复合类型，但是考虑到景观单体特征和基元性（这一点是旅游景观与旅游资源分类很不相同的表现），没有必要将综合景观单列为一种类型，如滨海旅游景观，既包括海岸，也包括海水，甚至海洋生物。在分析旅游景观时，应主要基于类型的分析，因此不单列滨海旅游景观，而是应将其置于地貌景观、水体景观和生物景观中。不过复合类型景观的普遍存在恰好说明了旅游景观的系统性，这是旅游景观开发保护时必须注意的。第二，类型的界定是相对的，不是绝对的。例如地方的重要大河常被称为当地的"母亲河"，由此可见自然景观具有情感化倾向。开发历史长的自然景观，也常因历史时期帝王将相、文人墨客的参观和赞许而积淀了文化内涵，从而促进了其后的旅游开发利用。因此，从一定程度上讲，纯粹的自然景观是不存在的。第三，表1-1的旅游景观分类主要基于景观的形成过程、功能属性、形态特征等，力求为读者提供一个总体认知框架。然而，在后续章节的具体分析中，结合旅游产业现状，出于深化理解与突出重点的需要，部分内容在分类归属或论述角度上可能与前述表格略有出入。此类差异并非前后矛盾，而是体现了从宏观分类到微观解析的过渡过程，旨在帮助读者更全面地把握各类景观的多样性与复杂性。

第三节 旅游景观的特性

旅游景观是由多种要素组成的整体，而不是单独的存在，包括旅游吸引物、场域感知、感知条件等子要素。无论是进行旅游景观设计还是欣赏，都必须了解旅游景观的基本特性。旅游景观的特性可被概括为以下几点。

一、有形性与可感性

旅游景观的"景"就是风景。风景既有自然的，也有人工的，山水景观、冰雪景观、生物景观属于前者；亭台楼阁、桥梁古寨等属于后者。一些风景甚至具有动态性，例如节庆风俗、宗教礼仪等。多数"景"都具有客观存在属性，即在组构材料具体实体性的基础上，具有直接的可观赏属性。这就构成了旅游景观的有形性。

景物、情景是观赏、鉴赏的基础，观赏、鉴赏是景物、情景审美的结果。另有不少旅游景观，在其历史发展过程中形成了大量的非物质形态。这部分景观或者说景观的这部分内容，尽管不具有直观性，但依然与景观实体水乳交融，不可分割，以"意象景观"形态进入人的大脑，成为审美对象不可或缺的部分，提升了原有景观的品位。从这一点来看，在"意象景观"未能转化为可视景观之前，只是不可直接视触，但依然能够言传意会。因此，它们同景观实体一样，具有可感性。

嗅觉、听觉和触觉元素是旅游景观的辅助性要素，可以提高观赏效果，但不是主要的元素，因为旅游景观必须是有形的视觉对象，所以视觉要素占据了核心地位。举例来讲，彩虹、水、山、植物、建筑等都是可见的、可观赏的事物，而风声、水声、说话声、动物叫声、歌声等出现在旅游景观之中，是可以欣赏的，但如果去掉那些可见的山、水、石、植物、建筑、彩虹等，景观也就不复存在了。所以景观必须是有形的、可见的客观实体。非物质文化在未转化成物质之前不是景观，必须在转化为物质存在形式之后，才能被称为非物质文化景观。旅游景观的直观性就是其实在的可观赏性，旅游景观的可感性和意境功能则是在此基础上的延伸。

二、地域性和等级性

任何景观都存在于一定的地域，具有分布位置的固定性或活动变化范围边界的确定性，反映特定地域自然现象和人文社会现象，因此，景观就是特殊的地域地理现象，是地域特性的一部分。旅游景观的地域性也是其多样性和差异性形成的基础。

由于地域的等级性存在，景观也就具有一定的地域性和等级性，既具有自身的鲜明特性，也具有级别不等的层次。例如，不同的旅游城市各有其自身的景观色彩，通过其所在的独特地理位置、地貌结构和发展历史和建筑风格得以体现，如我国南方水乡景观多秀丽优美，北方古都景观多厚重雄浑，体现了不同的景观美学特征。不同城市因其级别不同，建筑的体量大小差别很大。大的旅游景观包含小的旅游景观，但均有地方特色。在复杂的景观系统中，景观的范围层次、位置次序、功能大小都体现了其等级性。

三、变动性与历史性

旅游景观都是在一定历史演变过程中形成的，具有变化的特性，即景观具有随时间推移而产生质量变化的性质，只是有的旅游景观变化较快，有的变化较慢，由此，可以分出旅游景观的瞬时性变化、季节性变化、历史性变化等。

旅游景观的瞬时性变化是说旅游景观在较短的时间内即能产生一定的变化，这以自然景观中的动态景观多见，如海浪、涨潮等。季节性变化的旅游景观广泛存在于自然景观中，森林的季相、天象气候旅游景观的变化就是如此形成的，也有部分人文旅游景观，如民俗的季节性亦很明显。历史性变化的旅游景观多数体现在历史人文景观中，如历史建筑的自然风化、修葺等。从这个角度上说，旅游景观其实都凝聚着时间概念，它们既是自然历史和社会历史的产物，又在时间长河中添新、存旧，由此，形成了时间系列景观。

四、多样性与社会性

旅游景观类型的多样和旅游景观的变化性，使旅游景观具有多样性的特征。旅游景观的形态、色彩、规模、长度、衬景以及旅游景观质地的差别都是多样性形成的基础。同时，旅游景观结构的变化也丰富了旅游景观的多样性。

旅游景观的多样性是旅游活动和旅游发展的重要前提，同时也为旅游景观的规划设计提供了广阔的空间和创意载体。

旅游景观具有社会性。一是因为旅游景观是人的鉴赏对象，而人是具有社会属性的。正如美的标准各不相同，甚至差异悬殊，旅游景观在形成过程中深深烙下了其社会文化属性，越是文化内蕴深厚的旅游景观越是如此。二是旅游景观本身的发现、开发、规划与完善无一不是人类社会历时多年的结果，往往凝聚了几代人或数十代人智慧和劳动的结晶。自然物的旅游景观化过程是这样，人工物的旅游景观化过程更是如此。不同的时代形成了不同的旅游景观主体及其特定的景观偏好类型。

五、功能性与指示性

实际上，大量景观的初始功能并非都是供人观赏的，而只是环境的一部分或有特定的实用功能，有的甚至与观赏功能相距甚远。如桥梁原本只是水上的交通捷径，长城烽火台原是军事防卫设施。景观的旅游功能实际是在其他功能的基础上的，或由于人的聚集使用，或由于其特有的形貌等衍生而来的。因此，景观往往具有多功能性，其旅游功能仅是其作为环境组成部分或原始实用功能的派生和延伸。

自然生成物对环境特征及其演变的指示作用无可置疑，这就不难理解自然景观对环境的指示功能。而人文景观是人地互相作用的产物，在其发展过程必然产生社会环境的镜面作用。据此，可以通过人文景观透视自然对人类活动的影响和人类对自然的改造。任何人文景观都不同程度地反映了它所属的地方文化体系及其风格特征，成为文化生态系统的镜面，折射出当时人们的智慧、技艺、价值观念和审美意识等。

第四节　旅游景观形成的条件与要素构成

在不断发展的 21 世纪，旅游景观的内涵与外延也有了深刻变化。最初人们认识的旅游景观，主要还是指包括山、水、气、光、动物、植物等的自然环境与物象地域组合构成的自然风景，以及由历史与文化沉淀后反映出的一个地区民族风貌与特色的人文景观。因为，这些千变万化的景象和环境，以及一个国家或地区独具特色的民族状况、历史发展、文化艺术、物质文明和精神文明等都能使人产生美感，从而获得精神与物质上的享受。从这个意义上讲，旅游景观即旅游资源。但旅游景观不是简单意义上的"旅游资源"，它应具有以下含义和特征。

一、旅游景观的特征

（一）旅游景观的系统性

旅游景观是一个具有美学意义和吸引力的，区域环境内的，包括自然、社会、经济、文化等子系统在内的复合系统。根据地带规律，旅游景观系统的地域差异会使处于相同地带的旅游景观区域系统具有相同或相似的自然、社会、经济及文化的特点。

（二）旅游景观的整体性

旅游景观作为一个系统，是自然、社会、经济、文化等众多要素（子系统）组成的整体，各要素之间相互联系、相互制约，受"系统整体性"规律的制约。因此，旅游景观不是简单意义上的"旅游资源"，而是特定区域内相互关联的自然现象总体、人文现象总体（包括社会、经济现象），以及自然与人文现象相互作用而形成的具有美学（精神激励）意义和吸引力的区域总体环境，具有每个子系统在孤立状态时所不具有的整体功能和结构。

（三）旅游景观的动态性

旅游景观的动态性主要体现在景观本身的变化、游览者观赏方式的动态性以及动态景观的创造上。这种动态性不仅丰富了旅游体验，还体现了人与自然的互动关系。由旅游资源及旅游社会经济资源组成的旅游景观，是旅游业发展的必要条件或重要条件，但只有通过提供一定的设施条件和旅游服务使旅游资源与旅游者在一定区域内有机地结合起来，不断提升以满足旅游者不断增长的物质与精神上的需要，将旅游资源转化为财富，才能实现旅游产品的生产和销售，进而获取一定的社会效益、经济效益和生态效益。

二、旅游景观的形成条件

自然景观作为一个自动调节的混合地理系统，包括各种各样的非生物、土壤和生物子系统。它们均受自然规律的支配。人文景观是地球表面的一部分，其中并存着自然和社会经济地理系统[5]。以下将依据其表现和特征的差异对其形成条件展开表述。然而，在许多区域内，往往很难明确整个自然景观与人文景观之间的准确界限。

（一）自然景观的形成与区域系统理论

自然景观的形成首先与地球在太阳系的位置与运转规律有关，具有典型的经纬度地带性。不同纬度所接受的日光能有差异，这种差异决定了地球上气候的地带性。自然界中各个要素的相互制约和相互联系形成了自然景观带。现代的景观带只是漫长的历史演变过程中的一个阶段。然而，由于海洋和山川的影响造成了温度与雨量的差异，破坏了理想的地带性，进而影响了植被、动物、土壤及其他自然现象的纬度地带分布的特性，从而形成了综合的自然景观的纬度地带性。

经度自然景观带是因陆海分布、陆地大小、洋流等因素的影响，打破了纬度自然景观带分布规律的界线而出现的新的分布规律。这主要是因为季风，使水热平衡发生改变，出现了从沿海向内陆、沿经度方向延展的自然景观的带状分布，即相继出现湿润的森林带、半湿润的草原带、干旱的荒漠带。

垂直自然景观地带是相对于纬度、经度自然景观带——水平景观带而言的，是呈立体空间规律分布的地带，其形成的主导因素是山地起伏而引起的水热平衡变化，受地理位置、海拔、坡谷方位、山峰分布及地域气候条件等因素的综合影响。山地垂直起伏达数千米时，景观垂直地带的差异特别明显。

同时，地球并非一个均匀的球体，因此纬度自然景观带必然受"非地带"因素的影响，而使自然带的连续性受到破坏。首先，海陆分布及陆地大小的不同，造成了世界上最大的区域性（洲）自然景观的差异；其次，由于每个大陆内部的山地、高原、平原、盆地等非地带因素，又在大陆内部形成了次一级区域性自然景观的差异；最后，由于山岭走向、谷坡的向背、岩层分布及露出地表情况、地表的起伏，以及河流、沼泽、湖泊等非地带因素的影响，又在上一层次的区域系统中划分出了更小的自然景观区。如世界自然遗产地湖南张家界，是巨厚层砂岩在抬升过程中不断受到外力作用切割从而在漫长历史中形成的巨大石柱林景观；被称为"世间奇景"的四川九寨沟（见图1-4），主要是由于地壳隆起及山岭走向，使古代冰川在地质历史中形成的串珠般的海子；云南大理的自然景观，则是在深厚的石灰岩基础上，在温热气候条件下经长期溶蚀作用而形成的石海洞乡……

图1-4　四川九寨沟

区域性是旅游景观特色和个性的主要表现，这样的自然景观区，既是大区域性自然景观系统的组成部分，有特定的区域特色，又受地带性规律的制约，是地带性与区域性矛盾交叉的区域。对那些尚未被人类开垦、利用或破坏，保持或基本保持自然原始风貌，且有优美环境的区域，我们称之为区域性"自然景观系统"，即风景名胜区、国家森林公园、国家自然保护区以及世界自然遗产地，其大多占据一百平方公里或数百平方公里的地域，常常是同纬度地带或同经度地带自然景观保留最为完整、最具代表性的地段；它同时又是非地带因素（地表起伏、山岭走向、河流分割、岩层裸露、火山或地震遗迹、湖泊及沼泽分布等）中某一主导因素直接作用的结果，从而形成了不规则的空间范围及不可替代的区域特色。它们是人类旅游的主要目的地类别，具有客观存在的植被、动物、土壤、地貌等综合景观，是客观的自然美，有特定的审美特征。把握自然景观地带及区域的审美特征，对旅游者自身来说就是把握自然美的内涵。把握自然美的内涵，就会使审美活动进入更高层次。对于旅游从业人员来说，就能更好引导、服务旅游者去把握自然美的规律，合理组织旅游线路，使他们获得更多的精神愉悦和享受。

（二）人文景观的形成

文化景观、现代人文景观与社会风情景观都是随着人类社会经济和文化的发展而逐渐形成的景观类型，在此将其统称为人文景观。人文景观包含社会美、艺术美、科学美、技术美等多种美的形态，是人类活动历史的见证者，也是人类思想的物质载体。如城市、村镇、桥梁、民居等，人文景观具有明显的地域性和民族性，其所能传达的信息包括人类赋予的文化信息、审美信息和情感信息。

人文景观是人类社会演变发展的阶段性产物，即各个历史时期人类社会、经济、文化景观不断积淀、叠加的结果，是人类特定时期的物质和精神文明的集中体现。以生产力为代表的社会经济基础，决定着社会、文化、艺术等"上层建筑"，因此研究人类社会的生产力发展历程，是研究人文旅游景观的出发点。

1. 人文景观的形成受自然景观区域系统叠加作用的影响

自然景观区域系统是人文景观系统的自然物质基础，而社会、经济、文化则是人文景观系统定型和形成区域特色的力量。人文景观的形成受生产力的发展、商品经济的作用、劳动地域的分工，以及不同国家、民族的社会结构等因素影响，由其共同推动而形成。

2. 人文景观的形成主要受社会及经济规律制约

农业社会中不同的自然区域，提供不同的农业生产条件及自然生产力，因而在历史上的劳动地域分工中，逐渐形成了早期农业经济中不同地域的差异，而且因为不同的社会结构、制度及文化的影响，在大的、原始的自然区中会分出不连续的文化景观区域。这些区域反映了不同时代，某国或某一民族的经济生产力和社会、文化的特征。

工业社会时期，劳动地域分工不断深化，以专业化分工为主要内容和特征的经济文化区域，在历史进程中有的叠加在原农业社会的区域上，整体改变了原来区域的面貌，使其成为更发达的经济区域和文化区域，与未受到工业革命影响及影响较小的区域形成反差。

工业化伴随着城市化，城市在经济文化区域系统的形成发展中发挥着重要的凝聚与核心作用，它像细胞核一样，最终促成了现代经济文化区域系统的产生。工业化与城市化的进程，哪怕是在同一原始的自然区域中的发展也是不均衡的，因此也就有了客观存在的大小不同、多种多样的经济文化区，构成了特定的人文景观。地球表面的人文景观区域分异，先于人文景观带的分异，许多区域的连接、扩延而最终形成有梯度差异的不同文化景观地带。在讨论人文景观的形成机制时，除上述自然区域基础、劳动地域分工及城市聚集的作用外，国家的行政区划及民族聚居区域的划分也起着十分重要的作用，甚至于某种文化，如历史名人、名事，都对人文景观区域的形成发挥了推动作用。

三、旅游景观的构成要素

旅游景观是由多种要素组成的整体，包括场域感知、旅游吸引物、感知条件等子要素。各要素之间互相联系、相互作用，如图 1-5 所示。

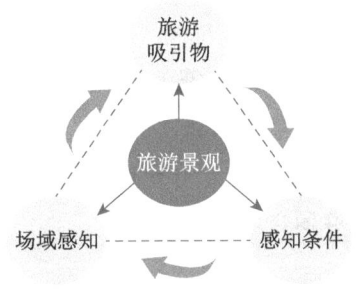

图 1-5　旅游景观构成要素

（一）场域感知

旅游景观要素的场域感知是人对旅游环境整体、全面的反映。在旅游过程中，旅游者获得了大量的旅游环境信息，通过甄选、综合等过程，依据自己的旅游需求、心理状态和以往经验，赋予旅游场域新的意义，并从中获取愉悦感。在旅游者游览过程中，旅游场域景象以其特征属性对人的感官系统起作用，使旅游者体验到旅游带来的愉悦。

（二）旅游吸引物

旅游吸引物，指旅游目标地区可以吸引旅游者产生旅游活动的事物，也可以简单地理解为旅游对象。旅游吸引物的类型繁多，自然旅游景观中的名山大川、水域风光、动植物，人文旅游景观中的遗址遗迹、风物风貌、园林建筑等，都可以被理解为旅游吸引物。

（三）感知条件

感知条件是旅游者感知旅游景观的制约因素，旅游景观物象的外在吸引力与旅游者构成了一种特殊的关系：一方面，旅游景观物象特征要清晰、生动、突出，才能对旅游者产生吸引；另一方面，旅游者自身的年龄、文化程度、人生经历等也会使旅游者对旅游景观的感知产生影响。在进行旅游景观规划设计时，应当兼顾旅游资源条件和旅游者消费倾向两个方面。

思考与练习

1. 根据旅游景观的分类，尝试将你所知道的几个旅游景点进行分类，并说明分类的依据。

2. 分析某一具体旅游景观（如黄山、故宫等）的特性，并探讨这些特性是如何吸引旅游者的。

3. 讨论自然条件（如气候、地形等）对旅游景观形成的影响，以及如何在旅游开发中对旅游景观进行利用和保护。

4. 探究某一地区的人文景观要素（如建筑、民俗等）对旅游发展的贡献，并提出促进人文景观与旅游融合发展的建议。

本章参考文献

[1] 俞孔坚.景观：文化、生态与感知[M].北京：科学出版社，1998.

[2] 孙文昌.现代旅游开发学[M].青岛：青岛出版社，2001.

[3] 成国良，曲艳丽.旅游景区景观规划设计[M].济南：山东人民出版社，2017.

[4] 俞孔坚.论景观概念及其研究的发展[J].北京林业大学学报，1987（4）：433-438.

[5] 陈兴中，汪明林，干鸣丰.现代旅游景观学[M].成都：四川科学技术出版社，乌鲁木齐：新疆科技卫生出版社（K），2002.

[6] 钱今昔.中国旅游景观欣赏[M].合肥：黄山书社，1993.

[7] 王兴中.旅游资源景观论[M].西安：陕西科学技术出版社，1990.

[8] 王长俊.景观美学[M].南京：南京师范大学出版社，2002.

[9] 杨宏烈，潘广庆.论创建RBD的旅游景观特色[J].中外建筑，2002（6）：20-24.

[10] 陈彦光，王义民.论分形与旅游景观[J].人文地理，1997（1）：5.

[11] 王迪云.南岳旅游景观系统分析与调整优化[J].经济地理，2005（1）：135-138.

[12] 王云，汤晓敏，王洁文.宝山"和合苑"详细规划设计[J].上海农学院学报，1999（3）：178-181+194.

[13] 约翰·O 西蒙兹，巴里·W 斯塔克.景观设计学：场地规划与设计手册[M].朱强，俞孔坚，王志芳，等，译.北京：中国建筑工业出版社，2009.

［14］陈向明.质的研究方法与社会科学研究［M］.北京：教育科学出版社，2000.
［15］肖笃宁.景观生态学：理论、方法及应用［M］.北京：中国林业出版社，1991.
［16］郁忠雨.基于景观感知体验与生态环境耦合分析的乡村旅游景观提升研究［D］.合肥：合肥工业大学，2018.
［17］刘敦荣.旅游商品学概论［M］.2版.北京：首都经济贸易大学出版社，2018.
［18］江金波.旅游景观与旅游发展［M］.广州：华南理工大学出版社，2007.
［19］杨帆.景观的概念与效应［J］.中南林业调查规划，2000（2）：40-43.
［20］杨宏烈.大力传播动态旅游景观文化［J］.旅游学刊，2001（3）：64-67.

第二章

旅游景观学基础理论

本章导读

旅游景观是具有激发旅游者旅游动机的吸引力，能作为旅游目的地、旅游观光或体验目标的景观性旅游资源。旅游景观学是随着旅游业的发展，为研究旅游资源的调查、评价、规划、开发而兴起的一门新的学科。旅游景观学既包含景观学的研究内容，又包含旅游学的研究内容，是二者的有机结合。

本章学习目标

1. 掌握旅游景观学的研究目的和内容，明确学科边界和重点领域。理解旅游景观学的研究方法，掌握定性与定量分析方法的应用。

2. 熟悉旅游景观学的基础理论框架，包括区域系统理论、生态系统理论和美学理论等。

3. 能够应用基础理论于实际案例分析，提升解决实际问题的能力；培养对旅游景观的分析能力，能够从多个角度对旅游景观进行综合评价。

第一节 旅游景观学

旅游景观学是随着旅游业的发展，为研究旅游资源的调查、评价、规划、开发而兴起的一门新的学科。旅游景观学既包含景观学的研究内容，又包含旅游学的研究内容，是二者的有机结合。因此，旅游景观学有自己的研究对象，也有相应的研究内容和研究方法[1]。

一、研究目的

旅游景观学研究的旅游目的物是：旅游景观的特征、旅游景观之间的相互关系；研究旅游景观如何为旅游活动所利用，以及如何保护旅游景观使之可持续利用，实现旅游景观开发保护与旅游活动的协调发展。通过对旅游景观学的研究，客观认识、评价旅游景观，有效指导旅游景观的规划、开发、保护，以获取旅游景观的最佳旅游效益。

二、研究内容

旅游景观学系统研究了旅游景观以及旅游景观开发利用所涉及的一系列问题。旅游景观学的研究重点是旅游景观的属性、功能、价值以及旅游景观的可持续利用。

（一）"旅游景观"概念

从旅游学、旅游资源学角度，根据景观学概念界定旅游景观的概念和范畴。

（二）旅游景观的类型及特征

确定旅游景观分类的依据、原则以及划分方案；归纳旅游景观类型的特征、识别标志。

（三）旅游景观成景作用与景观系列

研究旅游景观的成景作用、旅游景观的时空展布特征、划分旅游景观结构、旅游景观系列。

（四）旅游景观的旅游价值

发掘与评价旅游景观类型、景观系列，发掘旅游景观的旅游价值（观赏价值、科学价值、文化价值、开发价值）。

（五）旅游景观的旅游开发

通过旅游景观规划开发，体现其旅游价值；研究将旅游景观转化为旅游产品，形成旅游经济效益与社会效益的策略与方法途径。

（六）旅游景观的保护与可持续利用

旅游景观的可持续利用是旅游景观最佳社会效益的保证，讨论旅游景观开发与保护的辩证关系，探索各类旅游景观的保护策略。

（七）旅游景观学的理论与方法体系

研究自然科学与社会科学相结合的旅游景观学理论与方法体系；旅游景观学与相关学科的关系及知识迁移；展望旅游景观学发展方向。

三、研究方法

旅游景观学的研究可从以下几个方面着手。

（1）从旅游学旅游资源的视角，研究景观，识别旅游景观，对旅游价值进行挖掘和评价，并将研究成果应用于设计和开发实践。

（2）通过自然学科研究方法与社会学科研究方法的结合，研究旅游景观。

（3）以系统论的理论，以成体系的概念，以发展的观点，将理论与实践相融合地研究旅游景观及其开发与保护、可持续利用。

（4）运用交叉学科的方法研究旅游景观及其旅游价值[1]。

第二节　旅游景观学的基础理论

一、区域系统理论

人类的一切活动都离不开某一特定的地域空间，人类活动与特定地域空间的结合就产生了区域系统。区域系统的发展真正受到重视并得以被系统地研究始于20世纪20年代[2]。区域系统由一组基本地域单元组成，这种地域单元在形式上表现为一个个小的空间单元，如土地单元、农田、乡村聚落、城市居民区和工业区等；在内容上则反映出一系列地理要素，如资源条件、基础设施和基本生产活动形式等，这些要素在不同等级的地域单元里形成了不同的组合。正是这样的基本单元的整合和相互作用，才构成了区域系统。

（一）区域的基本要素——地理边界

地理边界是构成区域的基本要素。地理边界可以用经纬度和地物控制，也可以用界碑控制。

（二）区域系统特征

区域系统的基本特点主要包括整体性、复杂性、层次性、自适应性和空间性几个特征。

1. 整体性

整体性是指区域系统的各个部分是相互联系、相互制约、相互依托、不可分割的，只有综合协调社会、经济、生态、环境等各个方面才能获得最佳的整体性能。一个区域系统是由若干或众多的区域子系统和部门构成的一个整体。各个区域系统又是国民大系统中的一个子系统，从而又构成了一个系统整体。

2. 复杂性

区域系统的复杂性表现在系统的多要素性，即组成区域系统的整体要素有自然的、经济的、社会的。组成自然的、经济的、社会的各要素也都是由多要素构成的，均表现出了复杂性。为此，在区域系统发展过程中，要充分考虑其复杂性，因地制宜、实事求是。

3. 层次性

任何一个区域都可以按照某种规则划分成若干个子系统；同时，其也是某个更大系统的子系统。这种规则便是层次性。

4. 自适应性

区域系统是一个整体，外界环境的任何变化，都会引起系统结构与要素的变化，建立起新的稳定结构和状态，从而适应新的环境。

5. 空间性

区域系统总是与一定的空间相联系；系统要素的空间分布、地区空间范围、空间距离、空间联系等在区域系统中均有重大作用，对区域系统的组成部分，如社会、经济、政治组织的行为均有极大影响，这就是区域系统空间性的含义。

二、生态系统理论

旅游景观学中的生态系统理论是指以整体性为特色的地域综合体，是地球表层不同地段自然要素与人文要素的功能统一体。它是一个中尺度的宏观系统，是由自然、生物和人类组成的复杂三维现象。其中，自然环境为基础，生物为主体，人类为主导，具有特定的格局、功能和动态特征。景观生态系统具有尺度特征，同时继承了生态系统中关于系统与系统性的思路[3]。旅游景观生态系统的概念基于以下理解。

（一）空间尺度的差异性

根据景观生态尺度，旅游目的地可大致分成以下三类。

1. 景点尺度的旅游目的地

它指的是独立的旅游景点。一个景点具有如下特征：拥有区别于其他旅游目的地的独特的资源特征；覆盖较小的范围；包含简单的要素，只包括旅游者、景点本身以及直接、间接的行政主管部门。

2. 景观尺度的旅游目的地

一个景观尺度的旅游目的地通常是由一个中心旅游区和几个地理位置上相邻的景点组成。在景观尺度的旅游目的地，中心旅游区是旅游流的枢纽和区域旅游服务中心，通过旅游流和旅游服务功能连接地理上相邻的景点。与景点尺度的旅游目的地相比，景观尺度的旅游目的地拥有更广的空间范围和更加复杂的要素，不只包括景点尺度要素，还包括当地居民要素。在景观尺度的旅游目的地，由旅游流连接的景点呈现出特别紧密的相互作用。

3. 区域尺度的旅游目的地

在区域尺度的旅游目的地，不同的景观尺度旅游目的地通过不同的方式互相结合，例如行政隶属关系、文化关联、旅游资源相似之处等。随着区域范围的不断扩大，区域尺度的旅游目的地涵盖的内容远比景观尺度的旅游目的地和景点尺度的旅游目的地广得多。因为在区域尺度的旅游目的地，通常不止一个中心旅游区，旅游流并没有紧密联系在一起。

（二）人类活动的主导性

景观生态系统理论的概念强调人类主导性意义，认为在景观生态系统的演化过程中，人类活动通过控制景观演化的方向和速度，逐渐起到主导性作用，且导致了定向的演化和发展。

对于旅游目的地依赖的景观生态系统而言，旅游流以新生态流的形式出现，在方向、速度和格局方面，遵循其自身规律。在其形成初期，旅游流对原有景观生态系统没有显著影响。伴随着旅游的发展和旅游活动的增多，旅游流进一步扩充和多样化，从而对原有生态流产生较大影响。此外，通过参与或改变自然系统中物质循环和能量转化的过程，旅游流允许自然系统向旅游者输出物质产品和旅游服务。可以看出，旅游目的地的旅游流和原有要素之间已经形成一种独立的关系。此后，不同的功能区渐渐出现在旅游目的地，以交替布局、交错分布的空间综合体的形式存在。可以说,在旅游流的影响下,旅游目的地已经成为一个完整的生态系统。所以,将景观生态系统的概念——强调人类主导性意义和人类社会对景观的整体影响,应用于旅游目的地系统的研究,可以避免将旅游目的地的自然环境看成一个孤立的地理实体,同时也可强调旅游流作为旅游目的地系统的组成部分对其结构、功能和演化的影响。

三、美学理论

景观美学是应用美学理论研究景观艺术的美学特征和规律的学科,是自然美、艺术美和社会美的高度融合。旅游景观的美因其自身的独特性而使其区别于另一种事物的美的形态[4]。

(一)自然景观之美

所谓的自然景观之美,即大自然本身的一种美。这是美的一种最普遍、最常见的形态[5]。自然景观,指的是非人工创造的、天然的、具有审美特性和旅游吸引力的无机或有机的物象形态。社会生态学告诉我们,人类生活所处的环境可以被分为物理环境、生物环境和社会环境。自然景观所涉及的是无生命的物理环境和生命世界的生物环境。因此,对自然景观之美的考察,也就主要围绕着无机的地貌、水体、气象和有机的植物、动物来进行[6]。

1. 地貌之美

地貌,或地形,即地表的形态,是地球内力和外力长期作用的结果。一般来说,内力作用使地表变得起伏,外力作用使地表变得平坦。地貌按照常规分类,可以分为平原、盆地、高原、丘陵和山地。

山地之美特别引人注目,因为山地相对来说受人类改造的影响较小,较多地保留了原有地貌,显现的是原生态自然的质朴美。此外,山地空气清新,负氧离子含量高,有利于人类健康。

地貌按照成因分类,可分为岩溶地貌、黄土地貌、丹霞地貌、火山地貌、冰川地貌、海岸地貌等。各种地貌形态各异,美学风味迥然有别。被称作喀斯特地貌的岩溶地貌,能够形成诸如石笋、峰林、奇石、异洞等特色景区,如在国内负有盛名的岩溶地貌旅游区有广西桂林的七星岩、浙江杭州的"瑶琳仙境"、江苏宜兴的善卷洞等。黄土地貌的美学价值在于其所体现的中国传统文化中苍凉、质朴、浑厚的韵味。古城西安及周边地区便是以黄土地貌为自然背景的地区。被称作道教祖庭的龙虎山,坐落在丹山碧水间的江西鹰潭,是典型的丹霞地貌。火山活动是一种自然灾害,但是,一些宁静式喷发或已经停止喷发的火山,却成为十分吸引人的旅游资源。五大连池的天然火山博物馆成为人们一睹自然之壮观的观光场所。极地冰川是少数国家得天独厚的旅游资源和拳头产品。漫漫长夜中的晶莹世界冷冻着沉睡的自然伟力,给探险旅游者以莫大的精神鼓舞和刺激。海岸线上的沙滩和海浪侵蚀形成的岩滩、海蚀穴、海蚀崖、海蚀柱等(见图 2-1),都具有较高的观赏价值。

图 2-1　台湾野柳地质公园

不妨仔细品赏地貌景观所呈现的美,它们所具有的审美文化内蕴是极其深厚的。

2. 水体之美

水是万物之源。水的自然本性是温柔的。具有和谐美学本质的休闲度假,与洋溢着美学情韵的水体旅游资源之间,存在着天然的契合关系。江河的平稳流动、湖泊的浩渺无垠、瀑布的迅疾下泻、海洋的深邃博大、冰川的奇绝绚丽,其情感意味各不相同,耐人寻味。

3. 气象之美

自然景观中的气象之美令人叹为观止,从黄山云海、泰山日出到高纬度地区的极光,每一幕都是大自然的杰作。彩虹、"佛光"等奇特现象更是增添了自然景观的神秘与壮丽,让人在欣赏之余,也深刻感受到大自然的鬼斧神工与无限魅力。

4. 植物之美

人与环境的和谐关系是一个永恒课题。人们常说，阳光、水和土地是生命世界的主要保障。古代文人墨客早已意识到日常的农耕生活中所蕴含的诗意，因此，才会吟唱："平畴交远风，良苗亦怀新""一水护田将绿绕，两山排闼送青来"。如今的都市居民，也开始把这种田园乡野美景，当成"回归自然游"的对象。从城市返归乡间体验农耕文化的情韵，正在成为整天生活在钢筋混凝土森林中的人们消费闲暇时间的主要选择。

5. 动物之美

同样是生物世界，与植物相比较，动物与人类有着更多的相关性。人从其自然本性来说，也是动物。因此，最富于拟人化美学效应的自然物，就是各种动物。

大千世界因有了包括鸟兽虫鱼在内的各种动物而生趣盎然。一般认为，动物的造型因素，主要体现在奇特逗乐、珍稀名贵等方面。动物的奇特逗乐特性在鸟类和哺乳类动物中表现得最为明显。物以稀为贵，有的动物数量很少，仅仅分布于特定地区，有的濒临灭绝，因此引起人们的高度重视，被列为保护动物。在我国，被列为一类保护动物的有金丝猴、大熊猫、白鳍豚、扬子鳄、中华鲟、金斑喙凤蝶等。这些珍稀动物当然成为人们意欲一饱眼福的首要观赏对象。

综合性或单一性的野生动物自然保护区，如肯尼亚内罗毕、中国四川卧龙等，因是珍稀动物的故乡而被人们向往。目前，世界上的动物观赏有四种模式：第一，笼养状态，这是传统的城市动物园高保护性展示动物的模式；第二，圈养状态，目前国内的深圳野生动物园和上海野生动物园属于这种模式；第三，半开放式大面积野生动物园，在肯尼亚内罗毕国家公园，旅游者可以开着犹如"铁甲虫"般的汽车，在百余平方千米范围内的旷野中，追寻狮子的足迹；第四，开放式自然保护区范围内的野生动物园，如非洲坦桑尼亚北部的塞伦盖蒂国家公园，有充满原始魅力的荒野，在那儿可以看到狮子、豹子、猎豹、鬣狗等，更可以看到约 50 万头瞪羚、15 万头斑马在荒原上驰骋的壮观景象。

（二）人文景观之美

人文景观是人类长期从事劳动实践和创造的结果，是人类历史文化发展的产物,所以人文景观之美属于社会美的范畴。从远古的人类生活遗址到繁华的现代都市,从庄严的古塔寺庙到巍峨的皇家宫殿,从各类的艺术珍品到各种民族服饰,从纯朴的民俗民风到优秀的神话传说,都属于人文景观之列。

1. 建筑之美:技术与艺术的交响乐章

建筑,作为人文景观的基石,其美学价值在于形式与功能的和谐统一,以及所承载的历史与文化深度。从远古简单居所的朴素之美,到现代摩天大楼的壮丽辉煌,建筑不仅见证了人类居住空间的演变,更是技术与艺术完美融合的产物。中国古典建筑,如故宫、颐和园,以其宏大的规模、精巧的构造、深邃的文化内涵,展现了东方美学的韵味;而西方哥特式建筑,如巴黎圣母院,则以高耸的塔楼、尖拱的门窗、繁复的雕刻,诠释了西方建筑艺术的独特性。

2. 工程之美:自然与人类的智慧对话

人文景观中的工程美学,是人类利用自然、改造自然的壮丽史诗。古代水利工程,如我国四川都江堰水利工程(见图2-2)、埃及金字塔灌溉系统,不仅解决了古代社会的生存难题,更以其精巧的设计、宏大的规模,展现了古代人民对自然的深刻认识与卓越智慧。现代大型工程,如跨海大桥、高速铁路,则是科技进步与人类创造力的直接体现,其美学价值在于技术的革新、设计的精妙,以及其对人类生活方式的深远影响,展现了人与自然和谐共生的美好画卷。

图 2-2 四川都江堰水利工程

3.园林之美：自然美与人工美的和谐共生

园林，作为人文景观中的艺术珍品，其美学价值在于将自然之美与人工之美巧妙融合，创造出"虽由人作，宛自天开"的意境。中国古典园林，如苏州园林，以其精巧的布局、曲折的回廊、假山池沼的巧妙配置，展现了东方园林艺术的精髓；而西方园林，如凡尔赛宫花园，则以宏大的规模、对称的布局、丰富的花卉植物，彰显了西方园林的庄重与华丽。两者虽风格迥异，却共同诠释了人类对自然美的追求与热爱。

4.民俗之美：生活与文化的活态传承

民俗之美，根植于人类日常生活的点滴之中，通过风俗习惯、节日庆典、民间艺术等形式得以传承与发展。这些民俗活动不仅丰富了人们的精神世界，更承载了民族的历史记忆与文化基因。中国传统节日，如春节、端午节，通过贴春联、放鞭炮、吃粽子等习俗，传承了中华民族的传统美德与文化特色；而各地的民间艺术，如剪纸、刺绣、泥塑（见图2-3）等，则以其独特的造型与精湛的技艺，展现了人类创造力的无限可能。民俗之美，是生活美学与文化美学的生动体现。

图2-3 国家级非物质文化遗产：凤翔泥塑

5.现代人文景观美学：创新与传统的对话

随着科技的迅猛发展与社会的不断进步，现代人文景观逐渐成为城市文化的重要组成部分。其美学价值在于创新性、实用性与审美价值的统一。城市雕塑作为现代人文景观的代表之一，以其独特的造型与深刻的寓意，成为城市文化的标志性符号；而现代博物馆、艺术中心、文化中心等公共文化设施，则通过展示艺术品、举办文化活动等方式，丰富了人们的精神生活，提升了城市的文化软实力。现代人文景观之美，是传统与现代、东方与西方美学理念的交融与碰撞，展现了人类文明发展的最新成果与未来趋势。

（三）旅游景观审美中的普遍性原则

1. 确立审美态度

（1）审美态度的基本内涵。

审美态度是审美主体和客体间建立审美关系时主体所必须采取的一种特殊的心理状态。审美态度的基本内涵是：超越"直接功利"，超越逻辑概念，与审美对象保持心理距离。首先，它要求审美主体从日常的现实生活中解脱出来，保持一种超越"直接功利"的态度，所谓超越"直接功利"，并非对观赏客体不感兴趣，而是在鉴赏时暂不考虑它在现实中的功用，不想占有它，只是集中注意力对景观的形式结构进行欣赏。其次，审美态度还要求鉴赏者避免对客体进行囿于科学本质的抽象分析与逻辑思考，应对审美对象采取"观照"方式的审美态度。"观照"要求审美主体超脱现实世界，通过直观审美对象的感性特征实现情感的对象化，并进一步体会同人身自由相联系的某种情调、意味、精神、境界等[7]。

（2）形成审美认识定式。

审美是体验，而不是思考。但在旅游活动中，大多数旅游者面对吸引人的观赏物时会问："为什么会这样？"这个问题的提出和解答都不是审美，但了解这类问题有助于形成审美的欲望，增加审美的经验，造就审美的眼光，提升审美的质量。我们把审美过程中的这种"求知"的趋势称为审美认识定式。

审美认识定式引导审美主体把注意力指向审美。这是一种无"直接功利"和"认识性"目的，同时产生"审美欲望"的一种认识。这种认识定式将使审美主体与审美对象之间缩小心理距离，产生情感上的交流、共鸣，有利于调动审美主体的情绪，激起其情感，使其摆脱那种淡漠、无所谓或无兴趣的状态。如果没有这种认识定式，不积累相关知识，在旅游活动中往往缺乏对旅游景观的起码认识，那么这一景观对审美主体感官的刺激就缺少了丰富度和深度。人毕竟不是反射器，审美主体如果缺少对旅游景观的基本常识，必然会对相应的景观失去兴趣。

在当今的审美活动中,人们可以通过更多的手段获取信息,对审美客体积累更多的知识,产生更强烈的审美期望,同时也可获得更大的审美心理活动空间。从理论上讲,只要认识定式指向审美,相关认识必然越多越好。

不过,虽然审美认识定式有利于主体形成审美期望、产生审美经验、深化审美心理活动,但这种定式所导致的认知最好在审美活动前完成。所认知的内容也只有内化为审美主体的审美素质或外化为景观图式的情感意味,才能在审美过程中起作用。

(3)培养多样而高雅的审美趣味。

审美趣味的多样化包括不同审美个体审美趣味的多样化和同一审美个体自身导致的多样化两个方面。审美趣味通过个人的主观爱好形式表现出来。观赏者在多种多样美的形态中可以依据自己的偏好进行选择,不同观赏者的气质个性、文化素养、经历经验、专业兴趣不同,因此,这必然导致不同观赏者审美趣味的不同。观赏者个体具有广泛的审美趣味才能鉴赏丰富多彩的旅游景观。观赏者只有培养较广泛的兴趣,才能避免审美视野的狭窄和审美观念的僵化。

2. 训练审美感知力

感知力指向观赏物的外部形态,指通过视、听、品、触、嗅等感觉获取事物外部信息的能力。审美对象美丑的依据来自人类自身的感知系统和肌体结构特征,以及长期的社会实践。值得一提的是,尽管审美主体的感知力受先天生理条件的影响,但在后天社会实践中可以进一步发展或退化,应多对其训练,使其正向发展。

(1)多观察。

审美观察的目标首先指向景观的形式。有意识地留心观察可以使自己的感知活动逐渐适应和熟悉景观中的对称、均衡、韵律、和谐等各类基本的美的形式,并形成敏锐的把握能力和选择能力。培养细致入微的眼光,不能局限于表面,而应不断深入探索事物的内在美。在日常生活中,应主动寻找并关注色彩、形状、纹理等细节,学会从不同角度审视同一事物,挖掘其独特的美学价值。同时,通过对比不同对象或同一对象在不同环境下的表现,我们能更深刻地理解美的多样性和变化性。

（2）多体验。

仅有观察是远远不够的，还需要通过亲身参与和体验来深化对美的理解和感知。艺术实践是提升审美感知力的重要途径之一。无论是绘画、音乐、舞蹈还是其他艺术形式，通过亲身创作和演绎，能够更加直观地感受到艺术的魅力和美的力量。此外，跨文化的体验也是提升审美感知力的重要方式。通过接触和了解不同地域、不同民族的艺术形式和审美观念，能够拓宽自己的审美视野，在此过程中学会欣赏和包容多元的美。这种跨文化的交流不仅能让我们更加全面地理解美的多样性和复杂性，还能激发创造力和想象力。

（3）发展联觉。

在审美感知中，视、听、品、触、嗅等各种感觉相互作用并相互联通，被称作"联觉"或"通感"。美国心理学家克雷奇认为，"在联觉现象中，存在一种惊奇的感觉相互作用：某种感受器的刺激也能在不同感觉领域中产生经验。"审美联觉可以突破感知对象外部形态某一方面特征的局限，把审美感受扩大到不同感觉领域，使人产生感知的立体感。联觉体现了主体在感知美的形象中的创造性，有利于主体对对象进行整体性把握。

在日常生活中，人们常常用到联觉，如常说声音"甜""尖""脆""圆润"，说颜色"冷""暖"等。欣赏徐悲鸿画的奔马，人似乎可以从骏马飞驰的动感中听到呼啸的风声和急促的马蹄声。

3. 培育审美理解力

审美理解力是在感知基础上，领悟自然事物的意境或艺术品意义的一种能力。审美理解不是逻辑推理式的理解，而是一种形象直觉式的理解，这种理解以大量的感知为前提。如果没有一定的文化修养，不积累一定的美的意象图式，没有一定的审美经验，审美理解就难以进行。因此，对景观进行审美需培养鉴赏者的审美理解力。

（1）克服抽象思维的惯性，学会形象思维。

景观形象具有整体性，而抽象思维却容易用固定的眼光把人的感知力、想象力约束并限制在与其专业相关的某个侧面，这样审美对象的无限丰富性就在思维定式中消失殆尽。在景观审美中要舍弃固定的或日常的分类标准，只能使用审美的分类标准，即按事物外在形式的情感表现来分类。这一理解力的培养单靠掌握相关的专业知识是不够的，它主要依靠一种对结构形式的感性把握能力和体悟能力。

（2）涉猎广泛的文化知识。

了解中国传统文化的人，才能理解中国古典艺术。在观赏园林时，那些懂得园林艺术的人，仅仅从假山水池的构景中，就能理解自然山水的诗情画意；从疏竹数丛、翠竹几根中，就能了解园主的志向追求。同样，不了解西方文化，也就不易理解西方的文化景观。旅游景观涉及山水田园、建筑园林、宗教民俗等方方面面。在鉴赏中，如果对观赏对象的特征规律、象征意义、题材、典故、技法及其他相关背景有所了解，就与观赏对象有了较多的"共同语言"，就能彼此交流，变成"知己"，这无疑有助于理解景观的意境。学习前人审美实践的经验，吸收广泛的文化成果，是比自己逐步积累更便捷的途径。

（3）接受艺术的熏陶。

艺术审美和旅游景观审美的过程与指向大体上是一致的，只是由于各自借助的物质载体不同，因此，旅游者应该借鉴艺术审美的方式方法，学会体验、感悟、欣赏，以提高自身的景观审美理解力。

各类艺术的欣赏和旅游景观审美在情感体验上是相通的。舒曼说："有的音乐家能够从拉斐尔的圣母像上得到不少启发。同样，美术家也可以从莫扎特的交响曲中获益匪浅。不仅如此，对于雕塑家来说，每个演员都是静止不动的雕像，而对于演员来说，雕塑家的作品也何尝不是活跃的人物？在一个美术家的心目中，诗歌变成了图画，而音乐家则善于把图画用声音体现出来。"就一般的景观审美理解而言，各种艺术的熏陶对人都是有益的。

4. 丰富审美想象力

想象是在审美过程中对各种感知形式进行进一步的艺术塑造，是一个通过审美感知和理解对储存到大脑中的结构形式加以改造、组合、重融，从而形成新的意象的过程。人们欣赏自然物，或融于自然，或移情于物，将物人格化、艺术化，这些都必须通过想象才能实现。

（1）储存丰富的意象。

丰富的审美想象力依靠丰富的意象存储来支撑。积极参与景观审美，就会增加大脑中与情感相对应的审美动态结构形式的信息储存，这些形式是审美联想和创造性想象的依据。审美经验越多，储存的这类信息越多，审美想象的原料越丰富，创造性想象就更容易进行。

（2）积蓄炽热的情感。

情感是想象的动力，想象力的活跃直接受炽热的情感推动。一个不易调动审美情感的人，对他人、对自然、对社会都是漠不关心的。在景观审美过程中，如果心理距离过远，进入不了审美状态，就谈不上进行审美想象。

（3）保持童心，追求理想。

有人说，诗人的想象是人们在儿童期的天然表现。美学家推崇童心，是因为童心既天真，又富于幻想，不受僵化条条框框的限制。理想为想象力导航，高远的理想总是引导想象力朝高尚的人生旨趣方面发展。追求理想使人易于感受到现实生活的缺乏，理想与现实的落差也是想象的动力来源之一。当人们既保持童心，又追求理想，在景观审美中就可能更加容易超越现实的束缚，将各种意象、情感和体验在想象中进行交会、融合，不断孕育出具有丰富意蕴的美的形象。

思考与练习

1. 阐述旅游景观学的研究目的和研究内容，并结合实际案例说明其重要性和应用价值。

2. 分析比较旅游景观学中常用的几种研究方法，讨论它们在不同情况下的适用性和优缺点。

3. 讨论区域系统理论在旅游景观学中的应用，举例说明如何借助该理论分析和规划旅游景观资源。

4. 描述生态系统理论对旅游景观学的影响，并探讨如何在旅游开发中实现生态保护与景观利用的平衡。

5. 选择一个具体的旅游景观案例，运用美学理论进行分析和评价，提出改进建议以提升其审美价值。

本章参考文献

［1］杨世瑜，庞淑英，李云霞. 旅游景观学［M］. 天津：南开大学出版社，2008.

［2］史宝娟，郑祖婷，郭冬岩. 资源、环境、人口增长与城市综合承载力［M］. 北京：冶金工业出版社，2014.

［3］蒋依依，王仰麟，成升魁，等. 旅游景观生态系统理论［J］. 生态学报，2008，28

（4）：8.
[4] 傅志强，黄璜. 现代家庭农场规划与建设 [M]. 长沙：湖南科学技术出版社，2017.
[5] 顾仲义. 餐旅实用美学 [M]. 大连：东北财经大学出版社，2000.
[6] 庄志民. 旅游美学新编 [M]. 上海：格致出版社，2011.
[7] 沙润，等. 旅游景观审美 [M]. 南京：南京师范大学出版社，2004.

第三章

新时代的中国旅游景观

本章导读

中国正在进入大众旅游新时代,旅游消费结构、产品结构也正在发生重大变化,深度观光、感受体验、休闲度假等旅游消费和产品供给都在快速增加。随着"体验经济"时代的到来,旅游者消费不断升级,旅游市场竞争逐步加剧,旅游产业在近些年迎来了大规模的产业融合创新实践。目前行业中出现了大量的"旅游+"和"+旅游"的旅游新形态模式,使得旅游产业俨然已经成为多产业介入、边界模糊、共创共赢的产业跨界互融的试验田,因此也造就了新型旅游景观的出现。

本章学习目标

1. 理解新时代背景下中国旅游景观的发展特点与趋势。
2. 掌握乡村振兴、全域旅游、文旅融合和智慧旅游等概念及其对旅游景观建设的影响。
3. 认识新型旅游景观,如公路景观和文创旅游区的形成与发展。能够分析新时代的中国旅游景观的变革与创新,并思考其未来的发展方向。

第一节 中国旅游景观发展的时代背景

近年来,我国快速构建了体系化国家旅游发展战略,完成了旅游业发展的系统化顶层设计,构筑了新时代我国旅游业发展的战略基础和战略支撑。党的二十大报告明确指出,要"坚持以文塑旅、以旅彰文,推进文化和旅游深度融合发展。"这为旅游业指明了发展方向,为旅游业发展注入了强劲动力[1]。

旅游业是新时代最具潜力的标志性产业和发展方向,旅游日益成为人民群众对美好生活的向往,成为促进人全面发展和全体人民共同富裕的重要渠道。随着我国经济的不断发展,人民群众对旅游这种休闲性、娱乐性、精神性和发展性的消费需求不断增长,旅游越来越成为人民群众的刚性需求和生活方式,逐渐成为对"美好生活"追求的重要内容。在旅游全景化、全时化、全民化、全业化的当下,旅游景观的美丽画卷也在徐徐展开。

一、乡村振兴

(一)乡村振兴战略的提出

乡村景观处于城市景观和纯自然景观之间,是有着自己生产生活方式的田园风光,因其具备自然与人文并蓄的特色,也是一种与众不同的旅游资源。独特的景观是乡村旅游对旅游者构成吸引力的关键,是发展乡村旅游的灵魂。同时,乡村在我国经济社会发展中一直占有重要地位,乡村的富庶也是国家繁荣的重要标志之一。改革开放以来,随着综合国力的不断提升,我国乡村风貌得到了一定程度的改善,农民经济收入也有所提升,然而许多村庄在建设过程中片面追求经济效益,在经济发展与环境保护之间未能找到合理的平衡点,无法因地制宜地结合自身条件寻求适宜的发展方向,从而造成了许多乡村风貌趋于平庸、缺乏特色,甚至出现了"同质化"的现象,严重阻碍了我国乡村现代化发展。

为了实现全体人民共同富裕的目标,针对我国乡村当时面临的问题,2017年10月,党的十九大提出实施乡村振兴战略;2018年9月,《乡村振兴战略规划(2018—2022年)》印发,提出了"产业兴旺、生态宜居、乡风文明、治理有效、生活富裕的总要求"[2],同时作出"实施乡村振兴战略"的重大决策部署,重点从构建乡村振兴新格局、加快农业现代化步伐、发展壮大乡村产业、建设生态宜居的美丽乡村、繁荣发展乡村文化、健全现代乡村治理体系、保障和改善农村民生、完善城乡融合发展政策体系8个方面进行了具体部署[3],为乡村实现农业全面升级、农村全面进步、农民全面发展指明了方向。2022年10月,党的二十大再次强调"全面推进乡村振兴"。随着乡村振兴战略在全国各地的推进和落实，涌现出了一批批乡村建设情况较好、具有较高知名度和代表性的乡村，为其他乡村的发展起到了模范带头作用，而乡村景观的发展在很大程度上体现了乡村振兴的产业兴旺、生态宜居、乡风文明等要求的实现程度，因此，乡村景观的建设和发展也成了实施乡村振兴战略的必要环节。

（二）乡村景观在乡村振兴发展过程中的作用和意义

随着乡村振兴战略的不断推进，全国各地的乡村建设活动正在有条不紊地展开。乡村振兴包含了乡村产业振兴、乡村文化振兴、生态环境保护等诸多工程，是一个复杂的系统，其中涉及的专业和领域十分广泛，而乡村景观的营造是乡村振兴的重要环节。乡村景观作为乡村悠久历史的见证，是人与自然环境长期共存的产物，对乡村振兴战略的发展具有十分重要的作用和意义。乡村景观的建设，既能营造乡村传统生活氛围，还原具有农村特色的自然景象，又能吸引城市居民前来游赏度假，促进城乡之间的有机融合，发挥促进城乡的统筹发展的作用。此外，通过合理营造乡村景观，有利于促进乡村自然资源的高效利用，优化产业结构并合理调整产业发展布局，实现乡村产业的可持续发展，促进产业兴旺；有利于乡村生态环境的保护和修复工作的实施，推动乡村生态文明建设，并优化各景观要素，对乡土资源进行充分利用，构建适宜的乡村人居环境；有利于实现乡村传统文化的繁荣与发展，对乡村原有的物质遗产、乡风民俗、历史人文等要素进行挖掘和运用，实现物质文化景观与非物质文化景观的共同发展，促进乡村风貌的改善。充分发挥乡村景观的功能，有利于推动乡村实现产业、生态、文化等各方面的均衡发展，对实现乡村振兴战略的发展要求具有重要意义。

（三）"乡村振兴战略"与"乡村景观发展"的关系

乡村景观是乡村风貌改变的直接体现，也在很大程度上直观体现了乡村振兴的发展程度。乡村振兴的核心要求是产业兴旺，而乡村景观是乡村产业发展的物质基础，优质的乡村景观环境对乡村产业有着重要的促进作用[4]，通过乡村景观的合理建设和发展，能够促进乡村景观与乡村产业的有机融合，实现乡村产业景观化，促进乡村第一产业的多元化发展，并创造和促进第二产业和第三产业的发展，从而推动乡村实现产业兴旺和生活富裕的进程[5]；乡村景观营造得恰当与否，直观地体现了人与自然和谐发展的程度，修复和构建乡村生态景观，适度开发自然景观和发掘人文景观，创造适宜的人居环境，有益于乡村实现生态宜居和乡风文明的要求[6]。因此,乡村景观的发展有益于推动乡村振兴五大要求的实现。两者的关系主要体现在以下几个方面。

首先,乡村振兴战略是一定时期的战略性安排,而乡村景观的建设和发展则是永恒的话题。乡村振兴战略作为新时代"三农"工作的总抓手,主要是根据当前我国乡村发展面临的机遇和挑战而制定的;但乡村所处的不同发展阶段,其发展需求和需要解决的问题也大相径庭,乡村景观的建设和发展内容也会随之而改变。此外,人们对"美"的追求没有尽头,乡村景观的发展也将永无止境。

其次,乡村振兴战略是战略层面的安排和部署,乡村景观则是实践结果的产物。乡村振兴战略统领和影响乡村景观的建设和发展,乡村景观发展需要服从乡村振兴战略提出的五大要求,因此,两者在不同层面上形成了很好的递进和互补关系。

最后,乡村振兴战略是自上而下的行政动员,乡村景观建设和发展则是自上而下与自下而上相结合的创造性探索。乡村振兴战略体现出的是政府的指导思想,运用行政的手段调动各方面积极性,构建有利于乡村发展的良好环境;而乡村景观的发展是当地村民结合政策要求、乡村资源以及村民意志和本村的各项资源条件进行的个性化改造,形成良好的景观效益后得到了社会广泛的认可,使乡村振兴战略在基层得到贯彻落实。

二、全域旅游

(一)"全域旅游"理念的提出

随着我国经济发展进入新常态,旅游业的发展已从初级阶段的主要依靠景区景点、饭店宾馆的建设过渡到满足以个人游、自驾游为主的全民旅游新阶段。传统的景点旅游模式已不再适应现代大旅游的发展需要,全域旅游发展理念在此背景下应运而生。

2008年绍兴最早提出了"全域旅游发展战略",2010年大连市提出"全域城市化"发展战略,明确了"全域旅游"理念。为深入贯彻党的十八大和十八届五中全会精神以及贯彻"绿水青山就是金山银山"的精神,促进旅游业转型升级,国家旅游局开展了"国家全域旅游示范区"创建工作,推动旅游业由"景区旅游"向"全域旅游"发展模式转变。

（二）全域旅游的特点

全域旅游打破了旧的旅游空间格局，形成了一种新的发展格局。从空间域来看，全域旅游改变了以景区为主要架构的旅游空间经济系统，构建起以景区、度假区、休闲区、旅游购物区、旅游露营地、旅游功能小镇、旅游风景道等不同旅游功能区融合的旅游目的地空间系统，推动了我国旅游空间域从景区重心向旅游目的地为核心的转型。其主要具有以下特点。

1. 资源配置全域优化

"发展全域旅游应注重激发旅游企业活力，优化市场运作，充分发挥旅游企业在旅游资源整合、旅游项目开发、旅游产品设计、旅游品牌创建、旅游产业融合、旅游区域运营和非公益性旅游公共服务体系建设等领域的主导作用。"[7]例如，水域设计除了要做到灌溉防洪，还应该兼具观赏休憩功能；道路设计除了最基本的车流通行，还要沿道路形成绿色风景道；耕地设计，除了满足基本的种植，还要与旅游结合，形成观光农业等旅游项目；区域旅游发展不仅要满足居民的生产生活，还要满足旅游者参观游玩、休憩交流的需要。

2. 景区建设全域规划

以往的旅游是景点景区分级明显，景区内外很不一样。全域旅游要求重新定义旅游业，打破传统景区概念，全域规划区域资源，旅游区域一体化，以旅游者满意度为宗旨，实行全域景区化服务，整体协调设计，优化服务全过程。

3. 全域发挥"旅游+"功能

借助旅游优势产业，打造"旅游+"品牌体系，衍生出新的竞争性产品。充分利用旅游的可结合性、催化性和多功能性，带动当地优势产业联合发展，提高经济效益，是全域旅游切实可行的目标。旅游+农业，促进观光农业、生态农业发展；旅游+工业，形成新型制造业、手工业等旅游市场；旅游+新型城镇化，发展特色乡村旅游，推进旅游产品、特色商品的发展；旅游+生态，给环境保护、可持续发展设计平台。全域旅游化，打破了门票制度，产业也从单一过渡到多样化、链条式发展，形成全辐射带动网。

4. 全民参与，全民受益

全域旅游被定义为新型的、全部要素配套的、全面满足旅游者需求的综合型体验旅游目的地。区域环境决定了全域旅游的质量和品牌吸引力，因此全民共同参与是区域旅游的基本要求。全域旅游中，区域内所有人员都可能成为服务者和参与者，大家在享受旅游资源的同时，更要作出贡献。这样以旅游成果全民共享为宗旨，可带动区域人员的积极性和可调动性，全民共参与，为全域旅游出一份力，每个人都可以从自身做起，提高旅游意识[8]。

（三）全域旅游发展现状与新型旅游景观

全域旅游倾向于全天候、全空间的旅游体验，这就要求旅游目的地构建便捷的全天候、全空间智能化的旅游服务体系，为外来旅游者及本地居民提供出游前、出游中、出游后的全方位一站式旅居生活服务。

在全域旅游的背景下，旅游点不再被局限在景区，各类景观内优美的村庄、水果采摘园、农业观光园、特色小镇等具备独特游玩观赏价值的场所都可以作为旅游者的观光体验场所。旅游场所类型的拓展为更多地区带来了附加收入。同时，在政府投资下建成的各类旅游咨询中心、旅游公厕、智慧旅游咨询中心等全域旅游的配套设施，也更加方便了旅游者的出行，提升了旅游品质[9]。

三、文旅融合

（一）文旅融合的政策背景

党的二十大指出要"全面建设社会主义现代化国家，必须坚持中国特色社会主义文化发展道路，增强文化自信，围绕举旗帜、聚民心、育新人、兴文化、展形象建设社会主义文化强国"。旅游作为一种体验性活动，与文化充分融合后，能够将一个国家（地区）的物质文化遗存、非物质文化遗产、民俗风情等转变为吸引物，使旅游者能得到感受、体验，并迅速地传播出去，形成目的地品牌形象，吸引社会大众前来消费，带动相关系列产业发展，提高人民的幸福指数。

当代社会发展条件下，文旅融合成为时代的大趋势。文旅融合也是产业升级的坚实路径。文化介入旅游，旅游成为文化的结构部分，在发展过程中相得益彰。文化的渗透性、跨界性和无限创新能力放大了旅游产业本身，使得文旅融合获得了可持续发展的动力。旅以载文，文以富旅。不负"诗和远方"的文旅融合不仅是大势所趋，更是深入中国人血脉的理想生活，有利于满足人民群众对美好生活的向往和追求。

（二）文旅融合的趋势和面临的挑战

文化旅游业正在成为国民经济和社会发展名副其实的战略性支柱产业。国家统计局统计，2023年全年国内出游48.9亿人次，比上年增长93.3%；国内旅游者出游总花费49133亿元，增长140.3%[10]。文旅融合不仅有利于解决文化事业内生动力不足的问题，增加文化交流与文化福祉的创造性和趣味性，塑造区域文化认同，激励群体文化自信，也有利于深化文化产业和旅游产业的内涵发展和创新探索，通过业态创新和功能探索，引领地区发展新模式。

新时代下旅游发展由观光旅游走向休闲度假旅游，由景点旅游走向"全域旅游"，由旅游业自循环走向"旅游+"融合发展的趋势背景，对文旅融合发展有了新的要求。文化和旅游的产业融合不是简单的叠加，而是创造新的以文化为魂、以旅游为载体、以产业链动能为价值输出的生产网络和场域。文化通过符号化、内容化、关联化、日常化、可操作化融入旅游，虚实结合，人景融合，营造出了空间的场景感和丰富度，创新了文化的表现形式，进一步提升了旅游服务理念，打造出了主客共享的机制平台。文化还可以在景观和资源原有基础上进行价值再创造和新业态引入，形成产品序列和项目迭代。

（三）文旅融合带来的旅游新景观与新业态

在推动文化旅游融合发展中，我国拥有丰厚的文化与旅游资源，在积极探索的发展过程中，加快形成了富有地方特色的文旅融合新模式和新业态。

1. 结合区域高质量发展，形成了各具特色的旅游风情小镇

作为"非镇非区"的重要空间载体，旅游风情小镇呈现地方风土人情，依托独特地域文化、乡土民俗、历史遗存、传统工艺、舌尖美食等，打造情调韵味浓郁、旅游业态鲜明、人文气息浓厚、生态环境优美、宜居宜游宜业休闲集聚区，既要具备传统的"吃、住、行、游、购、娱"等旅游要素，也要体现与农业、工业、林业、文化、健康、体育等融合发展的旅游新业态。旅游风情小镇建设尤其重视小镇客厅、道路交通、旅游厕所、网络配套等公共服务建设，鼓励与乡村旅游有机结合，构筑乡村创新创业平台，形成本地居民和外地旅游者双受益的主客共享机制，提升旅游品牌影响度、社会效益共享度、配套设施完善度、社会力量整合度。

2. 导入国际化视野和全球性平台，创新旅游文化资本的再生产

移动社会、智慧社会带来了文旅业态的改变。将文化资源性价值转化为旅

游资本性价值，需要一个"旅游文化资本"的生产场域和过程，需要从文旅特质到文旅系统的价值，包括景观、活动、产品、品牌等多个维度，通过市场化的渠道和内容派生新的消费模式，创造新的场所精神，抓取未来的消费市场。即从全球视角思考"地方"问题，如何把"地方"问题——经济现象纳入全球营销整合的网络体系之中。

3. 立足地方文化和乡愁情怀，全面推进乡村振兴

传统文化的内在张力表现出生命力恒定的内涵，文化只有不断更新才能保持活力。作为集体记忆的乡愁意识触发民族文化自觉，乡村旅游成为中国新型城镇化建设的新路径。文化兴国运兴，文化强民族强。习近平总书记在徐州马庄村考察时指出，实施乡村振兴战略不能光看农民口袋里票子有多少，更要看农民精神风貌怎么样。可见，乡村振兴需文化相伴[11]。

4. 福民富民共建共享，创新"文旅+"的产业融合新模式

从文旅产业发展上看，现阶段文旅产业以资本、创意和智能为驱动力，创新创造能力成为评判文旅产业发展的重要标准。未来文旅项目需要具备优质内容的生产能力，将文化塑造与旅游体验相结合，形成线上线下体验的闭环——除了有助于整体产业结构的调整，弥合传统一、二、三产业的缝隙，衍生新兴业态和门类之外，更能够推动原有产业边界的消融，尤其是需要在产业动态融合的过程中实现产业价值再造和转移，加强与工业、农业、商务、体育、会展等板块相结合，与城乡统筹发展、农民增收、农业结构调整相结合。

四、智慧旅游

（一）智慧旅游诞生的背景

随着旅游业在国民生活中的融入度越来越高，旅游业与信息化呈高速融合发展之势，智慧旅游成为实现旅游管理、旅游服务和旅游营销三个层面全面提升的必由之路。早在2009年，首届中国旅游信息化发展论坛（三亚）第一次由官方提出了"智慧旅游"的概念。十多年间，随着旅游业和信息产业的高速发展，智慧旅游的理念和实践在不断丰富和完善。随着"互联网+"行动的逐渐深化，万物互联的未来模式即将全面到来，在此基础上建立的景区信息服务体系和旅游筛选系统极大地迎合了社会层面和国家层面的紧迫需求，成为旅游业发展的重要阵地。业界已然意识到，智慧旅游建设将有利于旅游业融入时代

潮流，提质增效、塑造优质的可持续发展环境，成为扭转门票经济传统形式、助推"旅游+"开放式发展的新议题。

（二）智慧旅游的内涵与特征

1. 内涵

智慧旅游的内涵在于信息技术的应用，信息技术是完成旅游业迈向现代化的基础元素。旅游产业升级的本质，是旅游信息服务的模式升级[12]。旅游者应当能够通过智慧旅游获得有价值的、能够帮助自己完成旅游的信息服务。这种信息服务的表现形式可以是多种多样的，既可以是通过便利出行活动的移动终端，也可以是虚拟旅游活动的体验。一个完整的智慧旅游系统，也应该满足管理者和当地居民的需求。帮助管理者加强管理的便利性和及时性，而当地居民也能够通过智慧旅游的系统提升生活品质。

2. 特征

智慧旅游的核心特征在于能够充分运用当今的移动通信、人工智能、互联网等技术，促进整个旅游产业服务、管理、营销理念上的转变和升级[13]。通过技术手段的应用，能够将有限的资源分配到最需要的地方，能够充分规划数据、信息和人员之间的关系，使政府部门、企业、个体用户都能够投入智慧旅游的建设和应用中来[14]。在具体的应用层面，智慧旅游需要服务公众，为旅游者提供智慧化的信息服务，改善旅游者的旅游体验。对于管理者来说，智慧旅游需要具备高效及时、便于监控和沟通的信息管理平台，能够合理地配置人与物、信息与资源之间的关系[15]。

智慧旅游核心要点如下：第一，感知监测。数据是智慧旅游的建设基础，所以，要先借助全方位的感知技术，对旅游过程进行监测，提炼出可用于后续分析活动的数据源，为后续决策奠定基础[16]。第二，通信互联。数据资源如果各方独立，就会形成信息孤岛。所以需加强数据源之间的交流，构成全方位、宽领域的共享资源池。同时，对于收拢汇聚的数据资源进行分类汇总，将汇总后的信息加以提炼，为后续不同用户的个性化需求做好服务基础[17]。第三，挖掘提炼。智慧旅游系统经过数据资源池共享后，汇聚形成的资源还需要进一步的提炼挖掘，排除无效重复的信息，在节省数据存储空间的同时也能够提升应用效率[18]。第四，智慧化应用。提炼后的信息还需要进一步提炼，通过移动通信、区块链等信息技术的应用，构建面向用户的智慧旅游系统，以实现数据应用的落地,完成智慧化的旅游信息服务[19]。智慧旅游的最大现实意义在于提升旅游服务水平和游客体验,从而提升旅游者对旅游景观的综合体验。

第二节 新型旅游景观的出现

随着经济的增长和生活水平的提高,旅游越来越成为人民大众的刚性需求,旅游已经跳脱出原本单纯的产业和经济属性,逐渐成为人们追求美好生活的核心构成元素。伴随旅游产业获得长足发展的同时,也诞生了一批全新的、具有鲜明时代特色的新型旅游景观。

一、公路景观

(一)含义

公路是社会经济发展的重要基础设施,随着我国交通基础设施的不断发展,公路的功能也在不断完善,正从过去单一的交通运输功能向综合服务功能转变;随着近年来私家车的普及和自驾游的兴起,公路的旅游价值也越来越受到社会的广泛关注。人们出游频率的增加和出游经验的积累以及信息化的普及,也促使众多个性化、自由式旅游的兴起。因此,人们的旅游方式正由以往的"快走慢游"向今天的"慢游慢走"悄然转变,人们更希望在沿途中获得愉悦的体验[20]。

这也对公路建设提出了更高的要求。公路的交通运输功能,开始与游览休闲、生态体验等功能相结合,形成了有着独特公路景观,既能供旅游者自驾游,又能实现休闲放松及消费的新型旅游产品。景观公路作为连接城市与城市、乡村与乡村、城市与乡村的交通基础设施,起着交通连接、文化交流、景观渗透的重要作用。这些公路在生态、美观、文化、游憩服务等方面的功能,满足了人们在沿途中既可以欣赏自然美景、体验当地人文风情,又能感受安全、舒适、畅通、美丽的行车环境以及使用人性化服务设施的需求。景观公路在串联沿线自然环境、人文环境的同时又融合交通运输、休闲观光、景观生态、文化传承等功能于一体,不仅使乡村景观内涵得到丰富与完善,还促进城乡间的景观文化交流，带动了沿线经济产业的发展。因此，景观公路可以满足人们在行车途中能够宜行、宜游、宜留、宜赏的需求，而公路景观是重要的旅游吸引物。

公路景观最初是用于公路装饰与绿化而产生的，发展至今，在以人为本的大环境下，人们更要求其发挥其他功能，如辅助公路的行驶安全、优化公路周边的生态环境、为驾驶者提供视觉审美等作用[21]。现代旅游业的快速发展，不仅为交通运输转型升级提供了机遇，同时也对高品质的交通服务提出了新要求。"交通+旅游"理念的实践，使道路成了生活的风景线。

（二）构成要素

1. 公路自然景观

公路景观与普通景观在自然景观方面的构成要素基本一致，但就其范围来讲，比园林景观或城市景观的概念要广，具体如图3-1所示。

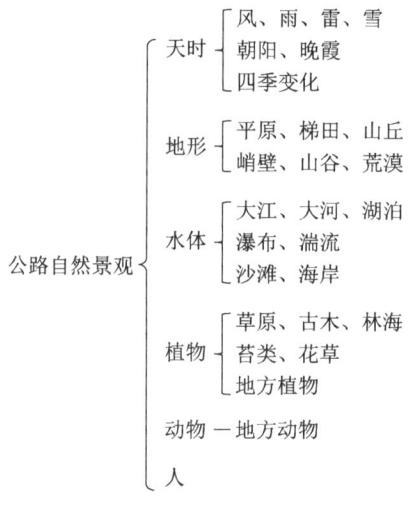

图3-1　公路自然景观分类图

2. 公路人文景观

由于公路景观产生的地理差异与实际运动等因素是客观存在的，所以公路景观的本质是由点至线的过程，这一过程是否进行取决于景观中的人为因素，如车的运动、人的静止，因此公路人文景观应包含公路的意向景观和具象景观，具体如图3-2所示。

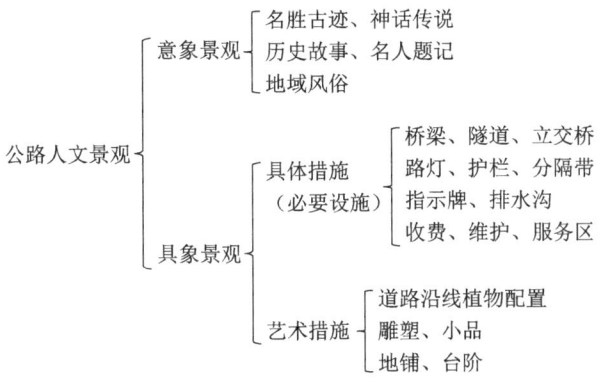

图 3-2　公路人文景观分类图

（三）发展现状及部分代表性公路景观

1. 发展现状

交通基础设施的建设促进了旅游业的快速发展，新的旅游业态对公路建设提出了更高的要求，旅游公路的规划设计逐渐从注重通达性，转变为在"有景可观，边走边玩""交通＋旅游"理念下，全面打造线状旅游景观的方式。交通和旅游业的深度融合使旅游公路不仅可以发挥交通功能，而且可以逐步转变为具备交通、生态、文化、娱乐和历史保护等复合功能。线性的旅游道路将点和地区景点连接起来，形成网状旅游目的地，这样既满足了旅游者旅途中的游览需求，还能充分拓展旅游和旅行途中的景观观赏功能，为旅游者提供身心双重体验享受的线性游览。除此之外，路侧廊道的旅游资源整合和产业规划，将形成廊道发展带，带动当地文旅和经济的繁荣发展。

我国地域辽阔，各地差异很大，公路景观在不同地域也呈现出不同的特征，当公路经过具有明显人文和自然特征的地段时，通过将公路沿线的特色文化植入公路的主体结构和附属设施，公路就成为文化传承的重要载体。当一条旅游公路注入了文化内涵，它就是一条"故事之路"，一路上的风景和文化景观仿佛在诉说着这条路的历史脉络和人文变迁，以此吸引旅游者前来探索游览，从而实现文化传承和旅游发展的双重价值。

2. 部分代表性公路景观

（1）挂壁公路景观。

挂壁公路是一种极有特色的公路景观，是在峭壁（悬崖和高峻大山）上开凿出的奇险公路。为了施工方便和开通后取自然光照明，挂壁公路多贴山壁而凿，相隔十余米旁开一侧窗。从远处望去，这一线侧窗勾勒出隧洞的走向。这类工程奇险、艰难，在中国筑路史上都很少见。我国的挂壁公路主要位于南太行山地区及晋东南。其中工程量最大、开凿最早的属山西的锡崖沟挂壁公路（见图3-3），绵延近8公里，工程量最大，开凿时间最长，外观分为三层，最为宏伟壮观。它是太行山脉中挂壁公路的先驱，是锡崖沟人用锤子、钎子，靠一双双手在绝壁上抠出的一条挂壁路。"锡崖沟挂壁公路"也因此成为唯一被编入《中国路谱》的乡村级公路，同时这里也是国家AAAA级旅游景区和中国精品红色旅游示范点。

图3-3　山西锡崖沟挂壁公路

（2）318国道。

上海—聂拉木公路，简称上聂线，是中国国家道路网的横线之一，编号为G318。这是在中国华东、华中、西南地区的一条国道，起点为上海市黄浦区，终点为西藏自治区日喀则市聂拉木县，全程5476千米，经过上海、江苏、浙江、安徽、湖北、重庆、四川、西藏8个省份，是中国最长的国道。因318国道横跨中国东中西部，囊括了平原、丘陵、盆地、山地、高原景观，包含了江浙水乡文化、天府盆地文化、西藏人文景观，拥有从成都平原到青藏高原的高山峡谷一路的惊、险、绝、美、雄、壮的景观。318国道这样的景观大道，规模如此之大，景观类型如此齐全，跨越地区如此之大，景观又如此集中，在我国是唯一的。这样一条大道,路虽人为,景乃天造,钟自然之大美,显人文之深奥,被《中国国家地理》杂志在 2006 年第 10 期评为"中国人的景观大道"。

（3）独库公路。

独库公路北起新疆克拉玛依市独山子区,纵贯天山南北,南端连接阿克苏地区库车市,全长 561 公里。其中 1/3 的路段是悬崖峭壁,1/5 的地段处于冰山冻层,途中横跨天山将近十条主要河流,需要翻越四个终年积雪的冰峰雪山,沿途有那拉提草原、巴音布鲁克草原等享誉国内外的自然风景区,因此被《中国国家地理》评选为"纵贯天山脊梁的景观大道"。

（4）草原天路。

草原天路位于张家口市张北县和崇礼区的交界处,西起尚义县城南侧的大青山（中国国家森林公园）,东至张家口市崇礼区桦皮岭处,于 2019 年 8 月贯通。公路沿线蜿蜒曲折、河流山峦、沟壑纵深、草甸牛羊、景观奇峻,分布着古长城遗址、桦皮岭、野狐岭、张北草原等众多人文、生态和地质旅游资源,被称为中国十大最美丽的公路之一。

二、文创旅游区

（一）含义与政策背景

旅游文创产业是文创产业体系中的一种类型,其以文化资源为基础,以旅游活动为途径,通过整合、发掘、利用目的地特有的文化形式和特殊的文化内涵。首先形成以文化感受和内涵体验为吸引力的旅游的食、宿、行、游、购、娱基本业态体系;其次,根据这些基本业态体系,创新、创意、创造出形式更加丰富多彩、内涵更加鲜明突出的旅游文化感受体验消费项目活动,从而逐渐形成旅游文创产业要素及体系[22-23]。

文化与旅游的融合促使旅游产业迈入了第五代——文创经济时代,这一时代的旅游产品代表便是文创旅游区。这种文创旅游区可能没有很好的自然景观资源作为依托,也可能缺乏显性的可以被看得见、摸得着的文化旅游资源,但它有文化灵魂,而且有文化主题统领,通过创造性开发,不但使隐性的文化资源变成显性,让人们得以体验新奇的差异化文化,而且创造出具有注意力经济效应的文化景观[24-25],同时创造出了一系列能够很好满足当前与未来旅游消费需求——互动性、体验性、参与性、休闲性等的文化旅游项目。

(二) 发展现状

与山水观光、风情体验和名胜古迹旅游不同，我国的文创旅游区首先是从北京、上海、广州、深圳等地兴起的，随后快速向武汉、长沙、成都等中西部大都市推进，并迅速向其他地区扩散[26-27]。都市文创产业园区和文创产业街区这类文创旅游区的快速发展，充分体现了创意设计、开发建设与体验营销的紧密结合，极大促进了旅游与文创的深度融合和创新发展趋势，使得文旅融通成为可能[28]；文创与旅游融合创新发展势头，在西部地区发展迅速，有力推动了西部地区的文化、经济与旅游产业朝着纵深方向创新发展，对其旅游经济发展模式的转变起到了重要引导作用[29]。

自2010年以来，受日韩创意农业和欧洲乡村旅游实践及其研究的影响，国内乡村旅游开始从传统民俗旅游转向创意农业旅游和乡村文化内涵体验旅游。乡村旅游与文化创意产业融合发展不仅有利于保护森林、河流等资源，还加快了美丽乡村的建设。

文创理念融入乡村旅游实践，主要通过创新思维对生态乡村及其文化资源进行重新整合，采用文创手法对乡村旅游项目进行创新设计和创意开发，构建新的充满时尚色彩和乡愁情怀的乡村旅游产品及其产业链，并由此诞生了一大批乡村文创旅游区。与文化创意相融合而产生的新型乡村旅游项目及其产品，触动了国民集体意识深处的文化灵魂，从而形成了其自身强大的产业竞争力，为原本相对较为浅表化和展示性的乡村创意农业和乡村民俗旅游开辟了全新的市场前景。乡村文创旅游成为乡村观光、乡村休闲、乡村度假、乡村生态及其他乡村专项旅游之外最具创新力和增值效应的内涵体验旅游产品[30]。

(三) 开发形式

1. 文创旅游小镇

文创产业是旅游小镇开发的切入点。泛旅游产业整合是文创旅游小镇的载体，文创旅游小镇的开发与规划是基于泛旅游产业的开发整合；而泛旅游产业整合是以旅游产业为核心，利用整合手段，使旅游产业及其他相关产业通过某种方式彼此衔接，打破各自为战的形态，构建一个有价值、有效率的产业集群，实现产业联动，从而推动区域经济发展。

文创旅游小镇，首先，从文化旅游项目导入，在此基础上逐渐培育在当地永久或半永久居留的文创人群。其次，营造集聚众多不同门类、不同尺度的文化创意内容，丰富观者体验，加深业者间的影响。再次，打造自然生态和文化生态并重，动植物环境和谐友好，众多文化内容互相促进、互相依存、相互交融繁衍、永续发展的环境。最后，政府引导，市场积极配合，使得区域发展和谐共生，实现可持续发展[31]。可根据项目诉求的不同，组合不同的文化业态，最终孕育出多样化的文创旅游小镇产品。在开发条件具备的情况下，文创旅游小镇的业态主要包含10个方面，即地产开发、商业网点、大健康配套、公用配套、会展设施、主题公园、景点、农业观光高端精品酒店、民宿、文化设施。

2. 乡村文创旅游区

乡村文创旅游区将自然、人文与民族文化元素通过规划与设计的创意渗透到乡村旅游产业之后，实现了产业的快速发展，并延伸出了新的发展模式，从而吸引了更多的乡村旅游消费者，进一步提升了产业价值。乡村旅游产业一方面为文化创意产业提供了设计载体和创意平台，让创意能得到更广泛的应用与反馈；另一方面，为文化创意产业提供了更为丰富的文化资源与创意思路，让文化创意产业在发展中不断实现突破与创新。

目前，乡村文创旅游区的规划和发展思路主要如下。第一，将文化创意产业与观光农业融合。在农业发展中融入了诸多创意元素，诸如：彩色番茄种植基地、百亩金稻田、观光梯田、玫瑰海等。通过农业与观光休闲相融合，创造出具有地域特色的新兴产业，增加农业附加值，拓宽农副产品直销渠道。目前，具有较高科技含量的景观技术已成为当地亮点，可以在农业和农村现代化的示范中发挥作用，实现生产和观赏相结合，效益互补，还可以通过生物科学与审美艺术的结合打造主题农业园区，在农产品中融入手工雕刻、绘画艺术等。

第二，将文化创意产业与民族、民俗旅游产品融合。通过组织匠人共同打造集手工艺品设计制作、技术研发与培训、成品展览出售、文化传播为一体的手工艺产业园，开展一系列产品制作体验项目，在匠人的指导下让旅游者自己动手完成陶艺、木刻、刺绣、编织等手工艺品（见图3-4）的制作，在实践过程中不断促进外来文化与当地文化的创新结合，实现旅游产品的深度开发。与此同时，在手工艺产业园内陈设展出匠人们具有代表性的作品并附产品简介，久而久之形成具有代表性的传习博物馆。

第三，文化创意产业与乡村旅游服务相融合。通过特色餐饮服务、民族歌舞表演、民间故事传说讲述、民族节日仪式与民间游戏体验等形式来体现，以最大限度发挥民族特色优势。将各具特色的民族歌舞表演和民间故事讲坛聚集在一起打造民族文化主题产业园，打造民俗及民间节日文化体验村，从饮食、穿着打扮和特有仪式活动等方面使旅游者亲身体验浓厚的民族节日气氛。开展农民的节日活动和民族、乡村文化的体验活动，从而激发旅游者的兴趣，进一步传承、发扬民族文化。

第四，文化创意产业与村庄美化融合。乡村旅游目的地的特色建筑和民俗文化已成为乡村旅游发展的重要资源。在村庄设计中融合创意元素，成为产业融合的关键落脚点之一。例如，可以将植物艺术元素融入乡村设计中，实现视觉美感和嗅觉美；融合民间艺术的元素，实现民族文化与民间建筑的有机结合[32]。

图3-4　江西婺源乡村旅游文创产品：甲路纸伞

三、夜间旅游景观

随着旅游产品呈现多元化、个性化的发展趋势，现代旅游业也开始由过去传统单一的观光型向体验型、度假型转变。人们休闲时间的增多、作息规律的变化，引发了旅游产品竞争加剧以及旅游经营理念的创新，从而促进了城市夜间旅游和夜间旅游景观的形成与发展。独特的夜间景观带动了城市"夜间经济"的蓬勃发展，它将景点、商圈与夜景结合，使得夜晚的城市、乡村、景区更加流光溢彩、充满活力。

（一）发展现状

在中国经济发展的新常态下，我国正在加快形成以国内大循环为主体，国内国际双循环相互促进的经济发展新格局。以文化旅游为引领的夜间经济成为在双循环格局中彰显活力、构建消费新增长极的突破口，夜间美景、文化体验、节事活动、美食夜市等都成为人们夜间消费的重要组成部分。

为贯彻落实《国务院办公厅关于进一步激发文化和旅游消费潜力的意见》，大力发展夜间文化和旅游经济，更好满足人民日益增长的美好生活需要，2021年7月，《文化和旅游部关于开展第一批国家级夜间文化和旅游消费集聚区建设工作的通知》发布，明确要依托各地现有发展情况良好、文化和旅游业态集聚度高、夜间消费市场活跃的街区（含艺术街区，剧场、博物馆、美术馆、文化娱乐场所集聚地等）、文体商旅综合体、旅游景区、省级及以上文化产业示范园区商业区域等，分批次遴选、建设200家以上符合文化和旅游发展方向、文化内涵丰富、地域特色突出、文化和旅游消费规模较大、消费质量和水平较高、具有典型示范和引领带动作用的国家级夜间文化和旅游消费集聚区。

夜间旅游景观不仅丰富了居民的夜间生活，提高了居民生活质量，而且丰富了旅游者的行程，延长了其在一个地区或城市的停留时间，增加了当地旅游收入，提升了一个地区或城市的旅游品牌或形象，带动了关联产业的发展，从而提高了城市和景区各种设施的利用率，使就业机会增多、经济总量增加[33]。

随着城市景观建设的升级与旅游方式的多样化，夜间旅游景观也越来越多元化和精品化。近年来，我国夜间消费不断壮大，《中国城市夜经济活力指数报告》显示，2023年中国夜游市场规模达1.57万亿元。2023年夜间消费最活跃的十座城市：成都、北京、上海、重庆、杭州、深圳、长沙、郑州、武汉、广州[34]。夜经济正在成为新时代都市经济转型发展的重要着力点和彰显城市特色与活力的重要载体。在多元化、差异化、特色化、品质化的新业态融合下，夜经济增长赛道中涌现出了许多新场景新业态。根据相关数据，小微商家夜间消费成交额增速最快的场景涉及文旅、休闲玩乐、车主服务、零售、餐饮、交通出行、便民生活等多个行业。夜游项目作为文化和旅游产业的新鲜血液，已逐渐成为夜间经济发展中的重要组成部分。2024年1月，文化和旅游部公布了第三批国家级夜间文化和旅游消费集聚区名单，总计102个。夜间旅游景观的打造，让旅游资源的开发不止于空间的拓展，更能充分发挥时间的张力。

（二）主要开发形式

根据夜间旅游景观的特征属性，其开发形式主要有下列几种。

1. 观光型夜间旅游景观

这类景观指那些凭借现有的或人为打造的风景资源，利用适当的技术手段开发供旅游者夜间观赏的旅游景观。其中最具代表性的就是城市、乡村或景区（点）打造的城市夜景，通过亮化工程和自身地形地貌，打造的夜景观光，如桂林的"两江四湖"夜间景观观赏、广州依托珠江两岸的城市建筑配上亮化的珠江夜游景观、重庆的两江夜游及南山一棵树的夜景观光。这类产品能有效提升城市形象和知名度，目前已经逐渐成为夜间旅游景观的重要组成部分。它们往往集中在城市或景区（点）中心区域，以灯光照明为主要景观形式，对硬件设施具有较高的依赖性，通常在特定时间段开展。

夜间旅游景观还有以欣赏自然或人为发光体景观为主的"夜景观光旅游"。例如挪威的极光之旅、日本松尾峡的萤火虫童话公园等，但该类景观因呈现时间较短或不规律，通常难以成为稳定的夜间旅游景观。

2. 文化演艺型夜间旅游景观

这类夜间景观通常是那些以在搭建或天然的空间上进行的演艺活动为依托，提供旅游者夜间观赏、休闲、娱乐的旅游景观。文化演艺展览型的夜间旅游景观丰富了旅游者夜间旅游生活，提升了旅游者的体验，在延长旅游者停留时间的同时也提高城市旅游业的综合收入。城市夜间旅游演艺产品的规模有大有小：有名声、规模都比较大的，比如国内的印象系列、宋城千古情，国际上有奥地利的布雷根茨水上舞台、日本的"teamLab无界"数字美术馆和美国的"雏菊电音嘉年华"（Electric Daisy Carnival，EDC），均享誉世界，也有在各种演艺场所、茶馆等地表演的一些小型活动，比如我国成都顺兴老茶馆的小型表演等[35]。

国内夜间旅游景观的典型代表是大型桂林山水实景演出《印象·刘三姐》。该剧集漓江山水风情、当地文化及中国精英艺术家创作之大成，是全世界第一部全新概念的"山水实景演出"。整场演出以自然造化为实景舞台，灯光、音响系统采用隐蔽式设计，与环境融为一体，水上舞台全部采用竹排搭建，不演出时可以全部拆散、收起，对漓江水体及河床不会造成影响。观众席由绿色梯田造型构成，180度观景体验，可观赏江上两公里范围的景物及演出。整个剧目将刘三姐的山歌、民族风情、漓江渔火、山水胜地等元素创新组合，不着痕迹地融入山水，给人以强烈的视觉及听觉冲击，达到了如诗如梦的景观效果。

3.体验型夜间旅游景观

体验型夜间旅游景观大体包括以下类型：一是以体验目的地街区夜间餐饮、购物、娱乐和休闲为目的的"街区夜游"，如上海城隍庙、陕西西安回民街等；二是以参与体验为主的"景区夜游"，较典型的如迪士尼乐园的夜间巡游、日本浅草寺夜游、新加坡夜间野生动物园和韩国首尔昌德宫的月光之旅等；三是以参加体验夜间节事为主的"夜间节事旅游"，比如我国四川自贡灯会、法国里昂的灯光节和巴西里约热内卢的狂欢节等。随着城市景观建设的升级与旅游方式的多样化，以城市为中心的夜间文化艺术休闲游，以及主打欣赏夜间实景演艺、参与沉浸式旅游演艺的"夜间文化旅游演艺体验游"也颇受旅游者的青睐。

（三）部分代表性夜间旅游景观

夜间经济是衡量一个大城市发展水平、消费水平的重要指标，夜间旅游景观是支撑夜间旅游和夜间经济的重要内容。随着各地陆续出台了发展夜间经济的政策，包括购物、餐饮、电影、灯光亮化工程等，预计未来将有更多资源投入夜间旅游市场和夜间旅游景观打造。现将目前国内较有特色的部分夜间旅游景观介绍如下。

1.故宫"紫禁城上元之夜"

"紫禁城上元之夜"是中共北京市委宣传部和故宫博物院共同在2019年元宵节期间举办的文化活动，这是故宫近百年来的第一次"灯会"，也是紫禁城古建筑群首次在晚间被大规模点亮。"紫禁城上元之夜"主要邀请劳动模范、北京榜样、快递小哥、环卫工人、解放军和武警官兵、消防队员、公安干警等各界代表以及观众朋友数千人，前往故宫博物院的午门展厅、太和门广场、故宫东城墙、神武门等区域观灯赏景，同时对部分普通游客免费预约开放[36]。

"紫禁城上元之夜"的照明设计将高新科技与文物保护有机融合，在方案制订阶段，就考虑到照明可能对古建筑产生的损害，通过设定不同的灯光强度，产生光影对比，使其在夜间自然产生立体感，达到"见光不见灯"的布光效果，使照明融入建筑，让观众领略紫禁城的夜间风采[37]。太和门建筑主体及汉白玉台阶作为主要投影目标，设计通过激光投影技术，实现精准对位，让数字画面跃然于故宫古建筑之上。午门至神武门东侧的城墙区域，由充满节日氛围的红灯笼点缀，并引导观众步行。临近城墙西侧的建筑也被点亮，营造出喜庆祥和的节庆氛围。

观众按照参观线路进场，除了能够观赏到故宫瑰丽的夜间景观，还可观赏两场特殊的音乐和戏曲表演：在午门东雁翅楼中，中央民族乐团琵琶演奏家赵聪及其团队正在进行精彩演奏；当观众走在东城墙上，远眺畅音阁戏楼，能看到戏曲演员在畅音阁表演。在东华门城楼可以参观"营造之道——紫禁城建筑艺术展"。到达东北角楼后，步行至神武门，在这一区域可以观赏到城墙南北两侧通过艺术灯光投影于建筑屋顶上的《千里江山图卷》等绘画作品，体验人在画中游的感觉。

走过了近600年岁月的紫禁城，在保护故宫文化遗产的前提下，故宫博物院通过展览和夜间景观打造的方式，多层次地用人们喜闻乐见的方式展示了传统文化的深厚内涵。

2. 重庆洪崖洞

洪崖洞原名洪崖门，是古重庆城门之一，位于重庆市渝中区解放碑沧白路，地处长江、嘉陵江交汇的滨江地带，是兼具观光旅游、休闲度假等功能的旅游区。洪崖洞是重庆传统民俗风貌区的代表，也是重庆巴渝文化的重要历史见证，其历史最早可以追溯到公元前316年重庆建城时。明代洪武年间，洪崖洞作为当时重庆城的17门之一，是重庆经济贸易的重要码头，全长600米，面积4.6平方千米[38]。洪崖洞街区保留了不少明清时期与民国时期的历史遗迹，改造前的建筑主要为老旧的砖木结构民居，建筑老化严重，基础设施比较缺乏、卫生条件差。居住区内人口流动性大，交通不便利[39]。而且由于地势起伏大，坡度陡峭，这里常有危岩坠落和斜坡滑塌，有很大的安全隐患。

2006年，重庆市人民政府总投资3.85亿元打造洪崖洞片区。改建后的洪崖洞以最具传统建筑的"吊脚楼"风貌为主体，配合建筑的高低错落，面向江水，背靠岩坎，并通过分层筑台、吊脚、错叠、临崖等山地建筑手法，形成了典型的山地簇群式景观格局[40]。规划师以洪崖洞为基础，整合附近区域历史文化资源，打造了洪崖洞民俗风貌区。加上该街区内的洪崖滴翠、两江汇流、吊脚楼群、洪崖群雕、城市阳台、巴文化柱、中华火锅第一鼎、嘉陵夕照等独特的城市景观资源，洪崖洞俨然成为重庆最为繁华的街区之一。2007年11月，重庆洪崖洞民俗风貌区被评定为国家AAAA级旅游景区。2020年11月18日，洪崖洞被列入"成渝十大文旅新地标"[41]。

3. 漠河北极村

北极村位于黑龙江省大兴安岭地区漠河市北极镇，是国家AAAAA级旅游景区，素有"金鸡之冠""神州北极""不夜城"的美誉，是全国观赏北极光的最佳观测点，也是中国"北方第一哨"所在地，中国最北的城镇。北极村，夏季，景色优美，空气清新；冬季，白皑皑的大雪覆盖整个大地，生活在这里的人们自制小木爬犁，爬到半山腰处，顺坡而下，雪雾飞起，耳边生风，体验风驰电掣的刺激与快乐，品味齐腰深的大雪和令人咋舌的寒冷。

这里的夏至前后以及深秋月夜是观赏北极光的最佳时节。冬季则会出现极夜现象，是北极村的一大特色。北极村全年平均气温在-30℃以下，极端最低气温在-50℃以下[42]。童话中的白桦树林、松树林在北极村随处可见，无论朝暮，四季或四时，都有其独特的美，都能够展示出不同的景象。北极村拥有着不可比拟的地缘优势，是祖国的北部"天涯"。

思考与练习

1. 分析乡村振兴战略对中国乡村旅游景观的推动作用，并讨论如何结合当地特色发展乡村旅游。

2. 阐述全域旅游理念对旅游景观开发与管理的影响，以及如何推动旅游景观的整体优化和协调发展。

3. 讨论文旅融合在旅游景观建设中的实践案例，分析文旅融合对提升旅游景观文化价值和吸引力的重要性。

4. 分析智慧旅游在旅游景观中的应用，如智慧导览、智能服务等，并探讨智慧旅游对未来旅游景观发展的影响趋势。

本章参考文献

[1] 石培华，张毓利，申军波，等. 新时代中国旅游发展战略方位方向[N]. 中国旅游报，2018-10-30（003）.

[2] 张瑞娟, 惠超. 全面解读《乡村振兴战略规划（2018—2022年）》[J]. 农村金融研究, 2018（10）: 9-11.

[3] 程晓娟. 实施乡村振兴战略面临的问题与对策建议[J]. 农业经济, 2020（7）: 25-27.

[4] 徐梦颖. 乡村景观营建中地域文化的应用研究——以富盛马拉松精品沿线村庄景观设计为例[D]. 杭州: 浙江农林大学, 2018.

[5] 朱启臻. 乡村振兴背景下的乡村产业——产业兴旺的一种社会学解释[J]. 中国农业大学学报（社会科学版）, 2018, 35（3）: 89-95.

[6] 张羽清, 周武忠. 论乡村景观对乡村振兴的促进作用[J]. 装饰, 2019（4）: 33-37.

[7] 陈阁芝, 刘伟. 基于利益相关者视角的全域旅游发展策略研究[J]. 中国管理信息化, 2019, 22（6）: 116.

[8] 赵祯. 全域旅游背景下岚皋县永爱村乡村景观的改造和提升研究[D]. 西安: 西安建筑科技大学, 2019.

[9] 叶之强. 全域旅游背景下遂昌县旅游景点开发与景观打造研究[D]. 杭州: 浙江农林大学, 2020.

[10] 中华人民共和国国家统计局. 中华人民共和国2023年国民经济和社会发展统计公报[EB/OL]. https://www.stats.gov.cn/sj/zxfb/202402/t20240228_1947915.html.

[11] 邵颖萍. 文旅融合的新趋势与协同推进策略[J]. 群众, 2018（11）.

[12] 张凌云, 黎巎, 刘敏. 智慧旅游的基本概念与理论体系[J]. 旅游学刊, 2012, 27（5）: 66-73.

[13] 杜鹏, 杨蕾. 智慧旅游系统建设体系与发展策略研究[J]. 科技管理研究, 2013, 33（23）: 44-49.

[14] 李云鹏, 胡中州, 黄超, 等. 旅游信息服务视阈下的智慧旅游概念探讨[J]. 旅游学刊, 2014, 29（5）: 106-115.

[15] 吴海燕. 以智慧旅游视野发展全域旅游的理论和实践[J]. 经济问题探索, 2018（8）: 60-66.

[16] 张宏祥. 中国智慧旅游城市建设的基本状况与国际经验借鉴[J]. 对外经贸实务, 2018（5）: 85-88.

[17] 阮立新. 基于利益相关者诉求的景区智慧旅游框架体系构建[J]. 南京师大学报（自然科学版）, 2017, 40（3）: 159-165.

[18] 曾祥辉, 郑耀星, 张秦. 基于内容分析法的智慧旅游概念探析[J]. 资源开发与市场, 2015, 31（10）: 1184+1246-1249.

[19] 宋菲菲. 基于政府开放数据的智慧旅游研究[D]. 哈尔滨: 黑龙江大学, 2020.

[20] 潘斌. 基于生态理念的美丽公路景观规划设计[D]. 合肥: 安徽农业大学, 2020.

[21] 彭博. 公路景观及其设施的安全设计研究[D]. 苏州: 苏州大学, 2020.

[22] 孙建平, 焦海琴. 现代营销理念下的旅游产业经营策略[J]. 经济论坛, 2012（7）: 104-105.

[23] 潘红. 世界文化背景下的民族文化发展趋势[M]. 昆明：云南人民出版社，2011.

[24] 魏春洋. 文化创意产业与烟台城市发展[J]. 产业与科技论坛，2009，8（11）：134-136.

[25] 张京成，刘光宇. 创意产业的特点及两种存在方式[J]. 北京社会科学，2007（4）：3-8.

[26] 王兴斌. "体验经济"新论与旅游服务的创新——《体验经济》读书札记[J]. 桂林旅游高等专科学校学报，2003（1）：16-20.

[27] 易华. 创意产业勃兴与创意阶层崛起[J]. 经济问题探索，2009（11）：45-50.

[28] 张振鹏，王玲. 我国文化创意产业的定义及发展问题探讨[J]. 科技管理研究，2009，29（6）：564-566.

[29] 陈琳，朱洪兴. 北京市文化创意产业发展研究[J]. 商场现代化，2008（18）：253-255.

[30] 齐旭. 台湾文化创意产业发展研究[D]. 北京：中央民族大学，2012.

[31] 李楠. 文创旅游小镇的开发与规划研究[J]. 建筑科技，2020，4（5）：24-27.

[32] 任玲君，罗辉. 滇南地区乡村旅游与文创产业融合发展策略——以文山州为例[J]. 文化产业，2020（14）：10-11.

[33] 曹新向. 发展我国城市夜间旅游的对策研究[J]. 经济问题探索，2008（8）：125-128.

[34] 央视财经. 中国夜经济活力指数报告[EB/OL].[2024-08-17]. https://www. https://finance.cctv.com.

[35] 刘涛. 休闲视角下成都市夜间旅游研究[D]. 重庆：重庆师范大学，2012.

[36] 故宫博物院. 正月十五闹元宵——"紫禁城上元之夜"文化活动在故宫博物院举办[EB/OL]. https://www.dpm.org.cn/classify_detail/248908.html.

[37] 齐磊. 故宫博物院举办"紫禁城上元之夜"文化活动[EB/OL]. 中国日报网，[2019-02-20]. https://baijiahao.baidu.com/s?id=1625965313985286069&wfr=spider&for=pc.

[38] 罗明刚. 重庆城市陪都建筑风貌的传承和再现[D]. 重庆：重庆大学，2012.

[39] 程政博. 城市更新背景下街道空间的再地域化——以重庆洪崖洞为例[D]. 北京：中共中央党校，2017.

[40] 罗斌，崔力. 集吃喝玩乐于一体洪崖洞昨日开街迎客[EB/OL]. 新华网，[2006-06-19]. http://www.cq.xinhuanet.com/news/2006-06/19/content-729641.

[41] 央广网. 共建巴蜀文化旅游走廊！"成渝十大文旅新地标"五大榜单重磅发布[EB/OL].[2020-11-18]. https://baijiahao.baidu.com/s?id=1683680367879601790&wfr=spider&for=pc.

[42] 伊芮. 五度空间概念下的东北民宿空间设计——以漠河北极村地区为例[D]. 大连：大连工业大学，2018.

第四章

地质地貌景观

本章导读

地质地貌条件是自然景观形成的基础和前提。地质地貌景观是自然景观中最具普遍性和独特性的景观类型。自然景观中的山水名胜，不论是峰谷、洞窟，还是河湖、泉瀑，都是在特定的地质条件下形成的，受到各类地质因素影响。假设没有构造节理强烈发育的花岗岩地貌，就没有黄山的"奇峰""巧石"；假设没有地壳变更的断块隆起，宏伟险峻的泰山、华山、黄山等景观就无法形成，同时也就不可能产生青海湖、鄱阳湖、贝加尔湖等断陷湖泊。因此，地质地貌景观对于旅游资源有着举足轻重的影响。

本章学习目标

1. 掌握地质地貌景观的基本概念、形成机制及其主要特点。熟悉地质地貌景观的基本类型及其特征，能够识别不同类型的地质地貌景观。

2. 理解地质地貌景观在旅游中的价值，包括其对自然风景的贡献、对人文景观形成的影响等。

3. 了解典型地质地貌景观的旅游价值，包括其科学价值、美学价值等。培养运用地质地貌知识分析和评价旅游景观的能力，提升对旅游景观的鉴赏水平。

第一节 地质地貌景观概述

地质地貌景观是在地球表面由于各种自然力量作用形成的独特地形和地貌特征。这些景观不仅具有极高的观赏价值，还是地球科学研究和自然教育的重要对象。地质地貌景观的形成与气候、水文、地质、生物等多种自然因素密切相关，它们的分布和形态特征反映了地球的历史演变和当前的地质活动状态。

一、地质地貌景观的形成

（一）内力地质作用及其造景机理

内力地质作用主要表现为地壳运动、岩浆活动、变质作用和地震等。其作用既发生于地表，也发生于地球内部。

1. 地壳运动及其造景机理

地壳运动控制地球表面的海陆分布，影响各种地质作用的发生和发展，形成了各种构造形态，改变了岩层的原始形状。地壳运动按运动方向可分为水平运动和垂直运动。水平运动也称造山运动或褶皱运动，该种运动常会形成巨大的褶皱山系和巨型拗陷，以及岛弧、海沟等；垂直运动又称升降运动、造陆运动，使岩层隆起和下降，从而形成高原、断块山及拗陷、盆地和平原，还可引起海侵和海退的海陆变迁。

2. 岩浆活动及其造景机理

岩浆活动是指岩浆产生、上升和冷凝固结成岩的全过程，也称岩浆作用。喷出地表的岩浆活动也叫火山活动。

没有喷出地表的岩浆活动形成侵入岩，在地壳运动作用时抬升露出地表，经过风化、剥蚀等作用被雕塑成景观地貌。火山活动可以造景，可使岩浆喷出地表，同时形成火山口、火山锥、火山熔岩流以及熔岩洞等，这些火山遗迹本身就是火山景观。火山熔岩冷却后形成火山岩，火山岩经过外力（风化、剥蚀等）的雕塑后形成景观。

3. 变质作用及其造景机理

变质作用是指原先已存在的岩石受到物理、化学（主要是高压、高温）条件变化的影响，其结构、构造和矿物成分发生改变，成为一种新的岩石的转变过程。变质作用为地貌景观造景提供了物质基础——变质岩。变质岩在地壳运动（褶皱、断裂等）和风化、剥蚀等外力的作用下形成形态各异的变质岩景观。

（二）外力地质作用及其造景机理

外力地质作用是指由地球外部的能源（太阳能、日月引力能等）通过大气、水、生物三大圈层等因素相互作用对岩石圈产生影响而引起的地质作用。它是形成自然景观的主要营力。水和大气主要参与岩石圈地貌景观的雕塑作用，其造景机理主要是通过风化作用、侵蚀作用、剥蚀作用、堆积作用、风蚀作用、冰蚀作用、流水与流水堆积作用、海洋作用、岩溶作用等来实现的。

二、地质地貌景观的特点

（一）景观的多样性

地质地貌景观具有多样性，包括山地、高原、盆地、平原、丘陵、沙漠、冰川等多种类型。这些地貌景观在形态、规模、成因等方面都存在差异，展示了地球上地貌的丰富性和复杂性。

（二）景观的区域性

地质地貌景观的形成受到多种因素的影响，其中地理位置和气候条件对地貌景观的形成具有重要影响。因此，不同地区的地貌景观具有不同的特点，体现了地貌景观的区域性。

（三）动态性

地质地貌景观是不断变化的。在内力作用和外力作用的共同作用下，地表形态不断发生变化，新的地貌景观不断形成，旧的地貌景观逐渐消失。这种动态性使得地质地貌景观具有了独特的魅力和研究价值。

第二节　地质地貌景观的类型

地质地貌景观不仅具有独特的美学价值，也为我们了解地球历史和地质作用提供了重要的窗口。在欣赏这些景观的同时，我们也能更加深入地认识到大自然的神奇和美丽。

一、地质景观

地质景观是由地壳、地表和地球内部的构造变化等因素造成的，是自然地质历史的产物，同时也是地球上物质运动过程的结果。地质景观的形成与地质构造、气候、水文条件以及地质过程的相互作用密不可分，具有多样性、复杂性的特点。其基本类型如下。

（一）构造地质遗迹

1. 景观成因与特点

构造地质遗迹的形成，主要源于地球的内力作用，包括地壳运动、岩浆活动、变质作用等。这些作用使地壳中的岩石发生变形、断裂、褶皱等构造变动，进而形成各种奇特的地质景观。这些景观往往具有独特的地貌特征、地质结构和岩石类型，展现出大自然的鬼斧神工，并记录了地球发展的历史[1]。

构造地质遗迹景观的特点主要表现在以下几个方面：第一，地貌形态多样，包括山脉、峡谷、断层崖、裂谷等，形态各异；第二，地质结构显著，常展现出明显的地层褶皱、断裂、节理等地质结构，是研究地球构造演化的重要窗口；第三，岩石类型丰富，涵盖岩浆岩、沉积岩、变质岩等多种岩石类型，为地质学研究提供了丰富的素材。

2. 国内典型性景观

国内与构造地质遗迹相关的旅游景观众多，较为知名的，如云南石林国家地质公园，这里以独特的石灰岩喀斯特地貌而闻名。这里的石柱、石峰、石笋等形态各异，构成了一幅幅奇妙的地质画卷。贵州赤水丹霞国家地质公园（见图4-1），以丹霞地貌和瀑布群为主要特色。公园内的红色砂砾岩经过长期的风化和侵蚀作用，形成了壮观的峡谷和瀑布景观[2]。张家界国家森林公园，以其独特的石英砂岩峰林地貌而著称。这里的山峰如林，形态奇特，与绿树成荫的峡谷相映成趣，构成了一幅幅美丽的山水画卷。五大连池世界地质公园是一个由火山喷发形成的堰塞湖群。公园内的湖泊清澈如镜，与周围的火山地貌相映生辉，展现了大自然的神奇魅力。

图 4-1　贵州赤水丹霞国家地质公园

（二）生物化石点与标准地层剖面

1. 化石和生物化石点

化石是指保存在地层中的地质时期的生物遗体、遗骸及其活动的遗迹、遗物的总称。它们多出现在沉积岩中，生物化石点是指保存在地层中的地质时期的生物遗体、遗骸及活动遗迹的发掘地点[3]，如北京延庆的硅化木化石和恐龙足迹化石等。

2. 典型的地层剖面

沉积岩地层的形成顺序和岩层中所含的化石或化石群是确定地质年代的主要依据，因此地层标准剖面是地学旅游资源的重要组成部分。我国第一个国际地层剖面——中国震旦系-寒武系界线层型剖面（云南晋宁梅树村剖面），对探索生命起源以及与生物有关的矿产形成有重要意义。

国内与生物化石和典型地层剖面相关的代表性旅游景观相当丰富。如，云南澄江化石地、辽宁本溪国家地质公园、四川自贡恐龙博物馆等。其中澄江化石地在 2012 年正式被评为世界自然遗产，是中国首个、亚洲唯一的化石类世界自然遗产[4]。这些景观与名胜不仅展示了地球历史的悠久和生命的多样性，还为旅游者提供了独特的科普旅游体验。

（三）地震遗迹

1. 形成机制

地震遗迹是由破坏性的地震作用，以突然爆发的形式形成的具有旅游功能的自然遗迹景观。地震遗迹主要基于下列机制形成。第一，断裂作用。地壳内应力积累到一定程度时，岩层发生快速滑动，形成断层。断层带成为地震力量释放的重要途径。强震会在地表形成明显的断裂带，这些断裂带可以被一直保存下来，成为地震遗迹。第二，地块抬升或下沉。地震会导致部分区域的抬升或下沉。比如地震山脊（因地震地块抬升形成）或凹陷盆地（因地块下沉形成）。第三，滑坡和崩塌。强烈的地震震动会使山体部分不稳，导致大规模的滑坡或崩塌，这些滑坡体留在地表成为地震遗迹。第四，土壤液化。在松散饱和的沉积物区，地震震动会使沉积物失去稳定性，形成液化现象，从而在地表留下沙泉、沙丘等液化现象遗迹[5]。

2.景观特点

地震遗迹景观的形成主要涉及地震活动对地形地貌的直接影响，以及随后自然过程的作用。地震遗迹形成的景观主要有以下特点。

（1）线性特征。

断层和断裂带：通常表现为线性或多线性的断裂带，这些断层具有一定的方向性和延续性。例如四川省阿坝藏族羌族自治州汶川县映秀镇断裂带，在震中映秀镇附近，地表清晰地显示出大规模的断裂带和断层镜面，展示了地震时地壳运动的巨大能量。

（2）规模和尺寸多样性。

由于地震的烈度和发生地的环境、地质条件各不相同，地震遗迹的规模可以从数米到数百公里，从小型裂隙到大规模山脉或盆地，其造就的景观规模和尺寸具有多样性特点。

（3）地表形态变化显著。

地震导致的地形突变，如断层崖、地块抬升或陷落区等，地震前后的地形差异显著，形成了包括断层镜面、地震坑、滑坡体、液化现象等地貌。例如，四川唐家山堰塞湖便是因山体滑坡堵塞河流，而形成的巨大的堰塞湖，成为典型的地震次生灾害景观，如今也已被开发为观光风景区。

（4）保存性和长期性。

某些地震遗迹，如大型断层或山体滑坡，在内外部环境相对稳定的情况下，可以在地表保存数十万年，这一方面为今后研究地震活动提供了宝贵信息，同时也是一部惊心动魄的灾害史。从人文景观的旅游感受角度来看，它可以对旅游者产生强大的感染力，从而形成旅游景观吸引力。

（5）易于识别的地质痕迹。

这些遗迹通常能通过露头观察、遥感技术或者地质剖面来识别，具有清晰的地质标志。从观光旅游来看，地震灾害遗迹往往具有独特的地貌形态和景观空间特征，能够带给观光旅游者独特的空间形态美感和震撼感。

（四）岩石矿物观赏景观

该类型主要表现为矿物宝石景观、玉石景观、观赏石景观，主要是指矿物、岩石和化石的观赏性微型景观和小体量景观，主要有三种类型。

1. 矿物宝石景观

贵美、瑰丽、珍稀和耐久的矿物就是宝石，特种单一的矿物富集成矿山便可作为宏观的自然景观。矿物既可以作为观赏品在家庭陈列，更可以被雕琢成宝石类首饰、饰物佩戴。水晶类微型与小型景观除了作为首饰类，多数为陈设景观，尤其是水晶晶体（六方柱锥）可以作为厅堂、庭院的陈设品。许多观赏石爱好者大多珍藏有水晶晶体观赏石。

2. 玉石景观、观赏石景观

细腻、温润、精美的岩石就是玉石，玉石景观主要是首饰和小型陈设景观和盆景类[6]，主要有缅甸翡翠玉、阿富汗玉，以及我国的新疆和田玉、河南南阳玉（独山玉）、辽宁岫岩玉、甘肃酒泉玉、湖北绿松石等。

3. 观赏石景观

观赏石景观多为小体量岩石景观，这类观赏石或玉石常见的有：大理石、黄河石、三峡石、陨石、青田石、巴林石、田黄石、鸡血石、寿山石、青海玉、菊花石、玛瑙石等。根据天然观赏石的出产地可以分为山石、平原石、水石、洞穴石、戈壁石等。根据天然观赏石的造型和观赏主题分为景观石、象形石、画面石、奇异石、彩玉石等。

二、地貌景观

地貌景观指的是由地球内、外力综合作用于地壳而形成的各种形态与类型的地表景象。这些景观的形成与地质构造、气候、水文等多种因素有关，因此，地貌景观具有多样性和独特性的特点。

地貌景观分类

1. 按地貌形态分类

根据地貌形态可以大致分为以下几类：山地景观（观赏型和登山探险型山地）、平原景观、高原景观、盆地景观、丘陵景观。其中以山地景观旅游资源最丰富独特。例如，庐山以雄、奇、险、秀闻名于世，具有极高的自然美、人文美和科学价值，自古就有"匡庐奇秀甲天下"的美誉。四川贡嘎山国家级自然保护区因其陡峭的山坡和复杂的地形，吸引了众多登山探险者前来挑战。云贵高原拥有起伏的山脉、多样的民族文化和独特的喀斯特地貌，是高原景观的又一代表。我国的东南丘陵，地形起伏，丘陵连绵，以茶园、竹林等农业景观为特色。多样的景观展示了中国丰富的地貌，每一种地貌都有其独特的魅力和价值，为旅游和探险提供了丰富的资源。

2. 按地貌成因分类

（1）花岗岩地貌。

花岗岩地貌指在花岗岩石体基础上，由各种外力形成的形态特殊的地貌类型。其景观特征为：主峰突出、群峰簇拥、挺拔险峻。花岗岩地貌的旅游景观中最具代表性的包括安徽黄山（见图4-2）、陕西华山、山东泰山和江西三清山[7]等。

图 4-2　安徽黄山

（2）岩溶地貌。

岩溶地貌也叫喀斯特地貌，指地表可溶性岩石（主要是石灰岩）被水溶解后发生溶蚀、沉淀、崩塌、陷落、堆积等现象，最终形成的各种特殊的地貌。地表岩溶地貌主要有溶沟和石芽、溶斗和落水洞、溶蚀洼地和坡立谷、峰丛峰林和孤峰等。山地相对高度不大，但造型丰富[8]。地下岩溶地貌主要有溶洞地貌、地下河、地下湖等。地表与地下相关联的地貌主要有竖井、芽洞、天生桥等。我国的岩溶地貌分布很广泛，在西南地区较为集中。

（3）丹霞地貌。

丹霞地貌是以赤壁丹崖为特征的红色陆相碎屑岩地貌，是红色砂砾岩在内外营力的作用下发育而成的方山、奇峰、赤壁、岩洞等特殊地貌[9]。其因最早发现于我国广东仁化丹霞山而得名。其最突出的特点是"赤壁丹崖"广泛发育，基本的形态为身陡、崖赤、顶平、麓缓的方山。我国南方和北方均有丹霞地貌旅游名胜。

（4）流纹岩地貌。

流纹岩地貌是火山的酸性喷出岩石，由于形成时冷却速度较快使矿物来不及结晶，故形成了有斑状结构和流纹状结构的地貌。流纹岩地貌景观造型丰富，"横看成岭侧成峰"，从不同角度看，具有不同的形态[10]。颜色常见的是灰绿、灰黄、紫红等。

（5）熔岩地貌。

熔岩地貌是岩浆从地壳断裂溢出、沿地面流动冷却形成的各种地形。由于岩浆的喷发方式不同，形成的地貌也不同，景观各异。如裂隙式喷发，由于玄武岩浆黏度小，流动性大，熔岩流呈层状平缓地向外倾斜，形成平坦的方山，也叫桌状山和熔岩台地；中心式喷发，喷发物堆积于地表，形成火山锥、熔岩洞穴隧道等；如果熔岩流流入河道并堵塞河道，就形成堰塞湖；火山喷发后，火山口积水就成为火山口湖；有些地区由于岩浆随地形流动，逐渐冷却并散失大量气体，从而形成熔岩洞、熔岩塔、熔岩瀑布、绳状熔岩等景观。熔岩形成的旅游名胜景观与主要的火山带分布一致。

（6）干旱风沙地貌。

干旱风沙地貌是由干旱气候和风沙作用形成的各种地貌类型景观，常见的有沙漠、戈壁和雅丹。除了敦煌鸣沙山，巴丹吉林沙漠也是干旱风沙地貌旅游景观的代表[11]。巴丹吉林沙漠（见图4-3）位于内蒙古自治区阿拉善盟，是我国第三大沙漠，以其连绵的沙丘、高耸的沙峰和丰富的湖泊景观而闻名。沙山与湖泊相互映衬,形成了独特的沙漠风光,吸引了无数旅游者前来欣赏。

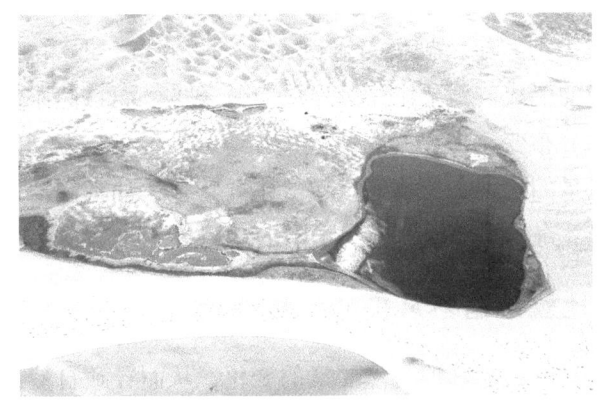

图 4-3 内蒙古自治区巴丹吉林沙漠

(7)海岸地貌。

海岸地貌是海岸在构造运动、海水动力、生物作用和气候因素等共同作用下所形成的各种地貌的总称[12]。海岸地貌景观特征各异,包括各种岩岸、海蚀洞、海蚀崖、海蚀蘑菇、沙滩等。

(8)冰川地貌。

冰川地貌是由冰川的侵蚀和堆积作用形成的地貌,包括现代冰川作用塑造形成的地貌和古冰川作用形成的冰川地貌遗迹[13]。侵蚀作用会形成冰斗、角峰、刃脊、峡湾、羊背石等;堆积作用会形成冰碛丘陵、终碛堤、鼓丘等。

总体来说,我国的地质地貌景观具有多样性和独特性,为旅游者提供了丰富的旅游体验和学习机会。这些景观不仅是自然界的杰作,也是人类文化和历史的见证,值得我们深入探索和研究。

第三节 地质地貌景观的旅游价值

地质地貌景观具有独特性、科学价值、文化价值、生态价值和经济价值等,这些价值不仅为当地旅游业的发展提供了有力支持,也为人们提供了丰富多彩的旅游体验和休闲方式。

一、地质地貌是风景的骨架

自然界地貌类型繁多，规模差异巨大，广泛分布于地球表面的各个部位。但是，每种地貌的形成均需要一组特定的自然条件，而自然条件中的每一种要素都有其自身的分布变化规律，因此世界各地形成了千差万别的地貌景观。地质地貌决定着风景的构架、意境和气势等主要特征，如不同地质地貌条件的山地，可表现出雄、奇、险、秀、幽等不同的意境。

二、地质地貌对自然风景的间接影响

地貌的变化，可引起其他自然要素的变化，从而导致自然景观的变化。地貌的变化，可引起气温、降水的变化，从而形成不同的气候景观。地貌通过影响气候而影响生物，从而形成不同的生物景观。地貌可影响地表水，形成不同的水景分布体系。一些规模较小的岩石地貌体因其外形似人或动物而在风景区中形成独立的景点。如安徽黄山的仙桃石，云南路南石林中的剑峰、母子携游、骆驼骑象等，均是一些栩栩如生的特殊造型地貌，因其形象特征而成为著名的旅游景点。相同成因类型构成的地貌群往往以特殊的地貌组合形成众多造型独特的景点而构成风景区或旅游胜地。如我国黑龙江的五大连池是以火山喷发形成的熔岩地貌群构成的旅游胜地，美国科罗拉多大峡谷是以河流切割沉积岩形成的旅游胜地。这些成因相关的地貌群以其独特成因的丰富地貌体形成千姿百态的地貌造形，往往成为著名的旅游胜地。

三、地质地貌是风景资源

地质地貌是风景资源的重要组成部分，不同地质地貌类型因其独特的形态和特征，为旅游资源提供了丰富的自然景观。例如，高山峻岭的雄伟壮丽、草原的广袤无垠、沙漠的神秘浩瀚等，都是地质地貌旅游资源的重要体现。由于形态具有观赏价值的风景地貌，本身极具吸引力，如江西庐山、云南石林等。通过开发和利用这些地质地貌资源，可以使其形成独具特色的旅游景观，为旅游业的发展提供有力支持。

四、地质地貌对人文景观形成的影响

地质地貌通过影响长期生活在其环境中的人的思维、性格、审美意识而影响人文景观的形成，如南方多中小山地、丘陵、平原、盆地与众多的江湖交替的纤巧秀丽的地貌格局，由此形成了秀美优雅的江南园林和轻盈通透的南方民居。在人文旅游胜地的建筑中，建筑选址、建筑规模及建筑物的艺术风格等的确定，首先必须考虑的因素即是建造区的地质地貌特征，甚至有一些人文旅游胜地的形成必须拥有特殊的地质地貌资源条件。例如，我国的四大石窟：甘肃敦煌莫高窟建于鸣沙山的断层崖上，山西大同云冈石窟建于武州（周）山麓，河南洛阳龙门石窟建于伊阙峡谷间，甘肃麦积山石窟（见图4-4）凿于地壳运动将麦积山割成东西两部分的断层崖上。许多著名的水利工程也与建设区的地质地貌环境相关。地质地貌在旅游胜地人文景观的形成中常常扮演着基础要素的角色。

图 4-4 甘肃麦积山石窟

五、地质地貌条件提供了不同形式的地域空间

不同的地质地貌条件为旅游提供了不同形式的地域空间，因而人们开展的旅游活动也不同。如平原，地形低平坦荡，交通便利，社会经济发达，人文历史悠久，适合开展以人文旅游资源为主体的历史旅游、文化旅游，适合建造园

林景观、田园景观和现代娱乐场所。如山地，地势高，垂直变化大，地表崎岖不平，景观和环境结构复杂，具有多种旅游功能。

自然景观的美学评价中，奇特、险峻、秀丽、壮观、幽奥、旷阔等视觉要素均直接或间接地反映出地貌在风景美中的作用。在自然地物的构景原则中"峰峦宜远眺""丘壑主近视""江湖有俯瞰"等原则更突出了不同地貌条件下各地域空间的审美方式，从而凸显了地质地貌条件在旅游风景区形成中的重要作用。

思考与练习

1. 描述地质地貌景观的形成过程，并举例说明其形成机制与特定地理环境之间的关系。
2. 根据地质地貌景观的基本类型，分析不同类型景观在形态、色彩、结构等方面的差异，并尝试解释这些差异对旅游景观的影响。
3. 讨论地质地貌景观在旅游中的多重价值，包括其科学考察、观赏游憩、生态保护等方面的作用。
4. 选取一处典型的地质类旅游名胜或地貌类旅游名胜，分析其地质地貌特征及其在旅游中的特色和价值。
5. 结合实际案例，探讨地质地貌条件对人文景观造成的影响，以及如何在旅游开发中合理利用和保护地质地貌资源。

本章参考文献

[1] 大地绽放的景观群——新疆地质遗迹（10）构造地貌[J]. 资源与人居环境，2017（10）：22-31.
[2] 马肖静. 谈贵州赤水丹霞地貌世界遗产的价值与保护[J]. 旅游纵览（下半月），2013（6）：112-113.
[3] 全国科学技术名词审定委员会. 科学技术名词·工程技术卷[M]. 北京：科学出版社，2016：7.
[4] 云南澄江化石群首次发现地点——帽天山[J]. 资源与人居环境，2024（4）：82.
[5] 苏德辰，孙爱萍，朱月琴. 探寻古地震的奥秘——古地震遗迹与古地震记录解读[J]. 国土资源科普与文化，2017（4）：4-11.
[6] 王嘉明. 以观赏石谈自然资源管理理念[J]. 浙江国土资源，2019（3）：57-58.

[7] 李忠东.三清山：花岗岩地貌的大观园[J].知识就是力量，2018（10）：68-73.
[8] 齐燕.走进岩溶地貌，探寻区域发展对策[J].湖北教育（教育教学），2023（9）：64.
[9] 郭福生，凌媛媛，陈留勤，等.丹霞山世界地质公园地貌景观控制因素与景观类型研究[J].现代地质，2023，37（6）：1665-1679.
[10] 卢琴飞.世界火山景观流纹岩地貌的典型代表——雁荡山国家地质公园[J].浙江林业，2024（1）：36-37.
[11] 中国干旱、半干旱区风沙地貌过程与沙漠化和沙尘暴关系.甘肃省，中国科学院寒区旱区环境与工程研究所，2012-01-01.
[12] 王雪峰.基岩海岸地质地貌[J].海洋世界，2008（4）：40-42.
[13] 顾佳妮.地质公园建设与冰川地貌景观探讨[C]//中国地质学会旅游地学与地质公园研究分会，河南省国土资源厅，永城市人民政府.中国地质学会旅游地学与地质公园研究分会第30届年会暨芒砀山地质公园建设与地质旅游发展研讨会论文集.地质力学研究所，2015：2.

第五章

水体景观

本章导读

水体景观具有分布的广泛性、景观构成的相互依托性、景观实体的多样性以及可参与性强等特点。它是旅游资源的重要组成部分。如果说,自然界中没有了水,就没有了生命,那么,在旅游资源中,没有了水就失去了自然景观的生机与活力。水体景观是存在形式最广泛的一种旅游资源,水体景观旅游资源既可单独构景,又可与其他旅游资源构成综合景观,是各类景区的重要构景因素。因此,水体景观是开展丰富多彩的体验性旅游活动的基础。

本章学习目标

1. 掌握水体景观的基本概念和形成过程,了解我国水体景观旅游资源的主要特点。

2. 理解水体资源在旅游活动中的重要性,以及水体与旅游的关系。掌握水体景观的旅游吸引因素,了解风景水体旅游资源的旅游功能。

3. 熟悉水体景观的基本类型,并能够对不同类型的水体景观进行区分和识别。

4. 能够举例说明各类典型水域景观的特点和旅游价值,并能对水域景观的旅游开发提出初步建议。

第一节　水体景观概述

水体景观是以自然水体为主体的景观。它有观赏、游乐、康疗、度假等旅游功能。"有水则灵",是对水景的高度概括。地球上的水以其分布的广泛性、循环性而成为自然界最活跃的组成部分。水作为生命的源泉,在人类与自然界的关系中具有特殊的亲和力可成为多种旅游活动的中心。

一、水体景观的形成

水体景观是存在形式最多的一种旅游资源。它可以以液态的海洋水、江河水、湖泊水、水库水、地下水、涌泉、瀑布,固态的冰川水、积雪水,气态的云雾水等不同形式存在于大自然之中,具有不同的美学特征。

水体景观既可单独构景,又可与其他旅游资源组合成景,如黄果树瀑布、壶口瀑布等是典型的独立构景;壮丽的长江三峡风光是江河奔腾、青山夹持的山水组合杰作;秀丽的桂林风光是清澈碧透的漓江、形态优美的石灰岩山峰,以及多种建筑及花草树木构成的"人间仙境"。

水体景观是各类景区的重要构景因素,在水体景观内可开展丰富多彩的体验性旅游活动,满足人们的参与性旅游需求[1]。

二、我国水体景观的资源特点

各种形态的水体在地质地貌、气候、生物以及人类活动等因素的相互作用下,形成了不同类型的水体景观[2],并以海洋、湖泊、河流、涌泉、瀑布、冰川、积雪、云雾等形态存在于大自然之中。我国水体景观的特点如下。

(一)水体类型复杂多样

在我国,作为水体景观旅游资源,各类水体类型应有尽有,有浩瀚无际的大海、滔滔奔流的河川、千姿百态的湖泊、九天直落的飞瀑、晶莹碧透的泉水、银光闪烁的冰川。每一类水体,又有不同的亚类,比如湖泊,有岸陡水深的断层湖、深邃高悬的火山湖、形似漏斗的喀斯特湖、形状狭长的堰塞湖、身披银装的盐湖、风景秀丽的人工湖;瀑布,既有山地瀑布,也有河谷瀑布、洞穴瀑布。

(二)各类水体景观多奇景

我国不仅水体景观类型丰富,而且多奇景,比如湖泊,有的烟波浩渺,分布在辽阔的平原之上;有的如明镜,静卧于高耸的群山之中;瀑布,有的以落差大见长,有的则以水面宽取胜。

（三）水体景观区域差异显著

由于我国幅员辽阔，各地自然地理环境差异显著，使得水体景观也有着明显的区域差异。比如湖泊，东部地区多淡水湖，西部多咸水湖、盐湖。又如河流，南方河流多径流丰富，江水浩荡；北方河流径流则有明显的季节变化，枯水期涓涓细流，汛期则洪流滚滚。

（四）与其他旅游资源结合完美

我国各类水体景观不仅本身风光秀丽，而且与其他旅游资源也结合完美，形成了许多著名的风景名胜区。比如，海与山、文化古迹结合的海滨旅游胜地秦皇岛风景名胜区；河与山结合的碧水丹崖武夷山、山高谷深的长江三峡、青山绿水的桂林漓江风景名胜区（见图5-1）；湖与名胜古迹结合而成的西湖、太湖、洞庭湖风景名胜区等。

图 5-1　广西桂林漓江风景名胜区

第二节　水体景观的旅游价值

水体是塑造地质地貌最活跃的外力，岩溶地貌、海岸地貌的形成都离不开水体的作用，因此，水体也被称为"大自然的雕刻师"。水体景观与山岳景观的奇妙组合，构成了许多优美的山水风光，令人称绝。水体不仅能构成美丽的景观供人们观赏，同时还是开展各种水上运动的最佳场所。

一、水体与旅游的关系

水是自然界最活跃的要素之一，是最宝贵的旅游资源之一，也是各类景区的重要构景要素，对其他自然旅游资源的形成有着深刻影响。水体与旅游的关系如下。

第一，水体景观是极具价值的旅游资源，所谓"有水无山单调，有山无水枯燥，有山有水美妙"。第二，水体景观是各类景区的重要构景要素。古人有"名园依绿水"之说，突出了水体在构景中的地位与作用。古往今来，无论是皇家名苑，还是私家园林，多注重采用"引水注入""引泉凿池"的方法，以水景为中心进行布局[3]。第三，水体景观可满足旅游者多种旅游参与的需要，水体景观旅游资源既可观赏，又可体验，颇具优势。人类本能地喜爱水、接近水。旅游者喜爱的游泳、划船、冲浪、漂流、潜水、滑水、垂钓等活动项目，都是不同形式的玩水，为旅游者提供多重享受。

二、水体景观的旅游吸引因素

水体景观的开发价值，主要取决于其吸引功能，其主要旅游吸引因素为水形、水态、水声、水色、水味、水影。此外，水面和水量大小以及水温的高低也有一定影响。

（一）水形、水态——形象美

每一种水体都有一定的形态风韵，有的以静为主，有的以动为主，大都动静结合，创造出不同的意境。静态水给人以幽静、朴实之感，动态水给人以活力和欢快之感。

（二）水声——声音美

水体在受到外力冲击或流动时会发出多种声音，这些不同的声音往往会给旅游者以听觉上的享受。水声是多数水景构景要素的一部分，有些水景正是以其独特的水声取胜。

（三）水色——色彩美

水本来是无色透明的，但在不同的地理环境中，都或多或少地含有各种悬浮物和溶解物，加上光线在水中的选择吸收与散射的合并作用，可产生丰富的色彩。如碧蓝晶莹的九寨沟海子、无限蔚蓝的大海、清澈碧透的漓江水，无不深深地吸引着旅游者。

（四）水味——味道美

有些水体能给人以味觉美或嗅觉美，这些水体也因此带有浓郁的神秘色彩，如甜泉、甜湖、香河、香泉等水景，吸引众多的旅游者前往探秘和旅游。

（五）水影——影像美

景物在清澈透明的水体表面会映出倒影，形成实物虚影彼此辉映的景观，美不胜收。这是水体独特的造景功能，如四川九寨沟的镜海景观[4]。

三、水体景观的旅游功能

水体景观能从不同的方面满足旅游者的多种旅游需求和旅游动机，主要体现在以下方面。

（一）审美功能

水体景观以它独有的形、声、色、影、态多样性展示着它特有的美感，成为旅游中重要的审美对象。突出地表现在：第一，水的壮阔之美。贵州的黄果树大瀑布、陕西和山西交界处的壶口瀑布，都以雄壮著称，当瀑布直下水流撞击崖壁、深潭时，水雾弥漫，声震四野，似雷鸣、似万马奔腾，惊心动魄。第二，水的秀丽之美。清澈的溪流、水山相映的湖泊、舒缓的江面，都会给人清丽柔和的美感，使旅游者感到轻松活泼、静雅舒适。如浙江富春江，一片江南水乡的情调，给人以秀丽美妙之感。第三，水的奇特之美。水的形、色、声等方面的变化造就了奇特之美。有"天下奇"之称的安徽黄山，瀑布景观中的人字瀑、一字瀑、九龙瀑等都具有奇特的形状；四川九寨沟拥有多个彩色湖泊，高低错落，水中倒映着红叶、绿树、雪峰、蓝天，美不胜收。

自然风景区大多以有水为佳。许多瀑布、湖泊、溪流、泉水以其自身优异的景色而成为极有价值的风景名胜区，如浙江千岛湖、山东济南的趵突泉等。而且水景也表现出了它的组合性[5]，如水与山、水与动植物、水与季节气候、水与人类活动等，共同组成了多种多样的水体风景名胜。

（二）康乐功能

温泉、矿泉具有康养功能，江河、湖泊、海滨，都具有极其丰富的娱乐健身功能。如海滨可以开展水浴、驶船、冲浪、潜水、观景等体育运动和娱乐活动，江河湖泊可以开展游泳、垂钓、滑水、水球、赏荷采莲等活动。我国辽宁大连的老虎滩、金石滩，河北的北戴河，海南的三亚等旅游胜地，都借助于一定的水体资源、良好的气候条件、优美迷人的自然风景开展海水浴、驾船扬帆、潜水、观景等体验性的旅游活动，吸引了广大的中外游客。

温泉中含有多种微量元素及化学成分[6]。明代药学家李时珍，在他的名著《本草纲目》一书中，对温泉的性质和疗效记载甚详："主治筋骨挛缩、肌皮顽痹、手足不遂，眉发脱落以及各种疥癣等症。"古籍中描述温泉的则更多，可见温泉对人体的益处，早为古人所重视。现在，我国温泉资源的开发经历了三代旅游产品的更新，很多地方都建立了温泉疗养院、温泉度假村等，温泉资源的开发得到了广泛的重视。我国大多数的温泉所在地，山川秀丽、风景如画，是人们疗养和旅游的好去处。如北京的小汤山温泉、辽宁鞍山汤岗子温泉、陕西西安久负盛名的华清池等。

（三）品茗酿造功能

饮茶品茗，是颇具我国传统文化特色的一项生活艺术。水对茶极为重要，在我国几千年的饮茶习惯中，人们既重视茶叶的质量，又重视水的质量，好水冲好茶。如浙江杭州的龙井茶，用该地虎跑泉的水冲泡，则茶水清澈无比，叶芽形状美丽，味亦清淡甜美，确有如饮甘露之感。中国的名泉有北京的玉泉山泉，山东济南的趵突泉，江苏镇江的金山泉、无锡的惠山泉，浙江杭州的虎跑泉等，其中趵突泉、惠山泉分别有"天下第一泉""天下第二泉"的雅号，用这些泉水泡出的茶别具风味。

水质清醇的泉水既可供品茗，还可供酿造。中国的许多名酒佳酿使用的都是优质的水体，例如我国的茅台酒就源自贵州赤水河的优质水源。赤水河本身就是一个令人瞩目的自然景观，赤水河流域蕴藏着许多令人叹为观止的水体景观，如赤水大瀑布等。赤水河以其优良的水质和独特的地理环境孕育出了名扬天下的茅台酒，这也成了赤水河水体景观的一个重要特色。

第三节　典型水体景观

由水体类旅游资源形成的景观，可被称为水体景观。常见的有海洋海滨类水体景观、大江大河类水体景观、湖泊类水体景观、瀑布类水体景观、涌泉类水体景观等。

一、海洋海滨类水体景观

海洋面积约占地球表面积的70%，可见海洋水体在地球表面所占面积之大、分布之广。它以浩瀚无际、深邃奥妙的魅力吸引着每一个旅游者，是水域风光类旅游资源的重要组成部分。我国东临世界第一大洋——太平洋，水体景观类型丰富多样[7]，沿海地区的海洋海滨水体景观旅游方兴未艾。

（一）海洋海滨类水体景观的旅游价值

1. 康乐价值

表现在海滨的休养功能和运动功能，海面上可以开展各种体育休闲活动项目，包括冲浪、潜水、钓鱼等传统活动，还包括乘坐观光船、水上摩托艇、滑水等更加现代化的水上运动。此外，还有一些适合家庭参与的娱乐项目，如游泳、沙滩排球等，这些活动不仅能让人们在海面上享受运动的乐趣，还能增进亲子关系，提高身体素质。我国海南、台湾、广东、广西、福建等热带和亚热带景区的海滨度假胜地颇受旅游者欢迎。

2. 观光价值

海域风光是海洋与海岸、海岛及其地貌、植被、天气等配合的结果，如海上日出、日落和海市蜃楼等景象；还包括海洋与海船、海舟、灯塔、海港、渔村等人文景观的组合[8]。

（二）海洋海滨类水体景观的类型

目前，大量旅游活动都集中在滨海的海岸带、岛屿群。按海洋旅游的内容，其主要包括以下3种类型。

1. 海面风光

辽阔的海面，水天一色，浩瀚无际，使人心胸开阔。海面时而狂涛滚滚、巨浪如山；时而风平浪静，微波荡漾。海面的这种变化，使人感受到自然界的无穷力量和魅力。海不仅以其优美的风光吸引着旅游者，而且在海面上也可以开展各种活动，如海钓、游泳、开摩托艇、冲浪、滑水、乘热气球和水上飞机等。随着我国海上交通的发展和旅游需求的变化，长途、短途海面观光旅游将得到更大的发展。

2. 海滨风光

蓝天、白云、碧海、细浪、沙滩、椰林构成了迷人的海滨风光。海滨地带始终是观光旅游的胜地。良好的气候和海水条件，还使海滨成为疗养度假的好去处。气候适宜、阳光充足的地中海沿岸、夏威夷、加勒比海、东南亚、我国的海南等，都是世界著名的避暑、疗养、度假和水上活动胜地。另外，在河流入海的喇叭状河口地区，常可见到涌潮现象。涌潮是指涨潮时，海水从广阔的海域涌进河口，河口越收越窄，致使海潮陡立如壁，推进时轰鸣作响，异常壮观。我国钱塘江口的大潮，潮差最高时可达 9 米，为世界闻名的涌潮。

3. 海底风光

海底风光独特且引人入胜。首先，海底风光的最大特点在于其生物的多样性，这些生物的存在使得海底世界生机勃勃、充满活力。其次，海底的地形地貌也是一大看点。从浅滩到深海，从珊瑚礁到海沟，海底地形复杂多变，为旅游者呈现出一幅幅壮丽的画卷，特别是那些珊瑚礁群，犹如海底的森林，为众多海洋生物提供了栖息地，也为旅游者带来了视觉上的享受。

在国内，有许多典型的海底风光值得一游。例如，在海南的西沙群岛，旅游者可以欣赏到真正的玻璃海，海水清澈湛蓝，让人心旷神怡。西沙群岛中的全富岛（见图 5-2）和银屿岛更是让旅游者有机会深入体验海底世界的魅力，在此可下潜至海底，追寻奇妙的海底生物和地貌。此外，福建的宁德四礵列岛也是欣赏海底风光的绝佳之地。这里的海域拥有罕见的断崖、草甸和鹅卵石沙滩，在这里，旅游者可以尽情探索海底的奥秘，感受大自然的神奇魅力。

图 5-2 海南全富岛

二、大江大河类水体景观

风景优美的众多河流不仅可用于灌溉、航运，有些河流自身就是景观，或与其他景观相结合构成了重要的河段景观旅游资源。如我国的长江三峡、欧洲的多瑙河、南美洲的亚马孙河、非洲的尼罗河等，都是以其形、声、色、质以及河岸景色，强烈地吸引着众多的旅游者前来。

大江大河类水体景观基本类型如下。

（一）风景河段

风景河段是指河流中风景优美、具有旅游观赏价值的某个区段[9]。它包括两岸的山峰、奇石、植被及名胜古迹等。

目前，中国已列入国家级风景名胜区的河川有长江三峡、富春江—新安江、楠溪江、桂林漓江、鸭绿江等，而被列为地方风景名胜区的河流则更多。

（二）漂流河段

漂流河段是指适合进行漂流活动的河流段落。这些河段通常具有一定的水流速度，水量适中，水深适宜，同时两岸风景优美，为旅游者提供了独特的旅游体验。在漂流河段中，旅游者可以乘坐漂流船，随着河水的流动，欣赏两岸的风光，感受大自然的魅力。同时，漂流活动也是一种充满刺激和挑战的户外运动，需要旅游者具备一定的身体素质和勇气。

（三）峡谷河段

在河流中上游，多发育有峡谷地貌。河谷两岸陡峻，横剖面呈"V"字形或"U"字形山谷。峡谷的景观往往给人以强烈的视觉冲击——无论从高处俯瞰峡谷的全貌，还是深入其中感受其内的幽深与神秘，都能让人感受到一种震撼心灵的美感。中国峡谷河段风景广泛分布，如长江三峡，黄河中上游的多个大峡谷等均为著名的峡谷河段风景游览胜地。峡谷河段多适宜漂流，这项水上运动既可使旅游者体验到惊险刺激，又能使其观赏到两岸美景。

（四）河口景观

河流终点被称为河口。在河口处有的地方形成了滨海或滨湖三角洲，有的地方形成了三角港。目前，黄河三角洲（见图5-3）有大片滩涂湿地，已建成以保护湿地生态系统和珍稀濒危鸟类为主的自然保护区[10]。钱塘江口因强烈的潮汐作用形成了三角港，著名的钱塘潮便是在这里形成。一些大江大河的河口三角洲地区，因人类开发较早，河流文化与海洋文化在此交融，经济发展快，多成为经济发展较好的城市，如长江口的上海、珠江口的广州等。

图5-3　国家自然保护区黄河三角洲

三、湖泊类水体景观

湖泊类水体景观是指具有旅游开发价值的湖泊及其周边环境的综合体，通常包括湖泊的水体、湖岸、湖中的岛屿、周边的植被，以及相关的文化遗迹等。这些景观因其独特的自然风光、人文历史或休闲度假价值而吸引着旅游者不断前来。

按照成因,湖泊类水体景观可以分为以下几类。

河迹湖。由河流改道而形成,通常成为河流的自然调节水库。例如,鄱阳湖、洪泽湖和洞庭湖都是典型的河迹湖,它们不仅具有广阔的水面和优美的自然风光,还承载着丰富的历史文化底蕴。

构造湖。由于地壳构造运动而沉降或凹陷形成的积水盆地。这类湖泊常与隆起的山地相伴而生,如云南的滇池与西山[11]、洱海与苍山,它们山水相依的美景为旅游者提供了独特的旅游体验。

堰塞湖。因山崩、火山熔岩、泥石流等堵塞河道而形成,如镜泊湖和五大连池[12]。堰塞湖的形成过程充满了自然力量的震撼,因此也具有较高的旅游观赏价值。

冰川湖。由于冰川的侵蚀作用形成的湖泊,通常位于高山地区。新疆天池就是一个典型的冰川湖[13],其高海拔的地理位置和独特的冰川景观为旅游者提供了难忘的旅游经历。

海迹湖。由古海湾封闭而成[14]。如浙江的杭州西湖,既有宽广的水面,又有优美的湖岸线,是旅游者休闲度假的好去处。

此外,还有岩溶湖、风蚀湖、火山口湖和人工湖等多种类型的湖泊水体景观。

四、瀑布类水体景观

瀑布是河床落差造成的跌水,即从河床纵断面中的陡坡或悬崖处河水倾泻下来的流水。瀑布类水体景观指的是以瀑布为核心,结合其周边自然环境、地貌特征以及人文元素所形成的具有观赏价值和旅游吸引力的景点。其壮观、动态的特点使之成为旅游景观中的重要组成部分。

(一)瀑布类水体景观的主要类型

瀑布类旅游景观的类型丰富多样,按照其成因可大致分为以下几类。

岩溶瀑布。这类瀑布通常发育在可溶性岩石地区,由岩溶作用形成,常伴随有溶洞、石笋等独特的喀斯特地貌景观。例如,广西德天瀑布(见图5-4)就是一个典型的岩溶瀑布,其壮丽的景色和独特的喀斯特地貌吸引了大量旅游者前往[15]。

构造瀑布。这类瀑布由于地质构造运动，如断层、褶皱等，导致河流流经时形成落差，从而产生瀑布。如江西庐山瀑布，其磅礴的气势和陡峭的山势完美结合，形成了令人震撼的景观。

火山熔岩瀑布。这类瀑布出现在火山活动区域，是由于熔岩堵塞河道或形成地形高差后造成的水流落差。

冰川瀑布。在冰川作用明显的地区，冰川融化形成的水流在特定地形下形成瀑布。例如，四川九寨沟瀑布群中的一些瀑布，就展现出了冰川瀑布的独特魅力。

图 5-4　广西德天瀑布

除了上述类型，还有一些因特殊地质条件或外力作用形成的瀑布，如泥石流形成的堰塞瀑布等。这些瀑布类型虽然不如前述几种类型常见，但同样具有独特的观赏价值。

（二）瀑布的旅游价值

1. 瀑布的形态

瀑布的形态包括瀑布的空间状态、瀑布的水流状态。当瀑布高度和宽度均较大时，可显示出它的雄伟气势。多层、多级、多折的瀑布，观赏价值更高，如江西庐山三叠泉。

2. 瀑布的幽秀程度

瀑布的幽秀程度取决于瀑布水流的清浊度和瀑布周边草木。许多瀑布下的深潭都被称为龙潭，如此命名，也在一定程度上体现了"幽""秀"的意境。

3. 瀑布的奇特程度

瀑布的奇特程度取决于瀑布独特景观的品位。如绍兴五泄瀑布，一道清澈的山泉从悬崖峭壁间奔流而下，形成五级瀑布，故名"五泄"。

4. 瀑布特有的文化内涵

许多瀑布处都留有不少文人的诗文、题记、摩崖石刻，其本身便具有一定的艺术价值，这些内容不仅成为景观的一个重要部分，也提高了瀑布的观赏价值[16]。

五、涌泉类水体景观

涌泉类水体景观是指地下水在地面自然涌出的现象所形成的自然景观，这种景观因其独特的地质特点和视觉效果，往往成为旅游目的地的重要吸引物。

涌泉类水体景观可以根据不同的标准进行分类。按泉水涌出的水动力条件，可分为上升泉和下降泉；按泉水涌出的地质条件，可分为侵蚀泉、接触泉、溢出泉、悬挂泉、断层泉、岩溶泉等；按泉水的特征与功能，则有间歇泉、多潮泉、喊泉、笑泉、鱼泉、火泉、冰泉、乳泉、甘泉、苦泉、药泉和矿泉等。另外，还可以根据泉水温度分为热泉、温泉、冷水泉等。

涌泉不仅具有观赏价值，有些涌泉还因其水质、矿化度等特点而具有康养功效，也有些涌泉与当地的茶文化、酒文化等紧密相连[17]。

思考与练习

1. 请简述水体景观在旅游活动中的重要作用，并举例说明其在旅游中的具体应用。

2. 结合实际案例，分析我国某一特定地区的水体景观旅游资源的特点及其形成原因。

3. 水体景观有哪些基本类型？请分别列举并描述每种类型的特点和旅游价值。

4. 海洋海滨类水体景观的旅游吸引因素主要有哪些？请分析这些因素在提升旅游体验中的作用。

5. 讨论水体景观在旅游开发中可能面临的环境保护问题，并提出相应的可持续发展策略。

本章参考文献

[1] 李双.水体景观在现代环境艺术设计中的审美意义[J].现代商贸工业,2010,22(5):255.
[2] 丁颖.试论水体景观[J].安徽建筑,2002(2):35-36.
[3] 徐利.浅析江南园林水体景观[J].创意与设计,2021(1):58-62+104.
[4] 刘颖,周庆磊,彭培好,等.四川九寨沟水体景观成因与发展演化趋势分析[J].四川地质学报,2007(3):191-194.
[5] 崔宁.湖泊型景区水体保护对策——以白龙湖国家级风景名胜区为例[J].中国西部科技,2008(27):61+93.
[6] 王军,安俊,党园园,等.梯度温泉水浸浴疗法对高原官兵睡眠质量的改善作用[J].中国疗养医学,2024,33(6):37-41.
[7] 刘淼,齐若雯,袁清芸,等.中国海洋景观研究综述[J].建筑与文化,2023(7):245-247.
[8] 柳和勇.简论中国海洋景观的审美内涵、历史发展及审美特色[J].浙江海洋学院学报(人文科学版),2012,29(2):1-6.
[9] 陈冰心.城市风景河段的旅游产品开发与管理研究——以泰国曼谷湄南河为例[D].广州:华南理工大学,2013.
[10] 王忠敏,逯秀明,邢舜禹,等.黄河三角洲河海交汇处,生态文旅交融[J].森林与人类,2024(8):36-41.
[11] 王思颖,丹尼奥·温特巴顿,刘娟娟."山水楼"模式:基于艺文分析的昆明西山—滇池—大观楼传统公共园林景观偏好研究[J].中国园林,2022,38(8):84-88.
[12] 陈英民.五大连池——我国第二大火山堰塞湖[J].中国水利,1987(6):49.
[13] 苏桂莲.新疆天池自然保护区生态恢复探索与实践[J].林业建设,2007(2):58-60.
[14] 陈敏,陈石泉,陈春华,等.海南岛周边潟湖资源保护与可持续利用研究探讨[J].海洋湖沼通报,2017(4):107-114.
[15] 李乐乐,史文强,李成展,等.广西大新德天瀑布地质遗迹景观[J].中国矿业,2019,28(S2):499-501.
[16] 金远欢.瀑布景观的综合美学评价研究——以黄果树瀑布群为例[J].旅游学刊,1990(4):38-44+73.
[17] 岳亮,马随法,薛惠锋.人类水事旅游活动与景观泉水资源相关研究[J].地下水,1997(3):130-132.

第六章

气象气候景观

本章导读

大气中的物理现象和过程往往是瞬息万变的，典型的如一日内冷、暖、阴、晴的变化。这些变化常常影响着景色的色彩、明亮度，给旅游者不同的美感。我国地域辽阔，兼具热带、亚热带、温带、寒温带、寒带等多种气候，开发各种气候类型的景观具有得天独厚的条件。

本章学习目标

1. 掌握气象和气候的基本概念，理解它们之间的区别与联系，以及它们在地球系统中的作用。
2. 熟悉气象气候景观的主要特点，能够描述和识别不同类型的气象气候景观，理解这些景观形成的基本原理。
3. 能够分析气象气候景观的类型，理解它们在全球范围内的分布规律，以及这些分布如何受到地理位置、地形地貌、季节变化等因素的影响。
4. 培养对气象气候景观变化及其影响的批判性思考能力，能够分析气候变化对旅游景观可能产生的影响，并思考应对措施。

第一节 气象气候概述

气象和气候是两个密切相关但又有区别的概念。气象关注短时间内的大气状态和变化的过程，而气候则反映一个地区在较长时间内的气象条件特征。了解和掌握气象与气候的概况对于人们认识自然环境、应对气候变化和指导生产生活具有重要意义。

一、气象概述

气象主要是研究大气中的物理现象、物理过程及其变化的科学规律。据记载，古希腊的哲学家亚里士多德为建立气象学的第一人。在其专著《气象汇论》中，他最先解释了风、云、雨、雪、雷、雹等天气现象，因此这本书也成为世界上最早研究气象的书籍。之后，直到1820年，德国人布兰德斯才绘制了世界上第一张地面天气图[1]，人类逐渐意识到天气对人类生产生活的重要性。近些年来，旅游开发商又将气象资源加入现代的景观设计理念，提出了"气象景观旅游"的概念。

地球表面被一层厚厚的气体包围着，这层气体就是我们通常所称的大气。在大气中经常发生着各种物理过程，同时也产生诸多物理现象，如风、云、雨、雷电等。这是由大气中各种规模的环流系统所引起的现象，大气成分和变化是影响天气气候及其变化的重要因素之一。

气象要素是指构成和反映大气状态和大气现象的基本因素。它主要包括：气温、气压、湿度等。它们的有机组合对一个地方的天气和气候产生着深刻的影响[2]。天气就是在短时间，如几分钟到几天内所发生的气象现象，如云雾景观、云霞景观、烟雨景观、冰雪景观、海市蜃楼景观等气象景观。地球上的气候是多种多样、千变万化、错综复杂的，同时气候的分布带有明显的规律性和地带性的特点。伴随着各种环境因素，可以说世界上没有任何两个地方的气候是完全一样的。

二、气候概述

气候对人类的影响巨大。气候是至关重要的一种资源。它是各种气候因子的综合，包括太阳辐射、热量、降水、空气及其运动等。它是地球上生命现象赖以生产、存在和发展的基本条件和能量来源[2]。

气候资源是由大气圈、水圈、冰雪圈、岩石圈和生物圈5个相互作用的子系统组成的气候系统，而太阳辐射又是气候系统中的主要能量来源。太阳辐射是大气中一切物理过程和物理现象的基本动力。气候系统中大气和海洋的全球循环均受太阳辐射的驱使,不同地区的气候差异及季节交替主要是太阳辐射能量在地球地表分布不均匀及随时间变化的结果[2]。根据地理纬度、海陆分布、地形和洋流特征的不同,世界可以被划分成七大类气候区:热带气候区Ⅰ(含热带雨林气候、热带季风气候、热带草原气候、热带沙漠气候)、亚热带季风气候区Ⅱ、温带气候区Ⅲ(含温带季风气候、温带海洋性气候、温带大陆性气候)、地中海式气候区Ⅳ、冷温带气候区Ⅴ、高山高地气候区Ⅵ和极地气候区Ⅶ[3]。

我国幅员辽阔,独特的地理区位以及复杂的地貌类型、阶梯状的地势等现状都是影响我国气候多元的因素。气候相对来说较为复杂,南北、东西的气候差异较为明显,并由南向北形成了从热带、亚热带、温带到寒带的气候带分布,自东而西又形成了湿润带、半湿润带、干旱带的多样化的气候类型。

第二节 气象气候景观的特点、类型和分布

气象气候景观具有多变性和动态性,受地理位置、季节和地形地貌的影响,表现出鲜明的地域差异和局地性特点[4]。它们是大自然中最常见、最普遍的现象,为旅游资源增添了丰富的色彩和韵味。

一、气象气候景观的特点

我国地域辽阔,地形复杂,气候类型多样,因此气象气候景观类型多样,主要有以下三大特点:季节性、瞬变性和组合性。

(一)季节性

由于气象受温度、湿度等因素的影响,其变化总是带有一定的规律性,如日变化和年变化现象;又由于我国各地区所处的地理位置不同、气候带不同,因而各地区的气候也有所不同,从而形成了明显的地域气候特征。气象景观在某一特定区域的一年之中所出现的频率也带有明显的季节变化特征。如江南的烟雨景观多出现在每年的六七月,冰雪景观和雾凇景观一般只出现在我国北方地区的冬季,而黄山四绝之一的云海景观通常主要出现在11月至翌年5月。

（二）瞬变性

大气中的各种物理现象和形成过程变化非常迅速，这造就了气象景观瞬息万变的特征，呈现出奇特、多样的动态意境之美感，具有极强的观赏价值和欣赏价值。如山东蓬莱的海市奇观往往从形成到结束不过也就十几分钟到一个小时；而巫山的云、平湖的月、潇湘的雨等诸多著名的气象景观持续的时间则具有不确定性。"佛光"景象的形成往往跟天气情况和太阳折射角度等条件有关，同时具有转瞬即逝的特点，所以观赏到的概率较小。

（三）组合性

天气在景观设计中常作为一个景区的背景或是取景、观景的一部分。结合某地特殊的气象现象来营造景区的自然景观或人文景观，可为旅游者营造心旷神怡、惊喜愉悦等审美心理感受[5]。如云海、云雾、烟雨、冰雪、蜃景等气象景观时常能起到帮助旅游者获取愉悦、悲伤、欣喜、狂躁、平静等心理感受。近年来，旅游开发者通过科学的景观设计理念，将某一地区特有的景观与大气、气候变化因素融入景观和景区的设计中，让旅游者在感受自然、人文景观的同时获取更高层次的愉悦和视觉感受。因此，气象景观不仅可以单独作为景观欣赏，同时还可以结合景区、景观作为景区的背景景观来欣赏，犹如中国画中的留白一样，使画面和观赏者产生一种远与近、虚与实的关联，韵味悠长。

二、气象气候景观的类型

由于气象景观具有瞬息变幻、缥缈不定、扑朔迷离等特点，可遇而不可求，因此具有很高的观赏价值，在旅游活动中对旅游者有较强的吸引力，大批旅游者会在特定时间段前往观赏此类奇景奇观。在旅游地理学与环境美学中，天象与太空景观通常被归类为气象气候景观的重要组成部分，同时又因其独特的宇宙视角成为近年来生态旅游、科普旅游和研学旅行中的重要观赏对象，因而本书将天象与太空景观纳入气象气候景观大类进行阐述。目前，气象气候景观大类中，典型的旅游景观主要包括云雾景观、烟雨景观、冰雪景观、雾凇景观、海市蜃楼景观、"佛光"景观、月色景观、日出日落景观、陨石景观等。

（一）云雾景观

云雾景观，指的是在山岳、湖泊等自然环境中，由于气候、地形等因素作用而形成的云雾缭绕、若隐若现的景致。云雾作为自然景观中的重要元素，其形态多样、变幻莫测，为大地增添了无尽的神秘与魅力。在众多的云雾景观中，一些地方因其独特的自然条件和景观特色而脱颖而出，成为云雾景观的典型代表，如安徽黄山、江西庐山、湖南张家界等地的云雾景观，因其壮美、奇幻、多变的特点而受到人们青睐[6]。

观赏云雾景观的最佳时机通常是在清晨或傍晚时分，此时阳光柔和，云雾缭绕，景色最为迷人。旅游者在观赏云雾景观时，可以沿着山路漫步，感受云雾的轻柔与湿润；也可以登上山顶，俯瞰云雾在山谷间穿梭，领略大自然的神奇与壮美。

（二）烟雨景观

雨滴的形成是以云滴微粒为凝结核，水汽在云滴或者小冰晶或其他凝结核上凝结，加之云内上升气流的作用，云滴间不同的粒子相互碰撞、合并，小水滴不断地变大，体积也不断增大，其重力在受到上升气流的阻力时就下降到地面而形成了雨[7]。烟雨景观多与山水、植被、古建筑等其他形式的旅游资源结合在一起，如烟雨中游江南（见图6-1）、游漓江等，烟雨的朦胧之美时常为原有的景观披上一层朦胧的诗情画意，让人产生无限的情思。

图6-1　烟雨江南

(三)冰雪景观

冰雪景观是指由冰雪覆盖的地面、山峰、湖泊等自然景观,以及人工雕琢的冰雪雕塑、冰雪建筑等人文景观所构成的美丽画卷。其形成主要受到气温、降水等气候条件的影响。在寒冷的气候下,雪花纷纷扬扬地飘落,经过一段时间的积累,便形成了银装素裹的冰雪世界。这些冰雪景观不仅洁白无瑕,而且形态各异,有的如珠帘般垂挂,有的如棉花般堆积。

冰雪景观具有极高的自然美学价值。在冬日阳光的照耀下,冰雪闪烁着晶莹剔透的光芒,如同大地上的精灵。同时,冰雪景观还展现出一种宁静的美感,使人仿佛置身于一个远离尘世喧嚣的纯净世界。此外,冰雪景观还常常伴随着奇特的冰瀑布、冰凌等自然现象,为大地增添了无尽的魅力。

冰雪景观不仅具有自然美学价值,还承载着丰富的文化内涵和旅游意义。在很多地区,冰雪被视为纯洁、吉祥的象征,人们通过举办冰雪节、冰雪运动等活动来庆祝丰收、祈求来年的好运。同时,冰雪景观也是旅游业的重要资源之一,吸引着大量旅游者前来观赏和体验。通过发展冰雪旅游,可以促进当地经济的繁荣和发展,提升城市的知名度和美誉度。

(四)雾凇景观

雾凇俗称"树挂",古时又被称为"树嫁"。因它们像雪花一样挂满枝头,从而又被冠以冰花、琼花、雪柳等美丽而浪漫的名字。《春秋》中就记载了"树嫁"这一气象现象。关于"雾凇"一词,最早见于南北朝时期的《字林》,其释义为:"寒气结冰如珠见日光乃消,齐鲁谓之雾凇。"这是最早见于文献记载的"雾凇"一词[8]。雾凇为一种白色的固体凝结物,呈针状或颗粒状的微小冰晶或冰粒。当温度特别低时,挟带大量过冷雾滴的大雾在遇到树枝、草木、电线之类的物体时,就会迎着风面方向附着于其上,并瞬间冻结为白色或乳白色的冰晶,这就是我们通常所说的雾凇。根据雾凇的形状和结构又可将其分为晶状和粒状雾凇两种类型。

我国著名的雾凇景观有吉林省吉林市的雾凇,属于晶状雾凇,以其持续的天数之长、分布密而广、色相纯、造型多样而著称[9](见图6-2)。松花江流经吉林、黑龙江等地,当它从松花湖(丰满水电站大坝拦截松花江上游所成)流出时,水温高于地面物体温度,蒸发的水汽在严寒条件下附着在树枝上直接凝结为雾凇。沿江两岸的树枝,银柳闪烁、满树梨花,成为松花江沿岸冬季的奇景。安徽黄山则年平均有62天为雾凇日，四川峨眉山、山西五台山等地也有雾凇景象的出现。

图6-2　松花江沿岸雾凇

（五）海市蜃楼景观

海市蜃楼被人们称为"人间仙境"，在大海之滨，人们偶尔会看到车马行人、楼阁宫阙、神兵天将、云烟蒸腾、清溪涓流等，在茫茫海面上若隐若现，这种瞬间变化的景观，气象学上称为蜃景或是幻变蜃景。

随着科学的发展，人们已知道海市蜃楼不过是一种大气折射现象而已，这种现象不仅在海面上会出现，在沙漠等地也会发生。它是由侧现蜃景、上下现蜃景和正倒现蜃景综合在一起而形成的，常在较暖海面上方有逆温时出现[10]。具体来说，它是光线经过不同密度的大气层时发生的曲折反射作用，加之空气层面的分界不相互平行等因素，时常使得海面或地面上方出现几个来自不同方位的视觉映像，即导致远处的地面景物好似出现在人们眼前的一种奇幻感觉[11]。

目前，我国最佳的海市蜃楼景观多出现在山东蓬莱、江苏连云港海州湾等地。据世界海洋史料统计，每年春夏之交，世界各大洋及沿海地区海市蜃楼奇景频发。我国的山东蓬莱和日本的横滨都属于海市蜃楼多发地区[11]。目前许多旅游景区利用自然界的光学现象，加上人工精心的景观设计安排，为旅游者呈现一种如海市蜃楼的景观，为景区增添几分奇幻的情趣美感，如贵州省织金县的日落碑现奇观、云南省安宁市曹溪寺的"月映佛肚"等奇景。

（六）"佛光"景观

"佛光"又称宝光，是太阳光经过多次复杂的反射和折射后投影到地面所形成的，而此时的地面大气必须十分潮湿，加之视角狭小，因此只能在一个较小的范围和空间内才能看到这个光圈，这也使得"佛光"更加神秘。经分析便可发现，只要云层稳定，天气晴朗无风，加之太阳光斜射，物体和云层同处同一斜面上，"佛光"现象就会出现[12]。一般来说，只要是处于中低纬度的高山之巅的茫茫云海中，在太阳光的斜照条件下，云海雾珠发生衍射的分光物理现象都是产生"佛光"的绝佳因素。因此，在诸多的高山上我们都可以欣赏到大自然的这一奇观，如四川峨眉山的金顶、江西庐山的小天池、云南的鸡足山、安徽黄山的莲花峰等都是欣赏"佛光"景观的绝佳之地，尤以峨眉山金顶的"佛光"景观最为壮观。

（七）月色景观

月色景观，是指在夜晚月光照耀下所呈现出的自然与人文景观的交融之美。月色景观以其独特的柔和、静谧与浪漫特点，成了人们向往的夜间景致。关于描写月的诗词在我国不胜枚举，月在中国的诗词中算是一个出现频率较高的审美意象、由此形成了中国特有的人文月色景观，它是指在人类活动影响下，月色与建筑、文化等人文元素相互融合所形成的景观。例如，古城墙上的月光，仿佛见证了历史的沧桑；古寺中的月色，增添了宗教建筑的庄严与神秘；古镇小巷里的月光，则营造出一种怀旧而温馨的氛围。

在我国关于月色的景观众多，如西湖十景中的平湖秋月、三潭印月，燕京八景中的卢沟晓月，嵩山的嵩门待月，无锡的二泉映月，峨眉山的象池夜月等，都是以月亮为主题的景观[13]。月色景观不仅具有美学价值，还承载着丰富的文化内涵和精神意义。

（八）日出日落景观

太阳东升西落，日复一日。日出日落是自然界中最具魅力的景观之一。每当黎明初现或黄昏降临，天空都会上演一场绚丽多彩的视觉盛宴。

我国观赏日出的佳地诸多，如庐山、华山、峨眉山、九华山、泰山[14]、黄山[15]、崂山以及海滨地带等，在这里可以观赏那旭日东升的辉煌、壮观、磅礴的迷人景象。

日落景观是与日出景观相对应的一种气象景观。日落景观会随着当地当天天气的状况而不尽相同，也会随着时间段的推移而变化，天空中那美轮美奂的景象，是旅游者和摄影爱好者理想的观景目标。我国有许多闻名遐迩的欣赏日落景观的佳地，如泰山的"夕阳玉照"、天台山的"寒岩夕照"、东洞庭山的"寒山落照"、关中八景之一的"骊山晚照"（见图6-3），以及西湖十景之一的"雷峰夕照"，等等。日落景观和日出景观一样都要求天气条件晴朗少云，这样才能欣赏到辉煌壮观的美景。

图6-3 骊山晚照

（九）陨石景观

陨石是从行星空间穿过地球大气层而陨落到地球表面上的天然固态物体。它在太空时被称为流星体，当它进入大气层时，撞击压力使这个物体被加热和放射出光线，就成为我们看到的流星。大的流星在经过地球大气层时没有被完全烧毁的部分，掉在地面上的叫作陨石。

陨石在其降落的时候，由于速度较快，在落到地面的那刻往往会发生陨石爆炸现象，并将落下的地方打成一个个的深洞，周围的草木当即会被烧毁，并伴以较大的响声，因此陨石一度被称为天外来物。陨石同时又是科学家研究宇宙的重要物质媒介之一，具有相当高的科学研究价值[16]。目前世界上已建立了数十座陨石博物馆，用于科学研究和供旅游者参观，其现已成为重要的科普教育游览项目之一[17]，越来越受到人们的关注和重视。

三、气象气候景观的分布

气候气象景观在我国的分布极广,这类景观主要是由我国的气候带决定的[18],可能一个地区同时兼有多种类型景观,因此构成了我国多样的气候气象景观。如山东泰山不仅可以让人欣赏到山川的奇、险、伟,同时更是观赏日出日落景象的最近地点,还是欣赏缥缈烟雨以及神秘"佛光"景观的佳地之一。又如山东蓬莱不仅是欣赏海市蜃楼景观的绝佳地点,同时在此还可以欣赏日出日落。因此,气候气象景观的分布虽说具有一定的地域特点,但其分布并没有严格的规律可循。

思考与练习

1. 请简要说明气象气候在旅游景观中的重要性和影响。
2. 描述你所知道的一种具有地方特色的气象气候景观,并分析其形成的自然条件和人文背景。
3. 请分析气象气候景观在全球范围内的分布规律,并讨论影响这些分布的主要因素。
4. 举例说明气候变化对某一具体旅游景观可能产生的影响,并提出相应的应对措施。
5. 假设你是一名导游,请设计一段介绍某气象气候景观的解说词,要求包含景观的特点、形成原因以及对旅游者的吸引力等内容。

本章参考文献

[1] 戴泽军,苗春生,禹伟,等.一种绘制地面天气图及要素场等值线方法[J].南京气象学院学报,2003(1):130-135.
[2] 王连喜,李琪,陈书涛,等.生态气象导论[M].北京:气象出版社,2010:13.
[3] 孙卫国.气候资源学[M].北京:气象出版社,2008:4.
[4] 师庆东,王智,贺龙梅,等.基于气候、地貌、生态系统的景观分类体系——以新疆地区为例[J].生态学报,2014,34(12):3359-3367.
[5] 魏祯,范舒欣,董丽,等.基于气候适应的植物景观营建策略[J].景观设计,2023(6):86-90.
[6] 杨尚英.中国名山旅游气候资源及气象景观评价[J].国土与自然资源研究,2006(2):

65-66.

[7] 简单,陆韬,叶延君,等.融合能见度预报的烟雨景观气象指数研究[J].浙江气象,2023,44(2):24-28.

[8] 李红林.气象探秘[M].北京:气象出版社,2011:49.

[9] 赖雨薇,黄归兰,梁岱云,等.低纬山地雨凇、雾凇气象景观成因分析[J].绿色科技,2023,25(24):16-22.

[10] 姚小银,王忠纯.用指数函数折射率模型分析海市蜃楼现象[J].物理通报,2023(7):155-158+161.

[11] 金传达.海市蜃楼[M].北京:气象出版社,2002.

[12] 许清莹,贾嘉琪,黄振,等.佛光现象的研究与模拟[J].物理通报,2021(5):153-159+161.

[13] 李雅婷,邱坚珍.中国传统园林月色光景构景解析[J].风景园林,2023,30(4):130-136.

[14] 金磊.泰山天象与气候景观[J].泰山乡镇企业职工大学学报,2005(1):47-48.

[15] 丁国香,山岳型景区气象景观预报技术研究.安徽省,安徽省公共气象服务中心,2022-01-21.

[16] 范焱,李世杰."陨石猎人"沙漠寻宝手记[J].知识就是力量,2022(11):62-65.

[17] 付莹.博物馆视角下的陨石研究对文旅产业融合的影响——以吉林境内陨石为例[J].传播力研究,2018,2(31):27.

[18] 尹春,罗汉,刘抗,等.祁连山景观群旅游气候特征研究[J].气象与环境科学,2022,45(4):60-66.

第七章

生物景观

本章导读

生物是自然生态系统的主体，也是地球表面自然景观的标志物或指示物。生物景观以其复杂的形态和由其自身生命节律所表现出的变化性构成了旅游景观的实体，是自然旅游资源中最具特色的类型。生物景观除了具有观赏价值，还具有科研、医疗、环境美化等多种功用。生物景观与生物多样性保护、生态环境建设密切相关，因此它是生态旅游、专题旅游的主要对象，也是今后一定时期内旅游开发的热点。

本章学习目标

1. 掌握生物景观的基本概念、主要类型及其特点，理解生物景观在旅游业中的重要作用。能够分析生物景观类旅游资源的旅游功能，包括其审美、科普教育与文化旅游等方面的价值。

2. 熟悉各类植物景观（包括树木、草原、植被垂直带、花卉等）的特征及其在旅游景观中的表现形式。

3. 了解动物景观的多样性，包括主要的动物栖息地、典型动物景观等，并能分析动物景观对旅游活动的吸引力。

4. 培养运用所学知识分析实际问题的能力，能够针对不同生物景观类型提出合理的旅游开发建议和保护措施。

第一节 生物景观概述

生物景观是指由生物群体构成的总体景观和个别的珍稀品种和奇异形态个体所组成的景观。它是一个集自然要素和人文要素于一体的、相对稳定的系统,包括各种物种和它们的生存环境之间的关系,是一个由生物和非生物要素相互作用形成的自然系统。

一、生物景观类型及其特点

(一)生物景观的类型

生物是地球表面有生命物体的总称,按其性质可分为动物、植物和微生物。在漫长的生物进化过程中,地球表面的生物衍生出了极其丰富的类群和形态,这使得自然界呈现出多姿多彩的生物景象。作为旅游资源的生物景观,主要是指由动物、植物及其相关生存环境所构成的各种过程与现象[1]。

(二)生物景观的特点

1. 广泛性和多样性

生物景观类旅游资源在空间分布上具有广泛性和多样性。在植物旅游景观中,可以看到珍稀植物、观赏植物、奇特植物、风韵植物,以及具有独特美学价值和功能的森林和草原景观。动物旅游景观则涵盖了各种动物栖息地、典型动物景观,以及动物表演等内容。这些生物景观不仅具有高度的多样性、广泛性,而且在时空尺度上展现出较大的变化。我国是世界上野生动物种类最丰富的国家之一,仅脊椎动物就有7300余种。另外,我国特有属种多。脊椎动物中,大熊猫、金丝猴、华南虎、扬子鳄等是仅分布于中国的特有物种[2]。

2. 生命有机性

动物、植物作为具有生命的有机体,它们的存在给自然界增加了生命的活力。在一些以沙漠、草原、山水等景观为主的风景区,生物景观的存在,不仅使原本单调的景区充满生机,也增加了景区的旅游功能,提升了旅游效果。如青海湖鸟岛上的成千上万只禽鸟,使原本孤寂的荒漠景观变得热闹非凡、生机盎然。可见,生物景观不仅丰富了自然旅游资源的内容,还创造了自然景观的生机与活力。

3. 季节性

季节性是指生物随季节变化而发生的形态和空间位置的变换。在不同的季节有不同的植物开花，如冬天的梅花、秋天的菊花等。不少植物的叶色也随季节变化而变化。一些动物的毛色也随季节而变化，如雷鸟在冬季为了与雪地的颜色保持一致，它的羽毛会变为白色，作为防御敌人的保护色。许多动物如候鸟、蝴蝶、驯鹿等，为寻找更好、更舒适的生活环境，会随季节进行有规律的迁徙，从而出现生物空间位置随季节变化的景象。

4. 再生性

再生性来自生物自身的可繁殖性、可驯化性和空间可移动性。人们在生物的可繁殖性基础上，借助生物的可驯化性和空间可移动性特征，局部改变生态环境条件，运用人工干预的手段将许多动物驯化、饲养，将植物移植、培育，从而形成了人工生物景观。这样不仅使动植物的数量得到保持并有所增长，而且拓宽了其生存范围。生物景观的这一再生性特征，不仅扩大了生物景观的分布范围，也丰富了其移向地区的景观内容。

5. 脆弱性

脆弱性是指生物及自然生态系统面临的胁迫增大且自身在抗干扰能力上较为脆弱的特点。环境恶化，使不少生物死亡甚至物种灭绝。人类过度的干扰、破坏也会导致生态系统的损毁。如随着人口数量的骤增、经济的高速发展、对森林的不合理采伐或盗伐，天然林面积急剧减少。森林的破坏，造成环境恶化的局面，使野生动物缺少栖息地，许多物种面临灭绝或已经灭绝。由此可见，生物景观类旅游资源极为脆弱，在开发利用时必须坚持保护与利用并重的原则[2]，以建立良好的生态景观。

6. 奇特性

奇特性是指生物受地域分异规律影响而形成的独特性。生物是环境的产物，有什么样的环境就有什么样的生物。热带的植物叶大、常绿、秋冬不落叶，寒带的植物多为针状叶，秋冬落叶；热带的动物皮毛一般不如寒带的厚。各个地方都存在适应当地环境的生物景观。人们一提到热带，就联想到陆地上茂密的热带雨林、独树成林的大榕树、大象和孔雀；提到南北两极就会联想到南极的企鹅、北极的北极熊；提到澳大利亚就会联想到袋鼠。这一系列的联想都来自各地特色生物在人们头脑中留下的深刻印象。

7. 指示性

由于自然地理各要素都处于紧密的相互联系、相互依赖中，每个要素的发展都不是独立的，而是共同进行的，根据各要素之间的这种相互联系，就可用自然环境中的一个环节来确定其余环节。自然地理各成分中，生物特别是植物对其他要素的影响反应最灵敏，且具有最大的表现力。例如，黄山迎客松作为黄山四绝之首，其独特的形态和生长环境成了黄山的标志性景观之一。生物景观的指示性特征，不仅有助于进行科研、考察、观赏和生态旅游等活动，也有助于形成其所在地的特色自然景观，突出所在区域的景观特点。

二、生物景观类旅游资源的功能

（一）审美功能

生物景观以其形体、色彩、珍稀、奇异、独特香味等多种审美因素成为自然旅游资源中最具特色的部分。

1. 形体、色彩美

形体、色彩美指动植物的形体、色彩等美学特征。种属繁多的植物，其外形千姿百态，或古朴苍劲，或婆娑多姿。不同的动物因地理位置、气候带的不同以及生活习性的差异，也会进化出不同的形体特征。我国江苏大丰保护区的麋鹿（见图7-1），其尾巴似马非马，角似鹿非鹿，蹄似牛非牛，颈似骆驼非骆驼，被称为"四不像"。色彩是产生观赏感的重要因素，也是人们观赏动物的主要内容。如火烈鸟，其羽毛颜色鲜艳，深受旅游者的喜爱。

2. 珍稀

"物以稀为贵"，动植物越是珍稀，就越有观赏价值。动植物处于以下两种情况之下可被称为珍稀物种：一种情况是这一物种种群数量有限；另一种情况是物种分布范围狭小，或成为某地的特有品种。

3. 奇特

动植物的奇特美包括了以下方面：第一，"奇特"是相对于某一自然生态环境下的旅游者而言，通常指动植物独特性，使得这些生物在自然界中脱颖而出，给人留下深刻的印象，例如澳大利亚的袋鼠。第二，"奇特"也指地球上绝无仅有的某一特征。如南极的企鹅，每小时滑雪速度达30公里，是世界上滑雪速度最快的鸟类。第三,"奇特"也可指动植物的一些奇异的生理、生态现象。索马里的太阳鸟,当它飞到树枝上展翅或使劲抖动羽毛时,往往预示着要下雨了;美洲的角蟾,在遇险时,能从眼里喷出鲜血,射程可达1米以上。这些奇特的动植物因其形态上的独特性、生存策略的奇异性,以及文化象征与审美价值等而极为珍贵,是宝贵的旅游资源和独特的景观。

图7-1 江苏大丰保护区麋鹿

4. 独特香味

许多植物的茎叶、花、果能散发独特的香味,使旅游者获得新奇的感受。如非洲坦桑尼亚的木菊花,其花瓣味道香甜,摘一瓣品尝,很快能让人醉倒,因此也被称为"醉花";埃塞俄比亚有一种多刺植物,叶片可分泌芳香扑鼻的香脑油,人长时间闻易被醺醉,被称为"醉草"。此外,还有许多植物因香味而得名,如七里香、晚香玉、夜来香等。这些具有香味的植物在美化环境的同时,也以其特有的香味带给旅游者美的享受。

(二)科普教育与文化旅游功能

人类与其他生物不仅有物质需求方面的联系,而且存在精神上更深层次的联系。探索神秘、复杂的生物世界,是人类认识自身的基础。保护生物,保护自然已成为人类保护自身的重要途径。

在长期的历史发展中,动植物被人们赋予了不同的寓意,使人们的审美活动更具文化色彩和精神意义。如"岁寒三友"的松、竹、梅,其不畏严寒,成为不畏逆境、勇敢向前的精神象征。生物所蕴含的多种备受人们推崇的精神，能够使人们陶冶情操、启迪心灵，从而获得精神上的升华。

第二节 植物景观

植物景观指由自然界的植被、植物群落、植物个体所表现出来的形象，例如由乔木、灌木、草木等植物组成的不同林相、季相，展现出绚丽多姿的群落景色，这些形象通过人们的感官传递到大脑皮层，进而产生一种实在的景观美的感受和联想[3]。它涵盖了自然界的植被、植物群落和个体，通过感官传递美的感受。

一、树木

（一）森林景观

据联合国粮食及农业组织《2024年世界森林状况》，在地球的陆地生态系统中，森林约占全球陆地面积的31%。过去和现在，森林都是陆地上最大、最复杂的生态系统。同时，森林具有净化空气、涵养水源、保持水土、调节气候等多种功能，是保护环境、维持陆地生态平衡的关键因素。森林景观以其复杂的生态系统、丰富多样的生物资源、千姿百态的自然景观等特点，吸引着人们进行科学考察、探险揭秘、森林旅游和生态旅游等多种活动[4]。森林景观主要有以下几种。

1. 热带雨林景观

热带雨林是由耐阴、喜湿、喜高温的常绿树种组成，并具有丰富的附生植物和木质的藤本植物，种类丰富、结构复杂的植物群落。热带雨林中丰富的植物资源和适宜的生存环境也养育了爬行类、两栖类和昆虫类等动物种群。

2. 红树林景观

红树林是分布于热带和部分亚热带的滨海地区、受周期性海水浸淹淤泥海滩上的一种耐盐的常绿乔灌木植物群落。它能起扩展滩涂、防御风浪潮汐侵袭、保护海岸等作用。

3. 亚热带常绿阔叶林景观

亚热带常绿阔叶林是生长在亚热带地区大陆东岸、湿润季风气候下的森林植被类型，其树种多为樟科、兰科、山茶科等。良好的气候环境让这里拥有丰富的动物资源，如昆虫类、鸟类、猿猴类、爬行类动物等。

4. 温带落叶阔叶林景观

温带落叶阔叶林是指由夏季长叶、冬季落叶的乔木组成的森林植被类型，其树种主要有栎树、槭树、桦树等，常年生活在这里的动物有鼠、鹿、狐、狼等。温带落叶阔叶林主要分布在欧亚大陆西部、我国华北、东北，及朝鲜、日本、北美五大湖和大西洋沿岸低地等地区，南美洲南端及大洋洲南部也有小面积分布。

（二）森林公园

森林公园是在面积较大、具有一至多个生态系统和独特的森林自然景观的地区建立的公园。建立森林公园的目的是保护其范围内的一切自然环境和自然资源，并为人们游憩疗养、避暑、文化娱乐和科学研究提供良好的环境。森林公园内的森林不得进行砍伐，但可以进行抚育采伐以提高其观赏价值。森林公园是以森林自然环境为依托，具有优美的景色和科学教育、游览休息价值的一定规模的地域，经科学保护和适度建设，为人们提供旅游、观光、休闲和科学教育活动的特定场所[5]。

（三）古树名木

古树名木是记录历史、指示环境变迁、展示生态特征的历史文物和科学资料，具有科学研究和旅游欣赏价值。古树名木具有两层含义。第一，指那些以古老的树龄、珍稀的树种和独特的生理结构特征吸引旅游者观赏的树木，如银杏。第二，指那些具有历史文化特性，或因名人手植，或因传说故事，或因其形态奇特而闻名的树木。这些古树名木多与庙宇、古建筑、古陵墓、山岳景象结合在一起，具有一定的文化内涵，成为旅游者观赏游览的重要内容。

二、草原

辽阔的草原既是优良的牧场，也是理想的旅游场地。人们在草原上可以骑马、骑骆驼、乘勒勒车，在观赏草原风光的同时，还可在牧民家中做客，体验当地人的生活，享受独特的草原风情。

(一)热带稀树草原景观

热带稀树草原是一种以旱生、适高温的多年生草本植物占优势,并散生一些耐旱的乔灌木的植物群落。这里有蹄类食草哺乳动物(如斑马、长颈鹿)和一些大型食肉动物(如非洲狮)。非洲的热带稀树草原,在世界同类植物中发育最典型、分布最广。因为草原上的食料丰富,食草哺乳动物如河马、羚羊、犀牛等在这里大量分布,其中不少动物被列为世界级保护动物,极具观赏性。

(二)温带草原景观

温带草原是指由低温、旱生、多年生的草本植物组成的生态系统,其植物种类主要由丛生禾草针茅、羊茅、须芒草等组成,也有散生的多种双子叶杂类草等。开阔的温带草原适宜善于竞走的大型食草动物生存,如野驴、黄羊、野牛和骆驼等。温带草原主要分布于欧亚大陆温带地区,我国东北和内蒙古自治区也有温带草原带分布。

(三)高寒草甸景观

高寒草甸草层低矮,盖度大,根系浅而密集。我国青藏高原上拥有高寒草甸景观(见图7-2),仲夏时节,百花盛开,水草丰美,还有乌黑的牦牛、矫健的骏马,以及野驴、野牛、藏羚羊、旱獭等多种动物,构成了一幅别致生动的高原风情。

图7-2 西藏那曲高寒草甸

三、植被垂直带

垂直地带性是指自然地理要素随地势高度增高，按垂直方向发生的有规律的分异现象。气温和降水的变化影响到植被、土壤等环境要素的发育，从而产生山地植被的垂直更替变化。由于植被垂直变化，山地自然景观更加丰富多彩[6]。一般说，山地海拔愈高，纬度位置愈低，山地植被的垂直带谱愈复杂。如我国吉林长白山山地由下而上的植被分布是：落叶阔叶林、针阔混交林、亚高山针叶林、岳桦矮曲林、山地冻原。

四、花卉

花以其色、香、韵、姿的美学特征成为植物中最美的部分，也成为人们观赏的主要对象，那些名贵、奇异、独特的花卉更是备受人们的青睐。

（一）名贵花卉景观

世界上的花卉资源极为丰富，其中有些花卉极具观赏价值，如朝鲜的金达莱花、坦桑尼亚的丁香花、奥地利的白百合花、日本的樱花、荷兰的郁金香和我国的十大名花等。在悠久的赏花、育花历史中，人们根据花色、花香、花韵、花姿选出我国十大名花，分别为"雪中高士"梅花、"花王"牡丹、"花相"芍药、"花中皇后"月季、"花中隐士"菊花、"空谷佳人"兰花、"花中君子"莲花、"花中仙女"海棠、"花中妃子"山茶、"凌波仙子"水仙。

（二）奇异花卉

奇异的花卉，往往以奇特的美吸引着旅游者。奇异的"奇"是指某种独一无二的特征，如最大、最古老等。印度尼西亚的爪哇和苏门答腊热带森林中的大王花奇大无比，直径约1.4米，最重的超过50公斤，是世界上最大的花；南美洲亚马孙河流域的王莲，直径2~4米，可负载20~30公斤的小孩儿，是世界上最大的莲。

奇异的花卉也指那些具有奇特外形的花卉。如云南的钟表花，花的最外层是白色的花瓣，像表壳；第2层是排列整齐的无数细须，中间为紫色环，像表盘；第3层有3片翘起的黄色花蕊，中间又伸出3根棕色的"针"，如同时针、分针和秒针。

第三节　动物景观

动物与人类关系密切，共同生活在一个地球上，这使人类在向动物旅游资源索取的同时，也必须高度重视这种旅游资源开发的可持续性。我国动物种类繁多：兽类有420种，约占全世界总数的11.2%；鸟类有1166种，约占全世界总数的15.3%；两栖爬行类有510种，约占全世界总数的8%，野生动物资源十分丰富。

一、主要的动物栖息地

动物栖息地是指动物长期或季节性分布的生存环境。栖息地可为动物提供生存所需要的生态条件，如食物、水、温度、保护场地等[7]。从旅游资源的角度来看，根据主要观赏物种的类型差异，可分为鸟类栖息地、珍稀哺乳动物栖息地、珍稀鱼类栖息地、其他动物栖息地等类型。

（一）鸟类栖息地

鸟类栖息地主要有两种类型：一种是林地类栖息地，如温带森林、热带雨林以及高纬度地区的寒带针叶林，都是鸟类重要的分布区域，林地中复杂的植被和丰富的果实为鸟类提供了生存条件；另一种是湿地类栖息地，湿地的概念包括了河流、湖泊、沼泽、岛屿沿海滩涂、红树林等类型，这类栖息地具有丰富的水生植物类资源和鱼类资源，可供鸟类利用。

（二）珍稀哺乳动物栖息地

哺乳动物的栖息地类型众多，从高纬地区的冻原地带，到干旱、半干旱的荒漠、草原地带，再到湿润的森林地区，甚至到江河海洋，都分布着哺乳动物，如冻原地带的驯鹿、麝牛、雪兔、北极狐狸，森林中的美洲虎、华南虎、猴类，草地上善于奔跑的斑马、狮、豹，海洋中的海牛等。

（三）珍稀鱼类栖息地

鱼类的栖息地可分为两种基本类型，即淡水鱼类栖息地和盐水鱼类栖息地[8]。前者包括陆地上的主要江河湖沼，后者主要有海洋和陆地盐水沼泽、湖泊等类型。

（四）其他动物栖息地

除以上介绍的栖息地外，还有许多其他的动物栖息地，如爬行类、两栖类、节肢类动物栖息地等。我国爬行动物中蛇类的栖息地，以辽宁大连老铁山保护区的蛇岛、福建武夷山自然保护区中的"蛇国"最有名。在大连蛇岛面积仅1平方公里的土地上，却有上万条蝮蛇，有时一棵树上甚至有20多条蝮蛇同时出现，奇异无比。

二、典型动物景观

（一）美丽的颜色

美丽的颜色是动物漂亮的外衣。动物们的外衣颜色各异，有的为单一色彩，如北极熊，雪一般的白色绒毛给人以洁白无瑕的感觉；黑叶猴从头到脚闪亮的黑色如乌金一般。更多的则为彩色组合，如黑白条规律排列的斑马、圆形褐斑均匀撒落在黄色皮毛上的金钱豹、黑背白腹的企鹅、红色点顶的丹顶鹤。更为有趣的是国家一级保护动物海南坡鹿，背部有一条黑褐色的条带，条带下面点缀着若干平行排列的白斑，肋和腿呈土黄色，腹、胸、脚趾则呈一片雪白，色彩极为美观。还有五彩缤纷的昆虫世界和鸟类王国更让人陶醉。

（二）奇特的形态

动物的体形千奇百怪、各具特色，蕴藏着独特的美。如虎，体形雄伟，给人以王者之气概；雄狮，体形高大，发威时头部之毛发根根竖立，其王者风范一点不亚于虎；腿修长、头高昂的长颈鹿则给人以典雅华贵的感觉；四腿如柱、身躯魁梧的长鼻子大象，给人以沉稳之感；尾巴似马而非马、角似鹿而非鹿、蹄似牛而非牛、颈似骆驼而非骆驼的"四不像"麋鹿，其体形也极具观赏价值。

（三）悦耳的声音

不少动物能发出令人惊叹的悦耳之声。"鸟语花香"一词道出了绝大多数鸟是大自然"歌唱家"的共识。夜莺之鸣声，悠扬婉转，娓娓动听；黄山八音鸟之鸣声，音调尖柔多变，音色清脆悦耳，一下能发出八个音；善仿人言的鹦鹉更是历来受人宠爱；有的动物能发出奇特的声音，澳大利亚的笑笑鸟能发出像人一样爽朗洪亮的笑声，云南鸡足山的念佛鸟能发出类似"弥陀佛"的叫声，峨眉山万年寺的弹琴蛙叫声如委婉动听的古琴声。

(四)移动的美丽动物景观

1.鸟类与昆虫

这里的鸟类与昆虫主要指随季节变化在空中长途迁飞的鸟类和昆虫。鸟类随气温的变化而迁飞,这种迁飞的鸟类叫候鸟。具体一个地区讲,来此过夏天的叫夏候鸟,来此越冬的叫冬候鸟,途经该地的叫旅鸟。春燕可说是我国人民最熟悉的夏候鸟,每年春天从印度等地千里迢迢飞到我国各地,在屋檐和房梁上筑巢、安家、生儿育女,幼燕长大后于深秋又陆续飞往印度等地越冬。鸿雁是我国南方的候鸟,每年中秋前后,生活在西伯利亚一带的鸿雁云集成群,排成一列纵队或"人"字雁阵,迁飞到我国南方越冬,来年春天再北返。新疆天鹅湖的天鹅、江西鄱阳湖的鹤群(见图7-3)及云南昆明的红嘴鸥等都构成了引人入胜的旅游胜景。云南大理的"蝴蝶会"也是极为壮观的旅游胜景。

图7-3 江西鄱阳湖保护区的鹤群

2.陆路迁徙动物

这里的陆路迁徙动物主要指随季节变化在陆地上迁徙的动物。生活在北半球寒带及北极圈内的野生驯鹿是最有名的迁徙动物[9],每年深秋,成千上万头驯鹿汇集成巨大的鹿群向南迁徙至冻土带边缘的森林地带,10—11月在越冬途中交配,此后雄鹿汇成为数不多的几股继续南迁,怀孕的母鹿和幼鹿滞留途中。次年春天由母鹿充当先行者再向北返回冻土带,在僻静处抚育幼鹿。

（五）珍稀动物

珍稀动物指野生动物中具有较高社会价值、现存数量又极为稀少的动物。在此我们主要关注的是在世界范围内都极为稀少珍贵的动物，这些动物深受世界人民所喜爱[10]。我国幅员辽阔、环境多样，有不少珍禽异兽，许多动物都属于世界级珍稀动物。中国政府极为重视野生动物的保护，2021年，新调整的《国家重点保护野生动物名录》正式公布，新增517种（类）野生动物，大斑灵猫等43种被列为国家一级保护野生动物，狼等474种（类）被列为国家二级保护野生动物。豺、长江江豚等65种由国家二级保护野生动物升为国家一级保护野生动物。熊猴、北山羊、蟒蛇3种野生动物因种群稳定、分布较广，由国家一级保护野生动物调整为国家二级①。

思考与练习

1. 请简述生物景观在旅游业中的重要作用，并举例说明不同类型的生物景观如何吸引游客。
2. 谈谈你对植被垂直带的认识，并说明其在旅游景观中的价值和意义。
3. 分析一个你熟悉的动物栖息地，描述其动物景观的特点，并探讨如何将该地的动物景观转化为旅游资源。
4. 讨论植物景观中的花卉在旅游活动中的美学价值及其对于提升旅游体验的作用。
5. 结合实际案例，分析生物景观类旅游资源的保护和可持续利用之间的平衡问题，提出你的建议和措施。

本章参考文献

[1] 张明玉.试论旅游点的生物景观[J].湖北师范学院学报（哲学社会科学版），1991（4）：121-126.
[2] 何兴兵，魏虹，林永慧.试论景观层次上的生物多样性保护原则[J].重庆师范学院学报（自然科学版），2003（1）：46-50.
[3] 李俊熠.进化心理学视角下的植物景观偏好研究[D].杭州：浙江农林大学，2020.

---

① 数据来源：国家林业和草原局新调整的《国家重点保护野生动物名录》公布.[EB/OL].https://www.forestry.gov.cn/c/www/dzbhml/.

［4］高佳.森林景观康养适宜度研究［D］.北京：中国林业科学研究院，2021.

［5］唐浣尘，金晓雯，王瑞琪.森林公园旅游竞争力影响因素研究［J］.中国林业经济，2022（5）：19.

［6］孙金.浅谈山地植被的垂直带谱［J］.植物杂志，1986（4）：10-11.

［7］赵洁.基于游客流量和濒危物种数量的植物多样性与栖息地保护分析［J］.分子植物育种，2024，22（20）：6873-6878.

［8］宗士良.基于斑块—廊道理论下鱼类栖息地建设的景观驳岸设计［J］.中华建设，2023（10）：114-116.

［9］AGENCY N C.北欧成千上万驯鹿迁徙场面震撼［J］.环境与发展，2016，28（1）：9.

［10］吴文琪.对云南几种珍稀动物资源开发利用的探讨［J］.云南畜牧兽医，2011（3）：38-39.

第八章

中国园林景观

本章导读

中国是一个具有悠久造园历史的文明古国,传统文化至今仍对中国人的生活有着深远的影响。中国古典园林在经历了殷周秦汉的生成期、魏晋南北朝的转折期、隋唐的全盛期、两宋至清初的成熟期和清中叶至清末的成熟后期,逐步发展出了皇家园林、私家园林和寺观园林三大古典园林类型,也在漫长的历史过程中慢慢积淀形成了特有的中国园林文化,正好可以来诠释这个世界上独树一帜的风景式园林体系——中国古典园林。

作为世界园林的重要组成部分,中国古典园林具有区别于其他园林形式的鲜明特色,这是缘自深厚底蕴的中华民族传统文化。不同的文化形成了中西方不同的空间观,进而形成了不同的园林空间形式,由此形成了各地独特的园林景观。中国古典园林作为重要人文旅游资源,以它的审美文化和独特的艺术特征吸引着旅游者,在我国旅游业的发展中起着举足轻重的作用。

本章学习目标

1. 理解中国园林景观的基本概念。掌握中国园林景观的文化特征,包括天人合一的和谐之美、诗画同源的审美意趣、天地四时的时空意识等。

2. 掌握中国园林景观的特点,如空间布局、植物配置、建筑风格等,并理解其在旅游中的独特价值。

3. 能识别不同类型及风格的中国园林景观,并理解其在不同地域和背景下的表现形式。

4. 形成对中国园林景观的鉴赏能力,能够运用所学知识分析和评价园林景观的美学价值和文化内涵。

第一节　中国园林景观概述

　　中国园林的历史源远流长。它是中国五千年文明孕育出来的中华民族艺术瑰宝。同时，中国的造园艺术，作为世界三大造园艺术体系[1]之一，凭借其精湛的造园技艺和深厚的文化内涵，取得了灿烂辉煌的成就，受到了国内外旅游者的称赞。美景佳境固然是一个很重要的因素，但最重要的因素还是蕴含在风景园林、环境之中的文化与精神的沉淀物。正是基于这两个因素，使得中国园林景观在旅游者面前表现出了双重的价值：作为园林文化的实体代表，中国园林景观既是旅游者的观赏对象，又具备自身的审美价值。旅游者在观赏园林美景、领略自然风光的同时，也在获得一种心灵上的体验和享受。

一、园林与园林艺术

（一）园林

　　"园林"一词始见于西晋，最早出现于文人的诗句中，如西晋张翰《杂诗》中的"暮春和气应，白日照园林"，描绘了林木生机勃勃的自然环境。北魏《洛阳伽蓝记》中言及龙华、追圣、报恩三寺时说"京师寺皆种杂果，而此三寺，园林茂盛，莫之与争"，这里说的便是寺庙附属的庭园。书中形容张伦之景阳山"园林山池之美，诸王莫及"，这里谈到的是私人居住的宅园。到了明末计成写的《园冶》，则用"园林"一词来泛指一切造园活动和成果，如"园林巧于因借，精在体宜""园林书屋""园林之台""园林砌路""园林广榭"等。从物质形态来看，山（地形）、水、植物（生物）和建筑是园林的四大要素。

　　"园林"一词，我国园林界一直存在着不同看法。园林专家、学者从不同的角度对园林一词提出了自己的定义或解释。比较统一的认识是：园林是以一定的地块，用科学的与艺术的原则进行创作而形成的一种美的自然与美的生活境域[2]。

（二）园林艺术

园林艺术是通过园林绿化布置、园林建筑小品点缀以及筑山理水创造出反映生活环境美的造景艺术。它是运用总体布局、空间组合、体形、比例、色彩、节奏、质感等园林语言构成的特定艺术形象，同时又与书画、诗文、古建筑、音乐等其他艺术形式结合的一门综合艺术。

中国园林虽然出现很早，但并不是一出现就成了艺术，而是经过了一个不断提升其艺术境界的过程，这才使得"园林"成为我们后来所见的"园林艺术"。

"园林"与"园林艺术"的共同之处在于，它们在本质上都是为了满足人们回归自然、亲近自然、渴望与自然实现"天人合一"的愿望而存在的。它们都是人造模拟的第二自然，都离不开对自然素材的人为摆布。二者的不同之处在于，园林艺术通过排布营造园林，更多地出于艺术审美的考虑，在技巧和手法上都具有较高的艺术水准，整个构思和营造过程自然流畅，其园林意境完全符合人回归自然及与自然实现"天人合一"的心愿。而且，在审美文化中，园林艺术是以一种相对独立的艺术样式出现的。可见，"园林艺术"比"园林"要更艺术化、审美化。

园林一经出现，便展开了其不断优化、不断向艺术化、审美化方向发展的过程。在我国，园林成为园林艺术，发生在魏晋以后，宋明时期园林艺术则真正走向成熟化、精致化。

二、园林景观之美

园林景观是园林设计者的审美意识和园林形式的有机结合，是自然美、艺术美和社会美的高度统一。它是衡量园林艺术水平的一个重要标准。

1. 自然美

现实生活环境中的树木花草、假山池水、亭台楼阁、雕塑草坪，乃至日月星辰、风雨晴晦、云雾天象等，都能成为园林景象，是构成园林艺术作品的基础。这些造园材料，经过精心设计、巧妙安排，创造出了优美的园林环境。因此，园林美首先表现在园林实体的各种景象。诸如园林建筑的雕梁画栋、飞檐翘角，树木花草的红花绿叶，假山的玲珑剔透，水体的清秀明洁等，这些直观可供欣赏的景物画面，构成了园林的自然美。尽管园林艺术形象是具体而实在的，但是园林美并不局限于这些形象实体，还要靠种种造园手法和技巧，来巧妙安排园林时序和空间，灵活运用形式美的原则，来激发人们的思想感情，营造园林意境。

2. 艺术美

"境生于象外"，这种象外之境，即为意境，为情与景结合的产物。重视艺术意境的创造，这是中国古典园林在美学上的最大特点。中国园林之美，可以说主要是艺术意境之美。如江苏苏州狮子林的主景假山中有山洞十一个，曲径九条，分上、中、下三层，高下盘旋，来回往复，人行其间，如入迷宫。

3. 社会美

园林景观的美除了自然美与艺术美之外，还有一种社会美。事实上，园林艺术作为一种社会意识形态，不会单纯地为了艺术而艺术。它受制于社会存在，反映社会生活的内容，表现了社会思想倾向。上海某公园建了一个缺角亭，作为一个园林建筑单体审美，缺角就失去了其完整形象，但是有它特殊的社会意义：建成此亭时，正值东北三省被日本侵略者占领，园亭设计者有意识地缺掉东北一角，表达了为国分忧的爱国之心。理解这一点，就会意识到一种更高层次美的含义，这就是社会美。

园林景观的美是自然美、艺术美和社会美的有机结合，不是各部分的简单叠加、拼凑，而是一个综合美的体系，从而形成了特殊园林美。当然，园林美除了上述静态的表征之外，还应当考虑到其动态之美。园林景观的动态之美，主要体现在游览者的动态观赏审美过程中。所谓"山重水复疑无路，柳暗花明又一村"，便是空间连续变化中产生的"动景"，从而达到"步移景异"的效果。杭州西湖风景令人百游不倦，正由于它园中有园，院中有院，湖中有湖，岛中有岛，景外有景，变化无穷，这样产生的动态园林美使人流连忘返。

第二节　中国园林景观的文化特征

中国园林建筑的产生、发展及其特色的形成与中国传统文化密切相连，并随之发展。不同时期的园林建筑的类型及发展水平，受整个当时社会的大环境制约，但其内容和形式，均是在"天人合一"的理念下，受当时文学、绘画等主流艺术形式理论的影响。中国传统园林景观的文化特征主要体现在以下几个方面。

一、天人合一——中国传统园林景观的和谐之美

"天人合一"是中国传统哲学中总纲性的一个观念。它融汇时空、贯穿始终，像一条永不停息的文化潜流，流淌在中华民族的心理河床上，塑造了中华民族的思维结构，孕育出独具民族魅力的灿烂光华。中国传统园林艺术的和谐美，深受中国传统文化之浸染，是"天人合一"哲学思想在园林建筑艺术中的集中反映和体现。

建立在"天人合一"基础之上的中国园林景观艺术的和谐美，影响了园林建筑营造的各个方面，指导着园林建筑的选址、布局、空间设计和形制安排。中国园林建筑艺术讲究整体的和谐，在建筑物的选址上，有所谓"相形取胜""相土尝水""辨方正位"之说，意思是，要充分考虑到周围的地理地貌、当地的水土质量，以及天文气象等各方面因素的影响，注重自然生态环境和景观的和谐优美。在单体建筑中，"墙倒屋不塌"的木构架整体结构可谓历史悠久，其独特性体现在布局安排上，讲究各园林建筑单体的有序布排，各单体之间用廊、庭院等中介空间联结为一个整体的建筑群体。在园林建筑方位、色彩、细部，以及园林建筑的空间分割等方面，又深受传统文化观念之影响，并将其作为园林建筑整体构思的内在依据，将人、自然与建筑物构成一个有机和谐的景观整体，充分显示出重宏观、整体把握的思维特点。这种"天人合一"的有机整体观，是中国园林景观最基本的哲学内涵。

（一）"礼乐"之和谐

儒家思想深刻地影响了中国传统园林景观文化的精神面貌与历史发展。园林建筑通过对称、均衡、韵律、尺度等形式美的原则以及数字、色彩等具象化的象征手法，凝固了礼的精神，赋予了乐的意蕴，契合了我国人民的审美心理，形成了"礼乐和鸣"的和谐美。

在传统园林建筑布局、形制中，等级概念也表现得十分充分，礼制规定了从皇家宫苑到私家宅园的各种等级。具体而言，从建筑的形式（殿式、大式、小式）、屋顶的形制（重檐庑殿、重檐歇山、单檐庑殿、单檐尖山式歇山、单檐卷棚式歇山、尖山式悬山、卷棚式悬山、尖山式硬山、卷棚式硬山等）、面

阔（九间、七间、五间、三间）到色彩（黄、赤、绿、青、蓝、黑、灰）、装饰、建筑用材等，都有明确的等级规定，表达了一种统一的秩序感。

建筑的空间序列是体现这种"礼"的秩序感的最好手段。宫廷、府第、学宫、皇家园林以及一些敕建寺庙等官式建筑的平面布局，具有强烈的"尚中"情结，这种情结集中体现在对中轴线意识的强化和运用上。中轴线南北贯穿，建筑物左右对称，秩序井然，表现了"礼"的精神。对此，梁思成有过高度的总结，"以多座建筑合组而成之宫殿、官署、庙宇，乃至于住宅，通常均取左右均齐之绝对整齐对称之布局。庭院四周，绕以建筑物，庭院数目无定。其所最注重者，乃主要中线之成立。一切组织均根据中以发展，其布置秩序均为左右分立，适于礼仪之庄严场合公者如朝会大典，私者如婚丧喜庆之属。"[3]

如河北承德避暑山庄正宫建筑组群，采用沿纵深轴线多进庭院串联的布局形式，明确地分为前朝、后寝两大段，基本上是简化了的宫廷格式，高大的殿宇、中轴线层层深入的景观格局，都是在表述帝王之德高望重，万民仰之、百官服之。北京天坛的大片林海、圆形的祈年殿（见图8-1）等也给人营造了"皇天至上"的具体感受。2024年7月27日，在印度新德里召开的联合国教科文组织第四十六届世界遗产大会通过决议，将"北京中轴线——中国理想都城秩序的杰作"列入《世界遗产名录》。

图8-1　北京天坛祈年殿

（二）"道法自然"之和谐

道家关注人与自然的和谐，把和谐的人生理想放在人对自然人格的追求上。在道家看来，"道"是人间和谐的最高典范，理想的人格就是要与这种自然之"道"相通。道家这些崇尚自然、返璞归真的思想，为中国园林景观艺术的形成和发展奠定了深厚的哲学基础。道家之"道"蕴含着自然规律，有"自然无为"之意。从园林景观的营造手法看，表现在因山构室、就水架屋上，依自然之性，随曲合方，随宜合用。在私家园林建筑中，儒家思想影响下的礼制性建筑所讲究的等级、对称等原则都成了大忌。在这里，一般没有横贯的中轴线，没有建筑物的对称，没有相同的建筑形体，其和谐之美更多地体现在人与自然的亲和、由多样和差异构成的优美构图上。

道家思想强调自然无为而无不为，以柔克刚。道家对阴柔的重视，使传统园林景观有了一种柔性美的特征。具体表现为园林建筑环境幽静娴雅多于喧嚣躁动，清新淡雅多于浓烈醇美，宁和平静多于动荡激越。从形式美的角度看，虽然建筑元素的"人为形式"不可避免，但它们采取了更多柔和的线条，表现为景物构成的一部分，力求不损天然。这类建筑一般布局安排灵活多样，曲折多变，千姿百态，努力使人工的建筑形象消融在人化的自然与天趣之中。此外，传统园林建筑的柔美之情，还通过建筑与花木、山水、天象等要素的综合融汇来体现。

（三）"天人合一"的传统园林景观

"天人合一"在中国传统园林建筑中表现得淋漓尽致。作为一种特殊的出于人对大自然的依恋与向往而创造的建筑空间景观，传统园林建筑是人对大自然欣喜的回眸与复归，是自然美、建筑美、人工美的相互渗透与和谐统一。它汲取传统诗论、画论的创作经验，把山水诗、山水画的意境与造园艺术巧妙地结合在一起，通过借景、对景、隔景、分景和空间处理等多种造园手法，创造出"虽由人作，宛自天开"的佳境，使自然美与艺术美达到了高度的统一与融合。这与西方在很长的历史时期内，强调人凌驾于自然美、将建筑看作人与自然相对立的产物的观念截然不同。

二、诗画同源——中国传统园林景观的诗情画意

中国自古就有"诗画同源"之说，诗是无形的画，画是有形的诗。宋代著

名文学家苏轼在评王维时就说到"味摩诘之诗,诗中有画,观摩诘之画,画中有诗"。所以诗情与画意总是紧密联系和不可分割的。

中国传统园林景观诞生于中国文化的肥田沃土之中,并深受绘画、诗词和文学的影响。由于诗人、画家参与造园,促成园林、建筑与绘画、诗歌、书法的直接结合,产生了种种美学范畴的概念,如刚柔、虚实、形神、气韵等,亦成为园林建筑的审美语言;文的"气",诗的"情",书法的"骨",尤其是绘画的"意",则对园林景观的审美标准起到了决定性的作用。传统造园多以山水画为蓝本,以诗词为主题,创造出具有诗情画意的景观。中国传统园林是艺术,是与诗画同源的,是无声的诗、凝固的画。在造园手法上达到了自然美、建筑美、绘画美和文学艺术的有机统一,源于自然而高于自然。

(一)传统园林景观的诗情

中国传统园林景观之所以富于诗情画意,富于典雅美丽的神韵风致,一个重要的原因就是借助古典诗词文学,对建筑景观进行点缀、升发、渲染,使人于栖息游赏中,化景物为情思,产生意境美。为了表达园主的情趣、理想、追求,园林建筑常运用匾额、楹联之类的诗文题刻,将深刻的情韵意趣寓于园林建筑之中,引导人们获得美的享受。

(二)传统园林景观的画意

中国园林与山水画有着千丝万缕的联系,并在长期与山水画并行发展的过程中,深受其影响,讲求"画意"。中国画的最大特点就是写意,也就是"外师造化,内得心源"。"外师造化"是指以自然山水为创作的楷模,而"内得心源"则是要经过艺术家的主观感受以萃取其精华。造园不仅要有优美秀丽的自然山水风景构图,更要像作画一样,讲求隽永的深刻立意,把对自然的感受用写意的方法再现于园内。

(三)传统园林景观的虚境

旅游者获得园林意境的信息,不仅通过视觉的感受或者借助于对诗文题刻的感受,而且通过听觉、嗅觉。诸如十里荷花、丹桂飘香、雨打芭蕉、流水叮咚,直至风动竹草有如碎玉倾洒,柳浪松涛之若天籁清音,都能以"味"入景,以"声"入景,从而引发意境的遐思。江苏苏州拙政园的"留听阁"是利用听觉来营造意境,建筑及周围环境布局借用李商隐的名句"留得枯荷听雨声"来表现意境。同样在此地的留园西部小山岗上的"闻木樨香轩"则是利用味觉来营造意境,它地处高旷,是一个身处背墙面水的三跨敞轩。四周满坡遍植桂树,花开时节香气袭人,故有"闻木樨香"的名称。这就是利用香味来吸引人,使人在室内就能感觉到身处大自然的意境。

在园林植物、山石的配置上,传统园林也积极地利用一切可能的文化元素来创造意境,或附以诗文提名,将自己的人格理想、情节操守等文化信息表现出来,借以表现、衬托景物的主题。

三、天地四时——中国传统园林景观的时空意识

时空既具有直接的实用价值,还具有重要的审美属性。它不仅赋予园林景观以"住"的用途,而且也赋予了其"美"的内涵。但是,园林景观的空间观念又是哲学思想、思维方式和审美心理的综合反映。相对于西方人的逻辑型思维方式而言,中国人的思维方式是经验型的,因而中国人的时空观念也是经验型的时空观念,中国人是用心去体会宇宙时空的,蕴含着丰富的情感。人在室内,却可以"思接千载",进入无限的历史。而许多脍炙人口的诗句,也都是通过一门一窗,小中见大,把无限的时空拉回有限之中,即"于有限中见到无限,又于无限中回归有限"[4]。

园林建筑的空间可划分为内、外两个部分。屋墙壁顶和门窗等实体要素围成园林建筑的内部空间,其立面与植物、山石、水面等自然要素相结合又形成园林建筑的外部空间。因而园林建筑可分为空间和实体两个部分;相应地,建筑美也可以被分为空间美和实体美两种形式。任何一座园林建筑,都同时具有这两种美,但不同类型的建筑,在空间美和实体美的表现上又有所侧重。中国传统园林建筑以"群"的形式进行组景,空间在时间的节奏中呈动态变化,表现为流动的空间美。

四、中国现代园林景观

中国传统园林景观是中国传统艺术的集大成者。小小的园林空间里,几乎包含了建筑、绘画、诗词、书法等传统文化中最主要的艺术形式。中国现代园林景观则是一个多层次的综合体,除了满足功能上的科学性和合理性、形式上的审美性以外,还注重空间整体的品质、对环境生态的保护以及文化上的延续性。中国的现代园林景观大致经历了如下发展历程。

（一）清末时期

清末时期，中国园林开始了由古典园林向现代园林的转变。这一时期的造园虽依然延续了中国古典园林的艺术风格，但其中已经出现了现代园林的造园技法、工艺和材料，并出现了一批地方性的公共园林，而在当时租界中的公共园林则完全引入了西方的造园理念。

（二）民国时期

民国时期的公共园林较清末时期有了较大的发展，公园在城市中的普及使市民的生活方式发生了转变，许多公园还被建设成了纪念性的公园，如广州黄埔公园、武汉武昌首义公园等。另外，中国古典园林中的皇家园林，如颐和园等皇家禁苑也在民国初期陆续开放。

民国时期私家园林的造园数量明显减少，多为军阀、地主、资本家所建。其中较著名的有北京马辉堂花园、江苏无锡梅园（见图8-2）等，在艺术水平上已经明显不如明清中国古典园林的巅峰时期，呈现出了衰退趋势。同时，大规模城市园林的建造培育出了一批现代造园的专业人员，一些大学还开设了讲述现代造园理论的课程，现代风景园林学科的理论体系发展到民国后期已趋于成熟，现代风景园林学科即将形成。民国时期完成了皇家园林的开放、私家园林的衰退、城市公园的兴起以及现代园林理论的积累几个步骤，对中国现代园林和景观塑造有着重要的意义。

图8-2　江苏无锡梅园

(三) 中华人民共和国成立后

1949年以后，我国公共园林得到了较快发展。党和国家十分重视城市绿化建设工作，全国各地营建了一批城市公园、街心花园以及小游园，并对中华人民共和国成立前遭到破坏的公园进行了修复、改建和扩建，如江苏南京的白鹭洲公园、莫愁湖公园，无锡的锡惠公园；浙江杭州的花港观鱼公园等。

20世纪90年代以后，随着国际交流的日趋频繁，我国现代园林与世界接轨，在借鉴了国际先进成果的基础上，结合生态学、建筑学等多学科的理论成果，形成了更加完善的现代园林体系，"自然、生态、人文"成为园林设计的主流，在实践中也涌现出了许多优秀的现代园林作品。随着园林实践的日渐成熟，出现了杭州西溪湿地、成都都江堰广场、北京奥林匹克公园这样与国际接轨又具有民族特色的优秀园林景观作品。中国现代园林在多元化文化背景之下，展现出了新的生命力。

第三节 中国园林景观的类型及风格

中国园林是世界文化的珍贵遗产之一。它虽由人工搭建而成，却体现了如画般的自然美景，同时包含了我国的多种艺术门类，是我国优秀传统文化和审美意识形态的高度概括，是自然与艺术的完美融合。园林景观的类型与中国园林的类型一致，中国园林的种类主要有三种不同的划分方式。

一、根据园林基地的选择和开发方式

根据园林基地的选择和开发方式，中国园林可分为人工山水园和天然山水园两大类。人工山水园一般在平地上堆山造湖，模仿自然景观，植树种花，缩地成寸，营造宛若天然形成的园林；天然山水园则建在风景优美的地带，是根据原生态的景观人工改造而成的。

二、根据园林的所在地不同

（一）北方园林

北方园林的风格大气规整、气势恢宏。北方园林的代表大多集中位于北

京、西安、洛阳、开封等历代古都，其中尤以北京为代表。由于文化传统、地理环境、气候条件因素影响，北方园林的建筑多表现出稳重、敦实的特征，如因冬季寒冷和夏季多风沙的气候而形成的封闭性较好的四合院民居式。相对于南方而言，北方各地相对较为缺少充足的水源，除皇家王府花园可以奉旨引用御河之水，一般的园林只能凿井取水或者由他处引水补给，因而在北方园林中，湖泊、园石和常绿树木都相对较少，有些甚至采用"旱园"的做法，秀丽则显不足。北方园林多讲究布局严谨、雄伟高大、金碧辉煌，主体突出，强调中心。皇家园林往往具备多功能的特点，其集处理政务、受贺、看戏、居住、游园、祈祷以及观赏、狩猎于一体，甚至有的还设"市肆"。

（二）江南园林

江南园林的代表大多集中于南京、上海、无锡、苏州、杭州、扬州等地，其中尤以苏州为代表。江南气候温和，水量充沛，物产丰盛，自然景色优美，人口较密集，所以园林地域范围小，但是河湖、园石、常绿树和花木种类较多，以水景擅长，水石相映，构成园林主景。布局自由，结构不拘定式，清新洒脱，园林景致较细腻精美，幽雅美丽，建筑风格淡雅、朴素，书卷气浓厚，突出园林的文学趣味。清代康熙帝、乾隆帝二帝南巡，都喜好南方园林，并特意把南方工匠招到京城造园。北京圆明园中的"曲院风荷"就是仿照了杭州园林，"狮子林"仿照苏州园林，文源阁仿照了宁波的天一阁。

（三）岭南园林

岭南地处热带亚热带，气候炎热，雨量充沛，植物品种繁多，到处植物繁茂，山清水秀，一年四季郁郁葱葱，山海河湖俱备，景色宜人。岭南园林以广东园林为代表，而福建园林、广西园林、海南园林等也各具特色。广东园林以山水的英石堆山和崖潭格局、建筑的缓顶宽檐和碉楼冷巷、装饰的三雕三塑、色彩的蓝绿黄对比色、廊桥、四季繁花为特征。福建园林以礁石、塑鼓石为山水特征，以起翘正脊、海波脊尾为建筑特征，以正脊龙雕、鱼草山花和石刻石雕为装饰特征。广西园林以自然山水与历史文化的积淀为特征，表现于石林、石峰、石崖、石潭、壁刻之中。海南园林以自然山水中的海景、岛景、礁景、滩景为山水特征，草顶、鱼饰、朴素为建筑特征，以椰林、槟榔、三角梅等为植物特征。各个园林中堆山都用珊瑚石，大东海以它砌坡，海洋公园以它砌门，五公祠以它堆山。

(四)巴蜀园林

巴蜀园林,又称四川园林、川派园林,是我国以四川盆地为核心的四川省、重庆市一带古典园林艺术的总称,以川西成都平原一带最为集中。巴蜀园林种类丰富,包括官家园林、私家园林、寺庙宫观园林等,其中又以官家园林艺术成就最高。

四川盆地沃野千里,河川纵横,气候宜人,雨量充沛,物产富饶,早在秦汉时期就被誉为"天府之国",其园林偏重借助自然景观,构景素材丰富,如四川地区丰富的植物景观和民族文化特色。植物造景是园林景观的重要组成部分,也是最灵活多变的造园要素。园林建筑装修色彩自然,极富变化,努力追求园林与自然环境的协调统一,追求"天然野趣",是自然与人工的高度融合,是以自然美见长的园林。而且,四川园林区别于其他流派园林的最典型特点是大多具有历史典故,且以纪念历史名人为主,如武侯祠与诸葛亮、刘备,杜甫草堂与杜甫,都具有深厚的历史文化背景[5]。

三、根据园林的隶属关系

根据园林隶属关系,可分为皇家园林、私家园林、寺观园林、公共园林四种类型。它们在园林构建方面各有千秋。其中,皇家园林以北京为代表,私家园林以苏州、杭州、扬州等地的园林为代表,寺观园林与公共园林则在全国各地都有分布。

(一)皇家园林

据记载,皇家园林在殷商时期就已出现。皇家园林是统治者所专有的,用来游乐、居住和听政的地方。皇家园林营造经常倾一国之力,选择自然资源优越的地域来营建,所以其富丽华美超乎寻常。在园林艺术表达上,皇家园林侧重端庄华丽的风格,多采用中轴线的布局方式。现存的皇家园林主要以明清两代为主,比如北京的颐和园、故宫御花园,河北承德避暑山庄等建筑群。

皇家园林的意境营造受两个方面因素的影响:第一,皇家多钟情于园林,对园林的造园方法和审美情趣有着极高的鉴赏力。第二,皇家造园要求体现皇权气度,在造景的过程中,将园外的自然空间环境借景园内,有时直接将优秀风景名胜景点纳入园中,皇家中意的小型园林也被复制过来,这决定了皇家园林"园中有园"的多层次布局。同时,出于突出宏伟气势的目的,这样的园林往往会在主要地域布置建筑组群和特色鲜明的主体建筑，故此形成明确的轴线结构。如河北承德避暑山庄，虽然从总体来说属于自由式自然山水园，但宫殿区采用中轴线对称、多重院落的布局，来强调皇权和等级森严，这也使皇家园林在意境的表达方面体现出了与私家园林迥然不同的特征。

（二）私家园林

私家园林是文人雅客的私宅，以江南为集萃之地。江南园林多是宅院形式的城市山林，小巧精致，虽咫尺天地，却有千山万壑、亭台楼阁，颇具"不出城郭而获山水之怡，身居闹市而有林泉之趣"的趣味。宋代以后，成为中国园林营造的主流。

从造园的初衷出发，私家园林的营构，与园林主人的追求是相联系的。在古代，文人士大夫们建设园林、营造花木景观并非其所追求的终极目标，借由园林景观表达情感思绪才是其寻求重点。在老庄之道和禅宗的熏陶下，他们从自然景象中感受到了生生不息的力量，从一花一石的巧妙搭配中体会到了境界，于是模仿自然山水、营建楼台，营造出"似觉世故远"的理想空间，从而在精神上得到了极大的满足。于是构宅建园一时成风。可以说私家园林是充满了书卷气的艺术创作作品，园林环境在造园家和园主的眼里已经超越了物质范畴，成为基于自然景观和审美理想情感的精神共同体。

（三）寺观园林

寺观园林大多分布在城郊，有的依山势而建，有的隐入山间，有的隐入丘壑，有的临于湖泊……一般是由寺观名胜古迹和自然风景组成的景观区域。因地理位置和区域景观的差异，寺观园林也随之呈现出各自不同的特色。

魏晋南北朝时期，人们生活在风雨飘摇中，朝不保夕，只能依靠精神慰藉。佛教中"因果循环""轮回转世"的思想恰恰符合当时人的需求；另外，道教"顺应自然""养生修仙"的思想在当时也深入人心。于是引发了当时寺观的建设热潮，从而促使园林化的寺庙——寺观园林的产生。北魏郦道元《水经注》中有少量关于寺观园林的记载，但不够突出。到了唐宋时期，寺观园林除了举行宗教活动外，还变成了公众交往、娱乐的活动中心。文人墨客对山水的认知和审美的提升，以及社会的推动，使寺观园林建设大为改观。唐长安的大慈恩寺以遍植荷花、牡丹著称，当时苏州的玄妙观也是规模宏大、环境宜人的寺观园林。这说明当时寺观园林的景观意境已经十分优美了。

明清时期，寺观园林的发展高潮迭起。明代文学家袁宏道在著名的《虎丘记》中形象地描述了虎丘作为寺观园林游人如织的盛况。同时，清朝统治者修建了很多具有民族特色的寺观建筑，山西大同永安寺和河北承德避暑山庄的普陀宗乘之庙、须弥福寿之庙都是个中范例。

（四）公共园林

公共园林首先要具备以下几个特点：一是自然条件得天独厚，山水景色优美；二是空间格局足够开阔；三是能让公众自由游赏。一般公共园林不设置屏障界限，规划布局也根据实际情况，因景而设，重视顺应自然山水的特征而加以人工点缀，使其成为原生态景观中的和谐元素。

中国地大物博，有很多风光优美的地形地貌，经过历代的开拓维护，涌现出为数不少的公共园林，如陕西西安的曲江一带、浙江杭州的西湖、江苏扬州的瘦西湖、山东济南的大明湖等。公共园林的营造通常以原生自然风景为主，人工点缀为辅。景观丰富多样，因其一般占地较广，所以常有园中之园，令人流连忘返[6]。我国最知名的公共园林莫过于浙江的杭州西湖（见图8-3）。历代有不少文人墨客描摹西湖，人们对西湖的喜爱程度可见一斑。西湖景区三面环山，纤长的堤岛穿插点缀在水面上，遥相呼应，更显湖山之美。这里还有很多著名的景点，如"三潭印月""花港观鱼""曲院风荷""苏堤春晓"等，依山傍水，是自然美和人工美的完美结合。

图8-3 浙江杭州西湖

第四节 中国园林景观的特点与旅游价值

园林是中国悠久历史文化传统的一部分，充分体现了中华民族的智慧和技巧，反映了中国人对自然的认识与思考，形成了一套完整的理解欣赏方式和创造构筑程式。虽然在长期的发展中它的形式逐渐趋于稳定、程式化，但其精神内涵仍是独特、有启示性的。

一、中国园林景观的特点

（一）虽由人作，宛自天开

中国的古代哲学重视人与自然的和谐与统一，以"天人合一"为最高理想，这种观念体现了古人对大自然的深厚情感，承载着他们传统的生存方式和精神境界——强调天地万物间的联系及其对人类的影响，以及其各自自然属性给予人类精神的启示。崇敬天空即崇敬大自然及其赋予生命的滋养力量。汲取天地间的活力以促进自身的繁荣，与大自然和谐共生，这是一种万物生命一体、相互依存、相互作用、持续发展的理念。于是，"天人合一"这样一种体验人与自然融合无间的精神状态，成为中国传统文化的精神核心。中国的自然山水园林的创作原则其实就是"天人合一"哲学理念在园林艺术中的具体体现，是完完全全任自然与天地共融的世界观的反映。

（二）实用与审美的有机结合

中国园林艺术的实用功能，主要表现在物质文化的享用上，如有屋可居住，有山可攀登，有水可游船，有亭可驻足观赏，有廊榭可遮日避雨，有庭树可蔽荫纳凉等。相对于诗画等纯艺术，园林景观中的实用成分构成了园林与人的日常生活密切联系的载体，同时，也使它与人的文化心理的联系更为生动可感，并成为文化心理自然流露的产物。因此，其实用成分具有了独特的审美与文化价值。例如在中国古典园林中，曲线几乎随处可见，如起伏绵延的山峦、蜿蜒流长的水流、曲径通幽的路径、飞檐走壁的亭宇等。古人在园林的筑山叠石、理园引水、建亭修宇、种植花木时对曲线如此情有独钟，是因为曲线最贴近自然万物的典型外观特征，能够体现出一种"无为"与"自然"的情趣，从而最能彰显中国人"天人合一"的审美情韵。

（三）有限空间与无限空间的统一

园林与绘画不同：绘画是二维平面，只能眼观心游；而园林是三维的时空，是时空幻变的艺术，人可进入其中，全身心地感受。所谓眼观、耳听、鼻闻、舌尝、身触、心游，调动了人全部的感觉器官，对美的观赏也更直观、更全面。园林与建筑、雕塑等造型艺术也不同，后者一旦建成就以固定的形态而存在着，而园林即使建成，其景观亦会随时改变。

园林艺术既是空间艺术，又是时间艺术。天象因素千变万化，晨昏四时，一年四季，循环更替。园中之景可"应时而借"，随着四季天象和植物生长的变化，使得园内湖光山色也呈现出不同的景象和韵味。同时，时空的变幻，不仅与客观自然有关，也与人工构建有关。园林空间虽然是有限的，但是造园艺术家用山、石、池、树、房屋组成了各种空间，并使各个空间时开时合，互相流通渗透，使人在有限中体味到无限的韵味。

（四）北雄南秀的地域特色

北方园林以皇家园林为主，景观特点：粗放壮观，布局严整，因为占地受限较小，所以能更多地利用自然山水。因为要显示皇家的威仪和气派，所以更多地采用对称轴的构图。又因为要表现皇家园林本身的显赫地位，所以多建造得金碧辉煌。

南方园林以苏州、南京、杭州、广州等地的私家园林为主，景观精巧秀美，以小巧、精致、妩媚、秀丽见长，或典雅秀丽，或绚丽纤巧，或朴素淡雅。园内的建筑从屋脊到屋檐、从家具到窗格、从门洞到铺地，也是精雕细琢，美轮美奂。

（五）多种艺术形式的综合性

追求诗情画意的意境美是中国古典园林艺术的一大特色，寓情于景，情景交融，体现着对自然美的发现和探求，并随时在景观情趣的变化中陶冶人的心灵[7]。中国古典园林是集多种艺术为一体的综合艺术，比如花木栽培造型艺术、园林植物配置艺术、叠山理水的造型艺术，还有书写题名点景的匾额、边柱上的楹联、室内各种家具、手工艺品等。在这里，聚集着多种艺术的美，文学、诗歌、绘画、雕塑、建筑、工艺、书法等各门类艺术结合在一起，在园林艺术创造原则的统辖下，互相渗透，产生一种综合效果。并且，各门艺术固有的审美特征被园林艺术同化,成为园林美中不可分割的一部分。

二、中国园林景观的旅游价值

中国园林作为人文旅游资源,以它的审美特征和独特的艺术创意吸引着旅游者,在我国的旅游业发展中起着举足轻重的作用,所以应该将它作为重要的旅游资源合理利用、永续发展。其旅游价值被归纳为如下几点。

(一)领略中国园林景观文化

游览中国古典园林,可以感受景观中源远流长的文化。从殷商时期开始,中国古典园林便出现了,属于世界园林艺术起源相对较早的国家。在殷商时期,出现了囿,囿是帝王与贵族进行狩猎与享乐的地方。在春秋战国时期,逐渐出现了土山和池沼,在该时期已经具备了园林的基本要素。在魏晋南北朝时期,老庄哲学和佛教较为盛行,这时的园林慢慢向着崇尚自然的方向发展,该时期也是园林发展转折的重要时期。在唐宋时期,文人墨客和官员开始参与造园,进而使得其中融入了一些诗情画意,展现出了独特的人文风景。在明清时期,诗人和画家也开始参与园林设计,同时在封建统治者的支持推动下,园林得以迅猛发展。在世界园林史中,中国古典园林具有重要的地位。旅游者通过参观中国古典园林,可以感受园林之美,从而提升旅游者自身的人文素养。

(二)感受中国传统文化

在中国古典园林景观中,旅游者通过参观,可以感受、领悟到多方面的中国传统文化,如文学、建筑、民俗、艺术等。在中国古典园林景观中,涉及价值观、自然观、审美情趣、人文精神等多方面内容。如在参观园林建筑群空间结构时,在平地园林布局中,利用了山水花木、建筑进行构景,可以使旅游者感受到中国传统文化的空间序列观念和群体精神。简单来讲,园林在景观中集合了很多民族传统元素,旅游者通过参观,可以在园林中体会情景交融的韵味,从而对中国传统文化产生更近距离的情感。此外,在一些中国古典园林景观中,还保留着诸多艺术品和文物,旅游者通过参观,可以进一步感受中国的文化历史。

(三)获得审美感受

在旅游审美中,艺术审美属于重点部分,中国园林所追求的功能中也包括审美价值。从古典园林的诞生,到其不断发展和变化,都和人们对美的追求相关[8]。因为受文化传统与时代差异的影响，中国园林景观凸显出来的审美观念和世界其他园林存在一定的差异，在定义美景方面有着自己独特的标准，不仅强调"天人合一"的理念，并且蕴含着曲折幽深、以小见大等中式审美哲学。在中国古典园林中，基本上包含了各种建筑类型，堂廊亭榭楼台，并且结合了石洞和石阶，这些建筑分隔了园林，且具有相接美，突显了独特的艺术特点[9]。此外，在园林中，既有山水，又有动植物造型，旅游者通过游览观赏，可以获得不一样的美的感受。

中国现代园林景观在继承中国古典园林追求自然、意境和含蓄的创作手法的基础上，加以创新，并赋予自身时代特点，其中最突出的就是以环境保护和生态平衡为首要任务，放弃了古典园林中以视觉欣赏为主的建造目的。正因如此，植物造景的应用，开阔明朗的空间，宽阔的草坪、水面以及活泼可爱的小动物，构成了现代园林景观的主要内容。随着社会的进步，现代的中国园林建筑不会停留在传统之中踏步，而是继承传统、发展传统，创造出既和传统一脉相承，又与传统的局限性决裂，和当代的社会、经济、科技和文化相适应的现代中国园林景观。

思考与练习

1. 请简述中国园林景观的基本概念和主要特点，并讨论其在中国传统文化中的地位和作用。

2. 分析中国园林景观中的"天人合一"思想是如何体现的，并探讨这种思想在现代园林景观设计中的价值和意义。

3. 举例说明中国园林景观中"诗画同源"的审美意趣，并讨论这种意趣是如何提升园林景观的艺术价值的。

4. 结合具体案例，分析现代中国园林景观在继承传统元素的同时，是如何创新和发展，以满足当代人的审美需求和生活方式的。

本章参考文献

[1] 童寯. 造园史纲 [M]. 北京：中国建筑工业出版社，1983.
[2] 徐小莲. 中国园林景观中的坐具研究 [D]. 苏州：苏州大学，2012.
[3] 梁思成. 梁思成文集：第三卷 [M]. 北京：中国建筑工业出版社，1985.

[4] 宗白华.美学散步[M].上海：上海人民出版社，1997.
[5] 罗树杰.中国古典园林景观的意义和旅游价值[J].青海民族研究，2011，22（2）：24-29.
[6] 张莉莉.中国园林美学视角下的济南山水城市营造研究[D].天津：天津大学，2017.
[7] 任朝旺.论中国古典园林的艺术特征及其旅游开发[D].保定：河北大学，2004.
[8] 赵围梅.浅谈中国古典园林对现代景观设计的影响[J].现代园艺，2017（12）：76.
[9] 宋琳.中国古典园林景观的意义和旅游价值[J].现代园艺，2020（8）：108-109.

第九章

中国古代建筑景观

本章导读

在源远流长的中华文明中,中国古代建筑艺术以其深刻的哲学内涵、高超的建造技术和丰富的审美特征及独特的民族性而享誉世界,使它与以意大利比萨斜塔为代表的罗马建筑、以法国巴黎圣母院为代表的哥特式建筑并列为世界三大古代建筑体系。中国古代建筑艺术可以追溯到新石器时代,考古发掘表明,半坡遗址中出现的方形和长方形的土木建筑形式,最终成为我国的主要建筑形式。同时中国古代建筑很早就摆脱了纯功利性,具有了审美功能,在《诗经》等古代文献中,如"作庙翼翼"之类对当时建筑的描写就是有力的证据。尤其是经历秦汉、唐宋和明清等几个建筑史上的高峰期,我国的先民留下了规模宏大、数量惊人、绚丽多彩的建筑艺术宝库。中国古代建筑是劳动人民智慧的结晶,是五千年文明古国的历史丰碑,是中华民族珍贵的历史遗产,虽然饱经风霜,但至今仍保留下的古代建筑珍品,形成了异彩纷呈的建筑工程景观。

本章学习目标

1. 掌握中国古代建筑景观的基本概念和主要建筑思想,理解其在中国历史和文化中的重要地位。

2. 能够识别中国古代军事工程建筑景观的类型和发展历史,了解著名古代军事工程建筑景观的特点和价值。

3. 了解中国古代宫殿建筑景观的基本构成和功能,了解中国现存著名宫殿建筑的特点和历史背景。理解中国古代楼阁建筑、桥梁建筑与水利工程景观的特点,认识其在古代社会中的功能和旅游价值。

4. 形成对中国古代建筑工程景观的鉴赏能力，能够欣赏其美学价值和文化内涵，并能够在旅游实践中运用所学知识。

第一节 中国古代建筑景观概述

中国古代建筑在中国古代传统文化的土壤中生长、发展，具有鲜明的民族特色，且自成体系，不论在规划建筑群、建筑空间内部的处理上，还是建筑细节装饰等方面都在世界建筑史上占有极为重要的地位。中华民族具有悠久的发展历史，在此过程中保留下来的古代工程和建筑是对中国古代文明的真实反映，是中国古代人民的智慧结晶和思想精髓。

一、中国古代建筑及其建筑思想

(一) 中国古代建筑

中国古代建筑的形成和发展具有悠久的历史，受地域、气候、人文等条件的影响，形成了各具特色的建筑风格。

相对于西方古建筑的砖石结构体系来说，中国古建筑是独立的结构体系，有四大特点：以木结构体系为主、构架制的结构、体现等级的斗栱、特异的外部轮廓[1]。李允鉌先生在《华夏意匠：中国古典建筑设计原理分析》中，对比了中西方的传统建筑，以木结构为主的"中国古典建筑主要是通过数量的增加来达到扩大平面规模的目的，因而形成其特有的设计意念"。因此中国的古代单座建筑也不是独立存在的，它与墙、廊结成座与座之间的连接，成为一个整体，也就是"建筑群"概念。因此不能孤立地研究古代建筑装饰以及它与现代景观设计间的关系。

(二) 中国古代建筑的建筑思想

中国古代建筑体系之所以具有悠久的历史、统一的风格、显著的特点，是与中国古代哲学思想分不开的，中国古代建筑是反映中国古代哲学思想脉络的实物载体。

1. "天人合一"的宇宙观是奠定中国古代建筑思想的基石

"天人合一"是中国传统哲学中的一个核心命题，天人合一的宇宙观深深影响了中国古代建筑文化，是中国古代建筑的基石，它强调人与自然的和谐相处，强调二者处于一个有机整体中，在建筑中表现为追求"人—建筑—自然环境"的和谐统一。

中国古代建筑的发展始终是以尊重自然为前提的，以环境来规划建筑，让建筑融入环境。中国古代建筑重视人与自然的融洽相亲，建筑则相当开敞，楼内楼外空间通透，追求与自然的亲近，屋面、屋脊、装饰局部的曲线运用避免了造型的僵硬冷峻，优美地镶嵌在大自然中，仿佛是自然的一个组成部分，充分体现了人对自然的向往和崇敬之情。在景观方面，中国古典建筑注重人文景观与自然景观的和谐统一；在环境方面，又格外重视人工环境与自然环境的和谐统一。勘察自然、顺应自然，有节制地利用和改造自然，选择和创造出适于人的身心健康及其行为需求的最佳建筑环境，达到了天人之和、身心之和的完美境界。总体来说，中国古建筑充分体现了"天人合一"的观念，建筑和自然环境相互融合，并借助自然环境构造出视野开阔、富有生机的画面。

2.对称均衡的中庸观彰显动静有序的建筑审美效应

中国古代比较讲究对称与均衡，欣赏世间万物在相互作用、共同促进时所表现出来的动态平衡。在儒释道思想的影响下，中国古代建筑无论在创作思想上还是在设计手法上都侧重于对立面的中和、互补，在以理性为主导的创作精神中，交织着浪漫的意蕴。中国古代建筑物十分讲究对称、均衡和协调的风格，追求人工与天趣的统一、端庄与含蓄的统一、规格化和多样化的统一，更追求理与情的统一。中国传统建筑的中轴线是对称的基准，单体建筑的设计如此，一组建筑的安排如此，有时一座城市的规划亦如此。

二、中国古代建筑景观的旅游价值与欣赏

（一）具有极高的历史价值和独特的艺术价值，形成了厚重多元的欣赏体验

中国古代建筑具有强烈的民族特征，体现了中国人的思维特点，是中华民族珍贵的历史遗产。这些建筑珍品以其丰富的文化内涵和独特的艺术魅力吸引着来自五湖四海的旅游者，构成了中国人文旅游景观的重要内容。

（二）培养艺术欣赏能力，获得不同层次的审美体验

中国古代建筑经历了漫长的时光，我们可以通过古建筑固有的线、面、体

及其相互组合的构成来欣赏它们变化与统一、对比与调和、节奏与韵律等，领受它们所蕴藏的独特的历史文化内涵，从而得到饱满的情感体验和审美愉悦。欣赏者在建筑景观审美过程中所体验到的愉快感受，主要以对建筑的外部感知和直觉为主要特征，是建筑美感体验的最初层次。再基于对建筑形式美的初级体验，升华到较高的审美层次。欣赏者在凝神观照审美对象时，交融着知觉、想象、理解和情感等心理活动，并唤起精神上的愉悦状态和伦理道德上的超越或完善动力。它是建筑美感体验的最高层次。

（三）体悟中华民族的优秀历史文化，激发爱国豪情

作为物质与精神文明的载体，中国古建筑不仅蕴藏着极其丰富的历史文化内涵，而且铭刻着中华民族历史的进程，凝聚了民族情感和智慧。我们会被祖国独一无二的长城、宏伟的皇家陵寝、精美的江南名楼、风格各异的民居建筑所显示出的悠久历史和文化所感染。同时，也会因此激发出强烈的家国情怀，从而激励着我们中华儿女为中华民族伟大复兴而不懈奋斗！

第二节　中国古代军事工程建筑景观

中国古代军事工程建筑景观在历史上主要是用于防御的建筑物或构筑物的遗留。这些军事工程建筑景观有的巧妙地利用山形水势，有的体现出深邃的设计构思，不少还是历史上重大战役的发生地，曾涌现过不少知名人物，具有重要的历史价值、现实价值、情感价值和纪念价值。

一、发展历史

（一）早期阶段

人类社会发展到新石器时代晚期以后，随着人口的繁衍、社会的复杂化，一些区域开始出现了对资源的争夺和控制，族群之间的冲突越来越频繁。大约仰韶时代中晚期开始，在我国黄河中游的中原腹地出现了早期的城邑，如河南郑州的西山古城遗址。这是一座有环形的内城内濠和外濠的城池，其年代在公元前5300—公元前4800年。此后，中原地区陆续出现了多座古城[2]。此后，在晋陕高原地区，也出现了大量的石构山城。这些石构山城一般都位于河沟附近的山梁上，有的规模相当大，结构还很复杂，是社会复杂化到一定高度后的产物。在这些山城之中，规模最大、最具代表性的是石峁遗址[3]。遗址地属陕西神木市的高家堡镇，城址由外城、内城、宫城（皇城台）组成，这种在一个地理区域内，城邑由少及多，又由多到少，从多个分中心到唯一的中心都城，反映了从邦国林立到夏朝统一的社会发展历程[4]。

（二）中期阶段

大约到了青铜时代和早期铁器时代，游牧的部落觊觎邻近农业部落积累的财富，经常劫掠散居的部落，还会攻击一些聚集着较多财富的城市，席卷财富甚至青壮年人口。从此，以农业为本的部落或国家在自己地域的边界地带开始修筑连绵的军事防御工程。如古罗马为了防御北方的入侵，在当时的北方边境先后用土石修建了古罗马长城体系；中国自春秋战国以来也修筑了万里长城。

（三）晚期阶段

随着军工技术和军事科学的进步，热兵器开始被广泛用于战争之中，无论是进攻方还是防守方都有了更加强大的军事手段。到了19世纪后期，伴随着火炮技术的长足发展，兼具机动、防护、火力的装甲兵成为陆战的主角，军事工程建筑逐渐成为战争的陪衬，失去了先前的光辉。

二、中国古代军事工程建筑景观的类型

军事工程建筑经历了从史前时代到现代的漫长发展历程，随着时代的发展，从普通的城墙、护城河到关隘，再到地堡战壕，各个时期不同类型的军事工程建筑遗产是军事技术史和战争史的宝贵物质见证。依据其专门化程度和防御类型等分类标准，可将其划分如下。

（一）按照专门化程度分类

1. 非专门化军事工程建筑

战争年代，在强大敌人的威胁下，处于防守一方的人们，唯恐自己的防御设施不够牢固，总是利用战事之间的空闲时间不断地加厚、加深、加高、加固自己的城防。不过，在长期没有战事的和平年代里，那些给敌人制造攻城困难的守城工程，也会给居住在这些城市的人们的日常生活带来一些不便，所以这时，人们往往都不大关注和维护城防设施，甚至有意拆除或破坏妨碍交通和生活的城防设施。这已成为一种常态，从而使得如今许多历史城市都只存有孤立

的城门或角楼,以及小段的城墙和城壕。

2. 专门化军事工程建筑

专门化军事工程建筑,从形态上来看,有点状和线状两大类。

点状军事工程是为了以点控线或以点控面,以防止敌方进入或占据某一地区的防御设施的遗存景观。历史上那些位于险要关隘,且有专门驻守军队的关城、城墙和炮台,那些修筑在易守难攻的山头半岛,主要用于战时坚守的城邑、堡垒和水寨,都属于点状军事工程的遗产。

线状军事工程,往往是前人沿着某一需要防御区域的边界修筑的延绵的防御设施。历史上那些在农牧或山川过渡地带修筑的防止游牧或狩猎族群袭扰的长城边墙、那些沿着国家和区域边界挖掘的延缓敌方军队行动的长壕,以及近代在一些重要的军事区修建的连绵的堑壕等筑垒地带,都可归属为线状军事工程的范畴。

不过,点与线本来就是相对的,即使一个并不很大的城邑,它的一面城墙也是线形的,更不要说不少军事工程建筑本来就既有堡垒,又有联系堡垒与堡垒间的长墙或战壕,是点与线相结合的复合形态。

(二)按照防御类型划分

1. 城防建筑

城防建筑在我国历史较为悠久,主要有筑墙护城、修池护城等形式。到春秋战国时,城墙建筑已成为城市防御不可缺少的工程建筑。早期城墙以土夯实,不甚坚固,随后砖石的应用使城墙的坚固性大大提高,在提高墙身的同时,墙体的造型艺术以及城防辅助设施的建设也有了较大的发展。我国现存较为完整的城墙有南京城墙、西安城墙等。

2. 边防建筑

我国重要的边防建筑首数长城。长城始建于春秋战国时期,秦始皇统一中国后以燕赵长城为基础修筑了举世闻名的秦长城。后世朝代大多继续修建长城,是世界上修筑时间最长、地域分布最广的古代建筑遗存,是古代中国人民创造的伟大奇迹,承载了中华文明的延续性、创新性、统一性、包容性、和平性。

3. 海防建筑

中国既拥有漫长的海岸线,又有多条东西向的大江大河注入东面的大海。

随着航海业的发展，我国自明代开始海防压力陡然增加，开始陆续在沿海修筑对海防御工程。这些海防工程沿用了古代长城以城墙为主体、连接沟池障碍和外围关堡等构成线式防御体系的思路，以卫、所的城池为主体，与堡寨、墩台、烽堠相结合。这些海防工程大多已经融合在今天的沿海城市之中，遗留下来较为著名的有：山东的蓬莱水城、广东深圳的大鹏所城等，前者见证了中国古代海上丝绸之路的繁荣兴盛。

明代晚期，海防和陆防压力陡增，一些士大夫在引进西洋火炮的同时，也提倡采用西洋筑城术建造新型防御工程[5]。

第二次鸦片战争以后，我国的海防工程开始向新型的炮台要塞防御体系转变，重点是在沿海岛屿、水口和要地构筑炮台要塞，从而构成整体边海防工事。现存海防遗址中重要的有：控制入海口的虎门要塞、闽江要塞、大沽要塞，保护重要军港的旅顺要塞，保护海岸的厦门要塞、烟台要塞，以及江防要塞等。这些近代边海防工程遗产因年代较近，构筑坚固，且偏离城市或在军事禁区，一般保存较好。它们见证了近代中国历史，具有重要的纪念意义。

（三）按照是否具有纪念性划分

军事工程又可根据是否有纪念性，划分为只有单纯历史价值和兼有历史价值、情感价值的两类。具有后一类价值的纪念性军事遗产，如重庆合川钓鱼城遗址。重庆合川区的钓鱼城是南宋末期构筑的抵抗入侵的山城，城堡位于嘉陵江、渠江、涪江的汇合处，以三面环绕的江水为外郭，以四面绝壁的钓鱼山为内城，当年10余万南宋军民依托着这奇险的山城和可以机动调遣兵力的江河，在这里坚守了36年。钓鱼城遗址现存总长8公里的城垣、8座城门，以及炮台、墩台、栈道、暗道出口、水军码头、兵工作坊、武道衙门、军营、天池、泉井等南宋军事及生活设施。抗日战争时期，郭沫若还曾设想以钓鱼城为题材编写历史剧，以激励抗日军民坚持抗战的意志[6]。

三、部分代表性中国古代军事工程建筑景观

中国幅员广大辽阔，自然条件复杂多样，遗留下了大量的军事工程建筑。这些军事工程建筑，有的已列入了《世界遗产名录》，如长城，高句丽王城、王陵及贵族墓葬，土司遗址；有的已列入中国世界文化遗产预备名单或全国重点文物保护单位，如钓鱼城遗址。这些重要军事工程建筑，具有重要的历史价

值、情感价值、景观价值和纪念性价值，应该对其加强保护，使之永久存留下去[7]。

（一）长城

在中国的线状防御的军事工程建筑中，最著名的是万里长城。长城是一道高大、坚固而且连绵不断的长垣，用以阻隔敌骑的行动。长城不是一道单纯孤立的城墙，而是以城墙为主体，同大量的城、障、亭、标相结合的防御体系。工程始于春秋战国时期，形成完整的北方边境防御体系是在秦汉时期，以后也有多次大规模的增补重建。早期长城的保存状况不佳，现存的长城遗迹主要为明长城，是目前世界上修建时间最长、工程量最大的一项古代军事防御工程建筑。1961年3月4日，万里长城八达岭、山海关、嘉峪关段被国务院公布为第一批全国重点文物保护单位。1987年12月，长城被列入世界文化遗产。2020年11月26日，国家文物局发布了第一批国家级长城重要点段名单。

（二）西安城墙

西安城墙又称西安明城墙，是中国现存规模最大、保存最完整的古代城垣建筑，是第一批全国重点文物保护单位、国家AAAAA级旅游景区。现存的西安城墙主要是指明城墙，是由明朝开国皇帝朱元璋下旨在隋、唐皇城的基础上建立起来的。

西安城墙主要修建于明洪武年间，共修建了4年的时间，修葺好的古城墙呈长方形，将西安牢牢包围起来，其城墙周长13.74公里，并在城墙的四个角落各设置角台，派兵驻守，用作观察城外敌情，在城墙还筑有城壕，进一步加强和巩固城市的防御体系。此外明崇祯时，古城墙在东南西北四个方向各设置了一道城门，分别为东长乐、南永宁、西安定、北安远，其寓意为国家长远稳定，百姓安居乐业。每道城门由阙楼、箭楼和正楼组成，既具有很强的防御力和攻击力，又有强烈的观赏价值，巍峨雄壮，令人心生畏惧。

中华人民共和国成立后，将修缮历史遗迹、保护文化遗产纳入了国家文化发展的重要内容。1961年西安城墙被正式列入国家重点文物保护单位。1983年由西安市市政府结合城市整体规划，对其进行了大规模的修缮，建立了环城公园，成为当地居民娱乐健身的重要场所。古城墙也成为西安市城市形象和精神文明的象征，吸引了络绎不绝的旅游者，进而带动了西安城市经济的发展[8]。

西安城墙至今已有1400年的历史，其功能在历史的发展中逐渐由防御性向观赏性功能转变。西安城墙是我国古代劳动人民智慧的象征,为现代学者研究古代的军事防御体系及建设风格等提供了丰富史实资料,具有极高的文化价值。

(三) 海龙屯遗址

海龙屯遗址(见图9-1)位于贵州省遵义市汇川区高坪镇,建于大娄山东支龙岩山的山巅,三面环溪、一面衔山,史称"飞鸟腾猿不能逾者"。海龙屯遗址是贵州仅见的一处大型军事建筑与宫殿建筑合二为一的遗址,也是当今中国乃至亚洲保存完好的中世纪城堡遗址。2015年7月4日,在第39届世界遗产委员会会议上获准列入《世界遗产名录》。

图9-1 贵州遵义海龙屯遗址

海龙屯是播州杨氏土司在其统治核心区域设立的山地防御城堡,是土司制度的重要见证和载体。海龙屯遗址按位置可分为屯前遗址、屯中遗址和屯后遗址。杨氏土司接受过良好的文化教育,把北部都城的规划和建设思想与南方喀斯特地貌特征相结合,形成海龙屯完备的军事防御体系。在防御体系规划方面,海龙屯规划者的总体思路是因地制宜、充分利用自然地形地貌的险峻来创造和强化屯堡的军事防御功能,再加建必要的人工防御工事,形成"天人合一"的完备体系[9]。从军事建筑而言,建筑材料就地选材、依山而建的石结构建筑,增加了建筑的耐久性。万历二十八年(1600年)"平播之役"的毁灭性打击使海龙屯上的木结构建筑损毁,只剩下大部分关隘和城墙至今仍傲然屹立。特殊的地理位置、地貌环境、历史原因等多种背景，造就了海龙屯独一无二的中国南方山地军事屯堡。

第三节　中国古代宫殿建筑景观

宫殿建筑代表了中国古代建筑的最高成就。它具备行政、居住、祭祀、教育等多种功能，综合了中国传统建筑的精华，同时也是中国其他传统建筑的范本，集中体现了中国传统建筑美学的原则和艺术手法。

一、中国古代宫殿建筑的基本界定

宫殿通常特指帝王居住活动的场所。但在汉代以前，宫、室、寝、房、屋等概念只是人们对居住建筑的不同称谓而已，汉代以后"宫"才成为帝王居住场所的专用称谓，王宫建筑多楼台壮丽、殿宇相连，人们遂在字面上将"宫殿"二字连用，"宫殿"一词也逐渐成为帝王居所的专用名词。皇宫建筑具有两大功能，一是居住生活，二是处理朝政[10]。

二、宫殿建筑的基本构成和功能

从建筑类型上看，作为帝王之家生活和工作的场所，宫殿建筑可被视作世俗建筑这一类。这一点体现出中华文明与其他古文明的重要区别，也决定了中国传统建筑文化的主要特点和巨大的现实意义。中国古代宫殿建筑的主要功能如下。

（一）前朝部分

在宫殿建筑组成中，"前朝"部分是它的核心内容。通常将体型最为高大、形式最为庄严的建筑设计在此处。前朝的功能主要有两个，一是举行诸如新皇登基的大型典礼活动，二是供皇帝和朝臣们商议处理政务。大典活动需要庄严而隆重，而日常朝政则需要安静，避免不必要的干扰。由于这两件事情所需的氛围不同，建筑布置上就至少要提供两套不同的空间体系，也就是举行大典的"大朝"和处理日常朝政的"常朝"。"大朝"和"常朝"不同的组成关系和功能设计，均成为中国宫殿建筑前朝部分的标志性特征。

（二）后宫部分

宫殿建筑所要满足的第二个功用就是提供皇室成员的居住生活空间，也就是要有人们常说的后宫部分。虽然后宫建筑在规模、等级上不如"前朝"，但皇室成员众多，等级关系错综复杂，建筑制度上所需考虑的问题比"前朝"更为烦琐。各个时期后宫建筑布置不尽相同，但总体来看，后宫与前朝有一定的关联，大的格局取决于宫殿建筑的总体形制。

（三）苑囿、园林

苑囿是传统宫殿建筑必不可少的组成部分。直到清代，皇家苑囿一直是帝王生活必不可少的设施，建设苑囿并不完全为了追求生活上的享乐，它也是一种传统的延续，具有一定礼制上的意义。所以皇家苑囿曾经是一级国家机构，由专门的官吏管理。

帝王苑囿在夏、商特别是周以后形式和内容都有所发展，其祭祀功能逐渐被剥离出去，而渔、猎、采、樵和游览的功能则逐渐占据主导地位，苑囿成为王室的副食库和农场、牧场、猎场以及后花园，这在商品经济不发达的时代是必不可少的。从春秋时期到唐代，人们尝试将宫殿和苑囿结合起来，曾经出现过极为壮观的宫苑作品，如战国时期楚国的章华台等。到宋以后，由于宫殿制度上的变化，皇家苑囿逐渐与宫殿分离，功用也转化为以游览欣赏为主，称谓也逐渐由"苑"变成"园"了。中国古代宫殿建筑中的园林多为皇家园林，规模宏大，设计精美，集建筑、山池、园艺、绘画、雕刻以及诗文等多种艺术于一体。这些园林不仅体现了我国古代匠人的高超技术水平，还体现了天人合一、天圆地方等宇宙时空观的思想。

（四）禁城和门阙

中国传统建筑历来非常重视与环境的关系，尽管历朝历代城郭称谓并不统一，但各朝的都城通常有外城、内城和宫城三道城池。历代宫城与民间城郭之间不一定是一环套一环的关系，也可以是并列、相连、相离甚至相交的关系，有些宫室建设因地制宜历经百年增减，如今已经看不出和城市是什么关系了。

（五）宣传和教育机构

在中国古代的政治生活中，宣传和教育是头等重要的事情。宣传、教育的最高机构往往是由帝王及其核心智囊亲自掌握。中国古代宫殿作为宣传机构的功能主要体现在政治理念的传播、官方文献的编纂与发布，以及外交窗口等方面。而国家教育机构在内容上通常会包括研究、宣传、教学、考试及档案和图书保存等。这些机构或多或少都与宫殿建筑有某种关系，有些直接设在宫殿建筑群内部，如北京故宫内的皇家藏书楼"文渊阁"，有些则是与宫殿建筑具有某些几何构图上的关联，比如北京的国子监。

（六）祭祀建筑及其他附属建筑

中国古代宫殿建筑中的祭祀建筑主要包括坛和庙两大类。

坛主要用于祭祀天、地、社稷等活动，如北京的天坛、地坛、日坛、月坛等。坛类建筑的共同特征在于其形体规整，色调简单庄重，周围有古代祭祀建筑中常见的矮墙环绕，并植有柏树，以营造出远离尘嚣的环境。

庙则是中国古代祭祀祖先或圣贤的建筑。庙的建筑形制要求肃穆整齐，大致用途包括祭祀祖先、奉祀圣贤等。这些建筑通常设在禁城以外，但和皇家宫殿建筑有着密不可分的联系，如太庙和社稷坛、天坛、地坛等祭祀建筑。这些建筑与传统礼制有关，故又称礼制建筑。

此外宫殿建筑群中尚有许多不同功用的辅助空间，不同时期其内容也不尽相同。例如作为皇家私立学校的"上书房"、作为皇家档案馆的"文渊阁"、总管宫廷事务的"内务府"，乃至于"御药房""御茶房""敬事房"等各类勤杂事务机构用房，在此无法一一介绍。通过以上分析可见，中国古代的宫殿建筑功能之复杂，空间组织之烦琐，在世界古代建筑史上是绝无仅有的，即便是最复杂的现代大型公共建筑也无法在功能复杂性上与之相提并论。

三、部分代表性中国古代宫殿建筑景观

宫殿建筑是我国古代建筑中级别最高、技艺最精的建筑类型。目前，国内保存较好的宫殿建筑主要有故宫博物院、沈阳故宫博物院等。

（一）故宫博物院

1. 博物院概况

故宫博物院，又称紫禁城，位于北京的中轴线上，明清两代皇帝先后在这里处理政务和生活。南北长961米，东西宽753米，四周围有高10米的城墙，城外有宽52米的护城河，是中国宫殿建筑之精华，代表了中国古代官式建筑技术、艺术的最高境界。故宫博物院于1961年入选第一批全国重点文物保护单位，1987年被列入《世界遗产名录》，与法国凡尔赛宫、英国白金汉宫、美

国白宫、俄罗斯克里姆林宫并誉为世界五大宫，是国家 AAAAA 级旅游景区，是我国现存规模最大、保存最完整的古代宫殿建筑群。

2. 古建筑

故宫博物院建筑群是建筑形式上帝制和皇权的集中体现，比较全面地体现了中国传统文化。整个故宫的设计布局蕴含着深刻的政治文化含义，是中国传统伦理思想"皇权至上"的最高典范。皇宫的总体基调是由红墙、黄瓦和白色台基构成的，点缀以大量彩画，使得皇宫气势庄严、色彩丰富。其在总体规划布局上体现了中国儒家传统礼制思想，"前朝后寝""前宫后苑""左祖右社"。

故宫博物院宫殿建筑群从全局到细部，宏伟壮丽、富丽豪华，均体现了中国古代建筑的最高成就，具有我国传统宫殿建筑的典型特点。其坐北朝南，总体布局以中轴线为轴、左右对称，四面各开一门，分别为午门、神武门、东华门和西华门，外有护城河环绕。宫殿均是由台基、柱础与墙身、屋顶三大部分构成。故宫建筑宫殿屋顶变化多样，多以庑殿顶和歇山顶为主，等级最高的是太和殿的重檐庑殿顶，屋顶主要是琉璃瓦，一般为单一色彩，主要颜色为黄、绿、蓝、黑等，最多的还是金黄色的琉璃瓦，金碧辉煌，体现了皇家尊贵富丽的气派。

故宫建筑的屋面装饰也是一大亮点，根据建筑使用功能、环境以及等级，这里设计了吻兽、琉璃等装饰。彩画也是故宫特有装饰之一，既能保护木结构，又能增加美感，主要有和玺彩画（等级最高）、旋子彩画和苏式彩画三种。故宫建筑上刻画的图案和花纹丰富多彩、活泼生动，有动物、植物、自然、几何图形、文字器具等。故宫建筑的每个细节都值得人们去细细品味和深入研究。以下简单列举旅游主线上的几处宫殿、花园，如表 9-1 所示。

表 9-1 故宫博物院知名景点

前朝三大殿（太和殿、中和殿、保和殿）	太和殿（明代称"奉天殿"）为主殿，是故宫中建筑规制最高、体量最大的单体建筑，全国古建筑的第一大殿，举行朝贺大典的地方。中和殿（明初称"华盖殿"，后改为"中极殿"）为中殿。保和殿（明初称"谨身殿"，后改为"建极殿"）为后殿，曾经用作过除夕、元宵、宴请外藩、王公贵族、文武百官和殿试场所

续表

内廷后三宫（乾清宫、交泰殿、坤宁宫）	乾清宫为内廷主殿，明代皇帝的寝宫，清雍正后则作为召见廷臣、批阅奏章、处理日常政务、外交、受贺的地方。乾清宫前面的乾清门是前朝与内廷分隔的地方。交泰殿为中殿，是皇后千秋节令庆贺礼的地方，25颗代表皇权的印玺也保存在此。坤宁宫为后殿，明代皇后居住地，清朝康熙、同治、光绪、溥仪都在此举行大婚之礼
其他宫殿（东西六宫、养心殿、宁寿宫）	内廷三宫的东西两侧为嫔妃们居住的东西六宫，总共有十二个院落。养心殿位于乾清宫的一侧，雍正以后历代皇帝居住于此。养心殿里的"三希堂"，收藏了王羲之、王献之、王珣三件书法珍品。宁寿宫建于单层石台基之上，台与皇极殿相接
宫殿花园	御花园、宁寿宫花园（又称乾隆花园）等都是宫中的御苑园林，是帝王妃嫔游赏玩乐之处，里面拥有水池山石，林木葱郁

（资料来源：笔者根据故宫博物院官网相关内容整理）

3.藏品

故宫博物院的文物藏品数量大、品类丰、价值高，从时间跨度上来看，故宫拥有从新石器时代至宋元明清，直至近现代的藏品；从收藏范围上来看，故宫藏品囊括了古代各个地域的文明精华和艺术精粹；从类别上来看，故宫藏品包含了中国古代艺术品的所有门类[11]。

故宫博物院第5次藏品清理工作（2004—2010年）整理的《故宫博物院藏品总目》[12]，将故宫的藏品分为25个大类，据统计数量总共180余万件[13]，以明清宫廷类藏品、古建类藏品、图书类藏品为主，其中一级藏品8000余件（套），堪称艺术的宝库。

4.景观价值和意义

（1）遗产价值。

1987年，北京故宫被列入《世界遗产名录》。世界遗产组织对其的评价是："紫禁城是中国五个多世纪以来的最高权力中心，它以园林景观和容纳了家具及工艺品的9000个房间的庞大建筑群，成为明清时代中国文明无价的历史见证。"[14]这里是世界上极少数同时具备艺术博物馆、建筑博物馆、历史博物馆、宫廷文化博物馆等特色，并且符合国际公认的"原址保护""原状陈列"基本原则的博物馆和文化遗产。

(2) 学术价值。

故宫学是故宫博物院于2003年提出的,以北京故宫及其丰富收藏为研究对象的一门学科。故宫学主要研究紫禁城宫殿建筑群、文物典藏、宫廷历史文化遗存、明清档案、清宫典籍及故宫博物院的历史六个方面。故宫文化是以皇帝、皇权、皇宫为核心的皇家文化。故宫学的提出并确立将使其研究进入自觉阶段,从整体上提高了故宫学研究的水平[14]。从故宫学的视野看待故宫,不仅可以认识到故宫古建筑、宫廷文物珍藏的重要价值,而且可以了解到,古建筑、文物藏品、历史遗存以及过往历史,是一个不可分割的文化整体。

(二) 沈阳故宫

沈阳故宫历史悠久,在1625年开始建造,建成于1636年,后来又经多次整修、扩建,是目前国内保存完整、现实意义重大的古代宫殿建筑群之一,具有非常重要的历史价值与研究价值。沈阳故宫是我国优秀传统文化的重要构成,是传承中华文化的载体。1926年,为了让更多的民众深入了解沈阳故宫的文化与深刻内涵,沈阳故宫博物院成立,是在沈阳故宫基础上建立的古代文化艺术博物院,是首批国家重点文物保护单位,国家一级博物馆。2004年,沈阳故宫被成功列入《世界遗产名录》。

(1) 建筑价值。

沈阳故宫从始建之时就集中体现了浓厚的满族文化与建筑特色。其东路建筑为大政殿与十王亭,明显地体现了后金八旗制度,同时也体现了满族的民族特色,以及其与蒙古族、藏族等民族建筑艺术相融合的开创性布局。中路充分表现了满族长期的居住习俗,同时吸收了汉文化前朝后寝的宫殿布局。从其布局看,大政殿(见图9-2)居中控制整个空间,两侧排列的十王亭呈"八"字微微向外敞开,在视觉上使大政殿更为深远。这种布局及空间处理方式在中国宫殿建筑史上仅此一例。其内部则不再分割,空间开阔,气势恢宏[15]。中轴线上,则有大清门、崇政殿、凤凰楼、清宁宫等。清宁宫主要是由"口袋房"和"东暖阁"组成,室内南、北、西三个方位形成的是"万字炕",这些都是满族建筑在东北地区较寒冷的气候条件下形成的特点[16]。中路两侧的东西二所是乾隆时期增建的皇帝行宫。西路主要包括戏台、嘉荫堂以及文溯阁等。

图 9-2 沈阳故宫大政殿

(2) 文物价值。

在沈阳故宫基础上建立的沈阳故宫博物院是著名的古代宫廷艺术博物馆，拥有十分丰富的宫廷艺术品。这些文物集中体现了中国古代劳动人民高超的工艺水准和清代宫廷的艺术风格，具有重要的观赏价值和研究价值。在其藏品中，也有不少反映中西文化交流的工艺品，如钟表、玻璃器等，独具特色。这些技艺精湛的工艺品，既显示了外国匠师们的创造智慧与艺术才能，同时也是17至18世纪，中西方文化交流、贸易往来的历史见证。

(3) 文化价值。

从建筑风格来看，沈阳故宫的宫殿建筑融合了诸多民族的建筑风格及文化特色，同时又保留着满族建筑的独特形式，形成了区别于北京故宫的别样华章。它既有东北地区少数民族建筑的特点，又受到中原王朝宫殿建筑的影响。在清乾隆时期，沈阳故宫仿照改建后的北京故宫进行了大规模的改建扩建，融入了更多的汉文化因素。它不仅是中国仅存的两大皇家宫殿建筑群之一，也是山海关外唯一的一座皇家建筑群。

第四节　中国古代楼阁建筑、桥梁建筑与水利工程景观

我国古代的建筑景观和建筑艺术也是美学鉴赏的重要对象。然而要鉴赏建

筑景观艺术，除了需要理解建筑艺术的主要特征外，还要了解中国古代建筑的一些主要类型和重要特点，然后再通过典型实例，进行具体的分析研究。本部分选取了中国古代楼阁建筑、桥梁建筑和水利工程作为典型的工程景观类型予以介绍。

一、中国古代楼阁建筑

（一）概述

中国古代景观建筑就空间营造而言，更为重视建筑群在水平方向的延伸，单体建筑一般是以外墙、道路和廊道等通过组合共同构建起一个院落，其内部空间的划分则较为简洁。楼阁建筑作为中国古典建筑当中的一个特例，实现了古典建筑空间营造方式的转变。楼阁建筑是传统单体建筑在竖向空间上的叠加，可以满足人们在竖向空间的活动需求。楼阁建筑与其他中国古典建筑的不同之处在于虽然都是以合围构建的方式实现了空间上的分隔，但是楼阁建筑是在水平与竖直方向上实现了双向空间的划分，这种垂直方向的划分方式称为层，古代楼阁建筑是指二层及其以上的建筑[17]。

（二）功能类别与建筑特色

中国古代楼阁建筑其造型较为丰富，同时使用功能也基本涉及了古代社会生活中的各个方面，包括城防类、提示类、娱乐休闲类、居住类。不同使用功能的楼阁建筑及其特点如下。

1. 城防类楼阁建筑

城防类楼阁建筑最早出现于春秋战国时期，其外观较为雄伟，且相邻城楼之间采用城墙进行连接，既可以用作军事防御，同时也可以满足城市的抗洪需求。城楼前一般具有较为广阔的空地，便于大量人员的集散。目前我国现存的城楼主要包括有天安门城楼和西安的南城门楼等。

2. 提示类楼阁建筑

中国古代典型的提示类楼阁建筑为钟楼和鼓楼，在古代城市、寺庙以及宫廷当中起到了重要的报时作用。钟楼和鼓楼的建筑地点一般位于寺庙、宫廷和城市的中心地区，钟楼、鼓楼通常采用多层楼阁式结构，高耸入云，气势磅礴，往往是城市中的标志性建筑。其建筑造型独特，屋顶多采用重檐歇山顶或庑殿顶等形式，展现出中国古代建筑艺术的精湛技艺和独特魅力。钟楼、鼓楼的整体造型既注重实用性，又追求美观性，给人以视觉上的震撼和享受。

3.娱乐、休闲类楼阁建筑

古代常见的娱乐、休闲类楼阁建筑主要有观景楼、酒楼和茶楼等，其建筑构造具有多样性和灵活性，旨在创造一个既美观又实用的休闲空间。这类建筑主要是以二三层的楼阁作为主体，屋顶形式采用歇山顶，同时设置有底座和腰檐等构造。一般来说，低层可以设置接待区、休息区或茶室等公共空间；高层可以设置观景台、书房或卧室等私密空间。每层之间还可设置走廊或露台，供人们漫步和观景。

4.居住类楼阁建筑

汉朝时期部分城市为了解决人口不断增加的问题，将楼阁建筑开始用于市民的日常生活当中。居住类楼阁建筑为了满足室内的采光需求，在侧面以及正面都具有较大的开窗面积，下层空间布局较为开阔，便于平时待客使用，而后楼一般较为狭窄，空间较为封闭，主要用来存储粮食。由于我国不同地区气候条件和自然环境具有较大差别，不同地区的楼阁建筑也具有一定的特色，例如江浙水乡的居住类楼阁建筑一般临街或者是临河而建，下层空间多作为商铺使用，上层用于居住；而安徽民居其下部空间一般为宽敞的会客厅，上部为居住空间。

（三）中国四大名楼

1.黄鹤楼

黄鹤楼，位于湖北省武汉市武昌区，地处蛇山之巅，濒临万里长江，为武汉市地标建筑，是"武汉十大景"之首、中国古代四大名楼之一、"中国十大历史文化名楼"之一，世称"天下江山第一楼"。始建于三国吴黄武二年（223年），历代屡加重修，现存建筑以清代"同治楼"为原型设计，重建落成于1985年。唐代诗人崔颢"昔人已乘黄鹤去，此地空余黄鹤楼"和李白"故人西辞黄鹤楼，烟花三月下扬州"的诗句，让黄鹤楼声名远播，成为历史文化名楼。自建楼以来，这里一直吸引着历代文豪名士登楼吟诵，来自各地的文化名人和所作诗文为黄鹤楼积淀了深厚的文化，使黄鹤楼拥有了"天下绝景"之美誉，与晴川阁、古琴台并称为"武汉三大名胜"；与湖南岳阳的岳阳楼、江西南昌的滕王阁并称为"江南三大名楼"。

2007年，武汉市黄鹤楼公园被正式批准为国家AAAAA级旅游景区。2008

年9月，武汉市黄鹤楼公园被列为国家重点公园。如今黄鹤楼已成为武汉市的城市名片，黄鹤楼的文化和旅游地位使其成为各地旅游者来武汉必游的景点。

2. 岳阳楼

岳阳楼，位于湖南省岳阳市岳阳楼区洞庭北路，地处岳阳古城西门城墙之上，紧靠洞庭湖畔，下瞰洞庭，前望君山；始建于东汉建安二十年（215年），其后屡加重修。因北宋滕宗谅重修岳阳楼，邀好友范仲淹作《岳阳楼记》使得岳阳楼著称于世。自古有"洞庭天下水，岳阳天下楼"之美誉，与湖北武汉的黄鹤楼、江西南昌的滕王阁并称为"江南三大名楼"，是"中国十大历史文化名楼"之一。

1988年1月，岳阳楼被国务院公布为第三批全国重点文物保护单位，是岳阳楼洞庭湖国家重点风景名胜区的重要组成部分。2005年1月30日，岳阳楼入选湖南十大文化遗产。2011年9月，岳阳楼—君山岛景区被全国旅游景区质量等级评定委员会正式批准为国家AAAAA级旅游景区。

3. 滕王阁

滕王阁，位于江西省南昌市东湖区，地处赣江东岸，为南昌市地标性建筑、豫章文化之代表。始建于唐永徽四年（653年），为唐太宗李世民之弟滕王李元婴任江南洪州都督时所修，现存建筑为1985年重建景观；因初唐诗人王勃所作《滕王阁序》而闻名于世；与湖南岳阳的岳阳楼、湖北武汉的黄鹤楼并称为"江南三大名楼"，是中国古代四大名楼之一、"中国十大历史文化名楼"之一，素有"西江第一楼"之美誉[18-19]。

2004年，包含滕王阁在内的江西省梅岭——滕王阁风景名胜区被国务院批准列入第五批国家重点风景名胜区名单。2018年10月29日，滕王阁旅游区被批准为国家AAAAA级旅游景区。

4. 鹳雀楼

鹳雀楼是我国古代四大名楼之一，位于山西省永济市蒲州古城西郊外的黄河岸畔，占地面积2.064平方公里，是北周时大将军宇文护所筑。因其气势宏伟，视野开阔，登上楼顶有凌空而小天下之感，故名云栖楼。又因黄河流域有一种嘴尖腿长、毛灰白色似"鹳雀"的鸟经常成群栖息于高楼上，故称鹳雀楼。鹳雀楼的成名源自我国古代的诗词文化，唐代诗人王之涣的一首《登鹳雀楼》使其名扬天下，成为黄河流域的标志性建筑。

二、桥梁建筑景观

建桥是为了满足人类社会的交通需求。根据考古证实，中国在原始社会就建过木桥，在夏、商、西周、春秋建造了临时性桥梁或者永久性桥梁，并且对此已经有了文字记载。秦汉时期，梁桥、吊桥、浮桥、拱桥基本桥型均已齐全，拱桥虽晚于古罗马，可它是土生土长的，其他桥型的始建年代均早于世界各国。从总体上看，中国古桥建筑技术从公元前五世纪至意大利文艺复兴约两千年时间中领先于西方[20]。

（一）古代桥梁的起源

据《中兴永安桥记》记载："于水之直流而远者，作舟航以行之。横流而近者，造桥梁以通之"[21]。桥梁最早被自然界所创造，如贵州省六盘水市水城区的天生桥；而天然侵蚀而成的石拱在中国也不罕见，如广西桂林的象鼻山和重庆武隆的"天生三桥"。

在新石器时代中晚期，人类足迹已遍及黄河、长江流域等地，随着社会的进步，人们的生活、生产资料日臻完善，创造了车舆舟楫、城郭道路、宫室坛台等产物，而后桥梁作为劳动人民智慧的结晶，在生活中发挥了不可或缺的重要作用。

从众多的考古研究成果以及文史记载可以推断出，在距今6000—7000年的时候就已有了梁柱的连接构件——榫卯，并已经被广泛运用。其造型简洁、结构稳定，据相关文献记载，当时的劳动人民已经初步掌握了木、土、石等材料的加工组合技艺，这为之后木梁木柱桥的出现做好了准备。由于当时的技术水平有限，长年累月下来，很多古代桥梁难逃岁月侵蚀，但世间万物总是新陈代谢、演变进步[22]。

（二）中国古代桥梁建筑的特点

根据史料记载，在距今约3000年的周文王时，我国就已在宽阔的渭河上架过大型浮桥。藤、竹吊桥的出现距今也有三千多年的历史。春秋战国时，我国就出现了拱桥。在桥梁的形式与功能方面处于世界领先地位[23]。我国的古桥中，既有木桥、石桥、砖桥、藤桥、铁桥，又有土桥、苇桥、冰桥与较为罕见的悬桥承重式结构梯桥等样式。

我国的古代桥梁建筑主要有以下特点。

1. 经济实用的取材思想

我国地域辽阔，各地所拥有的建筑材料不尽相同，古代桥梁建筑本着经济实用的思想，就地取材，充分考虑了各种材料力学的性能，发挥了它们的承载能力。盛产藤、竹的地区，以藤、竹为材料，充分利用竹索、藤网耐拉而不可受压的性能，凌空建起吊桥。例如，著名的四川省都江堰景区的安澜索桥，位于都江堰鱼嘴分水堤之上，为一座竹索桥。全桥由细竹篾编成的24根竹索组成，其中10根作为承重底索，索上横铺木板当桥面，2根作为压板索，余下的12根作为桥栏分列桥的两侧。这些就地取材的吊桥设计十分巧妙，发挥了竹索抗拉的力学性能，刚柔并济，体现了结构与艺术的结合，其特点为现代悬桥和斜张桥进一步继承和发展。

2. 恰到好处的跨径长度

我国古代的桥梁建筑根据当时条件下使用的各种材料，能使桥的跨径恰到好处，其中石梁和木伸臂梁的跨径居世界之首。在我国古代桥梁中各种材料所达到的最大跨径如下：

木梁：9~10米　　　　木板：4米

石梁：23.7米　　　　石板：5~6米

竹梁：6~8米　　　　三边形石梁：14米

铁梁：3~4米　　　　伸臂木梁：33米

福建漳州江东桥，又名虎渡桥，总长约335米，最大石梁长23.7米，跨中截面下缘的拉应力已接近极限应力，说明石梁已接近极限跨径。有的桥梁为了增大跨径采用了层层挑出的悬臂，石墩挑出有1米左右。

对于木梁来说，有的桥梁在墩台上设置托木以降低木梁的受力和预防变形，从而得到较大的跨径。而且把圆木制成矩形截面梁，也是我国古代建桥者就已经掌握了的先进技术。

值得一提的是，1980年在四川省西北地区的峡谷上，首次发现了古代所采用的预加应力的固端木梁，是冬天枯水期间用树木搭架的人行桥，俗称"弓弓桥"。弓弓桥的建造通常选用较粗、较长的巨木作为主要材料，当地居民在没有现代机械设备的情况下使用传统技艺进行建造和维护。这种建造方式不仅解决了较大跨度的木桥设计难题，还使得桥梁造型美观，构思奇巧，令人叹服。

3. 因地制宜的基础工程

我国古代桥梁建筑，不仅已具有相当的技术水平，而且在某些方面足以为今天的工程技术人员所借鉴。

河北省石家庄市赵县的安济桥，又称赵州桥，在全世界范围内首次发明了敞肩拱，减轻了上部结构自重，改善了拱脚受力，为拱桥增大跨径找到了一条正确路径。

始建于北宋时期的福建泉州洛阳桥，是我国现存最早的跨海梁式大石桥，首先采用了被现代称为"筏形基础"的新型桥基。先在江底沿着桥梁中线满抛大石块，形成一条横江的石堤，然后在石堤上砌桥墩。同时还别出心裁地利用贝壳软体动物牡蛎生在岩礁或别的牡蛎壳上的特点，在桥基上人工养殖牡蛎，把松动、散砌的石块、条石胶聚成一体，这就改变了在该桥以前用腰铁中铸铁水来联结的办法，从而可以更好地适应海边的环境，这是因地制宜建造基础工程的典范。

在因地制宜的基础方面，我国古代桥梁中凡是建在软土地上的石拱桥，其桥台大都采用八字形以更好地承受拱圈推力。

4. 巧夺天工的施工方法

我国古代的桥梁建筑技术领先于其他国家很多年。由于古代的施工设备和条件与现代无法相比，在那时要建造较高水平的桥梁，没有独到的施工方法是不可能实现的。例如福建泉州的洛阳桥，每根石梁重7~8吨，很难设想在没有大型起重设备的条件下，怎么才能把这些石梁架设到惊涛骇浪中的桥墩上。当时的架桥工匠们就巧妙地利用了潮水的涨落把这些石梁一根根地架设到桥墩上，开创了浮运架梁的纪录。

西安灞桥上部结构施工时，枋板上覆盖了厚层灰土且铺以石板，用以保护石梁，使其免受腐蚀与磨损。同时增加了桥面重量以增强石柱墩抵流水冲击的能力和抗弯强度，还能防止桥面毁于洪水的浮力。由于在施工中采用了这些方法，使该桥在1957年改建为公路桥时，仍然是桩木未朽，石墩牢固，河床护底完整无损，而且桥梁下部结构仍具有承受60吨坦克或载重汽车的能力，仅需把老桥面换成钢筋混凝土板梁，古桥就可以继续为现代交通服务。

5. 精美绝伦的拱桥设计

我国拱桥设计之精美，在世界上可以说是首屈一指，其形式之多、造型之美举世著称。河北石家庄市赵县赵州桥，北京卢沟桥、颐和园玉带桥等都以它们优美的造型闻名中外。现在常见的拱形有圆弧形、蛋形、椭圆形、多心圆形、多边形、抛物线形、马蹄形和尖拱形等。

孔墩上有单孔与多孔之分，多孔中以奇数孔居多，偶数孔较少。在多孔拱桥中又有连续拱和固端拱之分。按照拱的材料分类，又分为石拱、木拱、竹拱、砖拱以及砖石混合拱等。

河北石家庄市赵县的赵州桥是世界上第一座敞肩式单孔圆弧弓形拱桥，净跨37.02米，矢跨比①小于1∶5。用现代力学原理对赵县赵州桥进行计算，发现由于在拱肩上挖了4个对称的小拱和采用30厘米厚的拱顶填石后，使拱轴线和恒载压力线相当接近。特别是拱顶、拱四分之一、拱脚五点处几乎重合，使石拱圈各个横截面上都受压力，几乎不受拉力，也就是说接近于现代结构力学中所说的"合理拱轴线"，让拱轴线与恒载压力线重合，是现代拱桥设计所追求的标准。赵州桥的设计者李春在千百年前的实践中就已将其实现，怎能不令人拍案叫绝？

6. 善于总结，不断创新

我国古代的桥梁建设者们，善于在长期的实践中总结经验，不断创新。正因为这一点，才能使我国古代的桥梁建筑技术在很长的历史时期里居世界领先地位。古代的工匠们在建造木桥或石桥以前，常常先建造浮桥作为过渡，通过它来掌握水文情况，选取合适的桥位和桥型，然后再建造永久式的桥梁。我国古代桥梁的实体桥墩形式，在历史发展中，几经改进，由上大下小，改进为垂直的，又改进为上小下大。少数地区还用过马蹄形、马鞍形，后来又在石桥墩上采用悬挑梁。在实体墩的平面形式上，由方形墩或矩形墩，改进为单边尖形船形墩和双边尖形船形墩，后来又改进为迎水面有分水尖，到墩尾向内微收进，酷似近代船尾的墩形，如北京卢沟桥桥墩。这正是对增大桥的跨度、因循水势和施工方法变革这三个因素不断摸索改进和创新的结果[24]。

几千年来，我国历代建桥的能工巧匠们以他们的聪明才智和辛勤工作，在世界上首创了敞肩石拱桥、柔性墩与主支墩、浮运架设石梁、筏形基础、梁舟结合可开闭桥形、用海边牡蛎加固桥基和桥墩的新方法等，为桥梁建筑的发展作出了杰出的贡献，也为后人留下了丰富多样的桥梁建筑景观。

---

① 按：矢跨比是拱桥中拱圈（或肋拱）的矢高与计算跨径之比，或净矢高与净跨径之比，又称矢度，用于表征拱的坦陡程度。它不但影响主拱圈内力的大小，还影响拱桥的构造形式和施工方法的选择，同时影响拱桥与周围景观的协调。

(三)中国四大古桥

中国古代桥梁千姿百态,在桥位选址、桥型选取、桥基选用、墩台筑建、建架桥技术(在明代出现了吊梁浮运、尖拱及压拱技术)、附属建筑、局部装饰、材料取用与运输,以及城镇桥群布局、园林桥梁等诸方面都有自己的独创,形成了自己的特点。中国古代桥梁的建筑艺术,有不少工程是世界桥梁史上的创举,充分显示了中国古代劳动人民的非凡智慧与才能。现将我国具有代表性的四大古桥介绍如下。

1. 福建泉州洛阳桥

泉州洛阳桥(见图9-3)又称万安桥[25],是福建泉州古城区东北10千米处的洛阳江上的平梁式大桥,北宋泉州太守蔡襄主持建桥工程,前后历7年之久,耗资一千四百万两,建成了这座跨江接海的大石桥。洛阳桥全长834米,宽7米,首创的"筏形基础""养蛎固基""浮运架梁"等先进建桥技术,代表中国当时最先进的造桥技术,800多年后还被应用于厦门海堤建设工程,充分展现了中国古代劳动人民的智慧。桥之中亭附近历代碑刻林立,有"万古安澜"等宋代摩崖石刻;桥北有昭惠庙、真身庵遗址;桥南有蔡襄祠,著名的蔡襄《万安桥记》宋碑立于祠内,被誉为书法、记文、雕刻"三绝"。整座桥梁从外形构造上来看精美绝伦,恢宏大气,从环境布局上来看也是浑然天成,与天水合一,远观恰似飞虹映水,美不胜收。洛阳桥建成后,货物可在此快速过江向北运送至福州、江浙等地,不用沿江绕远路或冒险渡江。因此,洛阳桥成为泉州北上福州乃至内陆腹地的交通枢纽,也是宋元时期海外贸易繁荣发展的重要保障。

图9-3 福建泉州洛阳桥

洛阳桥是中国第一座跨海梁式大石桥，其筏形基础、牡蛎固基建造技艺具有突出的科学技术价值，代表了宋代造桥的最高技术。吴英在《中国石桥》一书中对洛阳桥的筏形基础予以高度评价："这是我国建桥工程中的又一重大发明，也是世界桥梁中的首创"[26]。洛阳桥是世界桥梁筏形基础的开端，1988年被国务院列为第三批全国重点文物保护单位。

2. 河北赵州桥

赵州桥又叫安济桥，坐落在河北省石家庄市赵县城南五里的洨河上。赵县古时曾被称作赵州，故名赵州桥。赵州桥是隋朝石匠李春设计建造，距今已逾1400年，是世界现存最古老、最雄伟的石拱桥。赵州桥只用单孔石拱跨越洨河，跨经37.02米。采取这样的巨型跨度，在当时是一个空前的创举。更为高超绝伦的是，设计者在大石拱的两肩上各砌两个小石拱，从而改变了过去大拱圈上用砂石料填充的传统建筑形式，创造出世界上第一个"敞肩拱"的新式桥型。像赵州桥这样古老的大型敞肩石拱桥，在世界上相当长的时间里都是独一无二的。在欧洲，公元14世纪时，法国泰克河上才出现类似的敞肩形的赛雷桥。隋代著名石匠李春的杰出贡献在世界桥梁建筑史上永放光辉。

赵州桥外形奇特壮丽，设计精美巧妙。不单整个桥身形状恰似飞虹映波、开云出月，整个布局上也与周围的山水浑然天成。除去桥身构造奇特巧妙外，赵州桥的细节部分也十分精美，栏杆富丽堂皇，雕刻栩栩如生。从目前挖掘出土的隋代的栏板和望柱来看，雕刻的兽面与龙纹栩栩如生，望柱上的狮子头威猛雄武，其石质圆润光滑，刀法精美，布局独特，由此可见赵州桥具有极高的艺术审美价值[27]。

3. 北京卢沟桥

作为中国华北地区最长的古代石质联拱桥，卢沟桥坐落在北京城西南约15公里处的永定河上，因横跨当地的卢沟河而得名。桥始建于金大定二十九年（公元1189年），成于金明昌三年（公元1192年），元、明两代曾经修缮，清康熙三十七年（1698年）重修。

桥全长266.5米，有11孔。各孔的净跨径和矢高均不相等，边孔小、中孔逐渐增大，全桥有10个墩。桥面两侧筑有石柱、石栏，各柱头上刻有石狮，姿态各异。石柱间嵌石栏板，桥两端各有华表、御碑亭、碑刻等，桥畔两头还各筑有一座正方形的汉白玉碑亭，每根亭柱上的盘龙纹饰雕刻得极为精细。

卢沟桥自从建成之后，就成了当地重要的交通要道，往来商客众多，临桥建有许多酒亭客舍，非常繁华。作为有"卢沟晓月"之称的风景名胜地，卢沟桥也吸引了不少文人墨客，在此举行文酒宴会，写下了无数的诗句。

卢沟桥在中国近现代史上拥有着特殊的地位，1937年7月7日晚，驻屯北平南郊的日军以军事演习中一名士兵失踪为借口，要求进入宛平城搜查，日方的无理要求，遭到中国驻军的拒绝。早有准备的日军悍然炮轰我军防地。驻卢沟桥和宛平城的中国守军奋起抵抗。这就是"七七事变"，又称"卢沟桥事变"。七七事变标志着中国全民族抗战的开始。卢沟桥因此成为有历史意义的纪念性建筑物。

4. 广东潮州广济桥

广济桥又称湘子桥，位于广东省潮州市潮安区，横跨韩江。桥始建于南宋乾道七年（1171年），潮州太守曾汪命人在江中筑建了一个石墩，并通过86只梭船用铁链连接，形成了别具一格的浮桥。明宣德十年（1435年）重修，将桥墩全面加固，在桥上建起亭台楼阁供人休息。在中间江心仍用24艘梭船连成浮桥，同时将桥命名为"广济桥"。嘉靖九年（1530年）将24艘梭船改为18艘，至此广济桥形成了"十八梭船廿四洲"的独特格局。桥墩用花岗石块砌成，中段用18艘梭船连成浮桥，能开能合，当大船、木排通过时，可以将浮桥中的浮船解开，让船只、木排通过，然后再将浮船归回原处，是中国，也是世界上最早的一座开关活动式大石桥。

广济桥上有望楼，为中国桥梁史上所仅见。广济桥与赵州桥、洛阳桥、卢沟桥并称中国古代四大名桥，属于全国重点保护文物，是中国桥梁建筑中的一份宝贵遗产。

三、中国古代水利工程景观

在人类创造文明的过程中，技术与科学的发展扮演了重要的角色，修建水利工程就是一项伟大的科学创举。我国人口众多，因而自古重农，举凡"水利灌溉、河防疏泛"历代无不被列为首要工作。古代水利工程是劳动人民智慧的结晶，蕴含了丰富的历史、科学、艺术价值，在人类社会的文明演进中发挥了不可替代的作用，也具有较高的文物价值和参观游览价值。

（一）景观特征

1. 在农田灌溉方面具有实用性

我国古代水利工程取得了巨大的成就，农田水利设施不断完善，农田水利保障能力大幅度增强。以引漳十二渠为例，该渠是古代劳动人民创造的一项伟大水利工程，是战国初期以漳水为源的大型引水灌溉渠系。老百姓开凿水渠，引漳河的水浇灌农田，整治了邺地的水利，使邺地的经济得到发展。引漳十二渠的灌区在漳河以南，渠首在邺西9000米，相延6000米内有拦河低溢流堰12道，各堰都在上游右岸开引水口，设引水闸，共成12条渠。漳水浑浊多泥，可以灌溉肥田，提高产量，邺地因此而富庶。东汉末年，曹操按原形式整修，并将此改名为"天井堰"。东魏时期改建为天平渠。隋代、唐代以后这一带形成以漳水、洹水（今安阳河）为源的灌区。唐代重修天平渠，并开分支，灌田10万亩以上。此后该水利工程还在不断被修复利用。1959年漳河上动工修建了岳城水库，两岸分引库水，灌田数百万亩，代替了古灌渠。

2. 在历史文化方面具有独立性

尽管有些水利工程年久失修，或是被废弃，或已不复存在，但是这些水利工程的历史内涵却依然焕发着文明之光。例如，秦郑国渠到了汉代难以延续使用，才新开了白渠。白渠成为郑国渠的第二代工程，延续使用到宋徽宗大观元年（1107年），历时1200余年。到了宋代又兴建了丰利渠，成为郑国渠第三代工程。这以后，郑国渠又经历两代工程的兴建完善，到民国时期，我国著名水利专家李仪祉采用现代科学技术主持兴建泾惠渠，成为郑国渠第六代工程。可见古代水利工程早已超越历史长河，超越工程本身，以一种独立的历史沉积走进现代社会，走进我们的生活[28]。

3. 在国家兴盛方面具有标志性

古代水利建设及其蕴含的文化内涵在很大程度上影响了中国的社会结构、经济发展和文化发展。在社会结构方面，古代水利工程建设主要通过影响社会分工和劳动力需求来实现。古代水利工程的规模较为庞大，其建设和维护过程需要大量的劳动力，还需进行一定的组织协调，包括不同专业分工的工匠、技术人员和政府管理、监督人员等，有利于社会就业问题的解决。这种大规模的动员能力也极大地促进了当时国家、社会组织与协调能力的提高。水利工程使沿岸田地灌溉更为便利，直接促进了农业生产，提高了作物产量，促进了农业和经济发展。在文化发展方面，水利工程建设中所传递的文化、美学、哲学等思想更是有着深远意义。水利工程本身就是文化和艺术的结晶，展现了古人的治水智慧，以及古人对于人与自然相处的哲学思考[29]。

（二）景观特点

1. 历史沉积是古代水利工程的灵魂

水利工程的灵魂来自其历史沉积。无论是浙江绍兴鉴湖、四川都江堰，还是贵州红军井，建设时都是因为生活生产的迫切需要，而现在却都已成为历史文物。在时间长河里，在水利工程管理使用过程中，水利工程已逐步深入融进人们的日常生活。人们还会或记史，或吟咏，或题记，甚至于附会一些天马行空的神仙故事，给水利工程添加丰富的文化彩衣。当走过历史的沧桑，水利工程所蕴含的这些历史文化在不知不觉中成为水利工程的一部分，和水利工程一道给后人以思想启迪和文化熏染。

2. 水利工程的历史沉积具有文化独立性

尽管有些水利工程由于年久失修，工程实体部分已被深埋地下，或者废弃不用，甚至已不复存在，但是关于这些水利工程的历史内容却依然焕发着文化之光。例如，陕西郑国渠历经两千多年的兴衰变化，尽管传承有序，但今日之泾惠渠实已非昔日之郑国渠。随着现代桥梁建设和交通工具变迁，昔日秦淮河上的桃叶古渡口早已物是人非，但南京人却依然津津乐道于东晋书法家王献之"桃叶复桃叶，渡江不用楫。但渡无所苦，我自迎接汝"的浪漫传说。

3. 水利工程建设史是宝贵的文化财富

水利工程建设史作为宝贵的文化财富，不仅记录了人类社会的发展历程和技术成就，还融入了丰富的文化内涵和艺术元素。中国的水利文化不仅仅是古人对水认知和改造的文化，更是人与水共生交融的文化，是中华传统文化的重要组成部分。郑国渠、京杭大运河，再到古代的各种灌溉工程，先民们为了生存、发展，以水为载体，充分发挥自身的聪明才智，给后世留下了水利文化这一宝贵的精神财富。

4. 美丽传说赋予古代水利工程以文化亲情

与水利工程相伴相生的还有大量民间传说，这些传说以其独特的价值受到人们的喜爱。有的民间传说是以客观实在物为中心构建的，比如钱四娘与木兰陂传说。这些传说反映了当地民众对水利先贤和水利工程的高度评价，是老百姓历史观点、历史情感的重要载体。因此，民间传说也常被称作"口传的历史"。有的民间传说具有较强实用功能，它们往往以地方水利工程、水利景观、水利人物等作为传说的核心。这些传说故事使得水利工程的客观实物具有了灵性。这些具有浓郁地方特色的民间传说，质朴纯真，充满了乡土气息，将沉寂的历史山水描绘得灵动，使人们能够在传说情景中体味中华文化。

5. 配套设施、附属工程和题刻碑文赋予水利工程以绚烂色彩

任何水利工程都不是孤立的独体建筑，它们都有大量的配套设施和附属工程。基于传统哲学观，古人甚至还建造了一些诸如水神庙、镇水铁牛等水利工程附属物。水利工程和这些配套设施、附属工程以及附属物，还有其所处的环境，共同构成了一个工程体系。这个体系的每个部分各自发挥功能，成为一个为经济社会服务的整体。比如，四川都江堰除了基础水利工程构建之外，还建设了诸如二王庙、伏龙观、安澜索桥等建筑。今天这些工程建筑均成为游览胜地。大力推进的水利风景区建设，就是对优秀传统水利文化思想的继承和发展。

（三）中国著名古代水利工程

1. 郑国渠

郑国渠位于陕西省咸阳市泾阳县西端泾水出山处，地处关中平原中部，北仲山内泾河流域，是在中国历史进程中有深远影响的灌溉工程。郑国渠始建于公元前246年，是一个规模宏大的灌溉工程。它利用西北微高、东南略低的地形，主干线沿北山南麓自西向东伸展，流经今泾阳、三原、富平、蒲城等县，最后在蒲城县晋城村南注入洛河。在关中平原北部，泾、洛、渭之间构成密如蛛网的灌溉系统，使高旱缺雨的关中平原得到灌溉。它的建成为战国时期秦国的强盛和统一奠定了经济基础。2016年郑国渠成功入选"世界灌溉工程遗产"。

民国年间，水利大师李仪祉运用现代科学技术建成了泾惠渠，形成了今天泾惠渠的雏形。这些沿着泾河依次排列的引水工程遗址，反映了不同历史时期引水、蓄水灌溉工程技术的演变，是世界上保存最完整的水利工程遗址，也是我国十分重要的一座天然水利博物馆，对研究我国经济、政治、军事历史等意义重大。郑国渠首遗址1996年被国务院公布为第四批全国重点文物保护单位。其中，郑国渠大坝遗址是我国较早、世界上规模最大的拦水、蓄水工程[30]。郑国渠开了引泾灌溉之先河，其工程之浩大、设计之合理、技术之先进、效益之显著，在世界水利史上产生了深远的影响。

2. 都江堰水利工程

都江堰水利工程坐落于四川都江堰市城西，位于成都平原西部的岷江上。工程建成于公元前256年，是全世界至今为止，年代最久、唯一留存、以无坝引水为特征的宏大水利工程，属全国重点文物保护单位。

都江堰水利工程由鱼嘴分水堤、飞沙堰溢洪道、宝瓶口引水口三大主体工程和百丈堤、人字堤等附属工程构成，科学地解决了江水自动分流、自动排沙、控制进水流量等问题，消除了水患，使川西平原成为"水旱从人"的"天府之国"。都江堰水利工程充分利用当地西北高、东南低的地理条件，根据江河出山口处特殊的地形、水脉、水势，因势利导，无坝引水，自流灌溉，使堤防、分水、泄洪、排沙、控流相互依存，共为体系，保证了防洪、灌溉、水运和社会用水综合效益的充分发挥。最伟大之处是建堰两千多年来一直发挥着重要的作用。都江堰的创建，以不破坏自然资源、充分利用自然资源为人类服务为前提，它变害为利，使人、地、水三者高度协调统一。

随着科学技术的发展和灌区范围的扩大，从1936年开始，当地逐步改用混凝土浆砌卵石技术对渠首工程进行维修、加固，增加了部分水利设施，古堰的工程布局和"深淘滩、低作堰""乘势利导、因时制宜""遇湾截角、逢正抽心"等治水方略没有改变，都江堰水利工程成为世界最佳水资源利用的典范。

都江堰水利工程，是中国古代人民智慧的结晶，是中华文明的杰作。它不仅是中国古代水利工程技术的伟大奇迹，也是世界水利工程的璀璨明珠，开创了中国古代水利史上的新纪元，在世界水利史上写下了光辉的一章。2000年11月29日，在澳大利亚凯恩斯召开的联合国第24届世界遗产委员会上，青城山—都江堰被列入《世界文化遗产名录》。

3. 灵渠

灵渠，位于广西壮族自治区兴安县境内，古称秦凿渠、零渠、陡河、兴安运河、湘桂运河，是古代中国劳动人民创造的一项伟大工程。灵渠由渠首、南渠、北渠三大部分组成。渠首于分水塘建大、小天平坝截断湘江支流海阳河，壅高水位①后经铧嘴分水入南、北渠，南渠穿越分水岭西流入始安水②最终入

---

① 壅高水位：也称为壅水，是水文学中的一个重要概念，具体指由于水流受到阻碍而使水位上升现象。

② 始安水：为漓江的支流。

漓江，北渠仍入湘江[31]。灵渠流向由东向西，将兴安县东面的海洋河（湘江源头，流向由南向北）和兴安县西面的大溶江（漓江源头，流向由北向南）相连，是世界上最古老的运河之一，有着"世界古代水利建筑明珠"的美誉。

灵渠工程修建于2200多年前，在湘桂铁路建成通车之前，一直是岭北与岭南之间、中原与岭南之间的交通要道。灵渠的开凿对秦始皇统一岭南，对中原与岭南的政治、经济、文化的交流，对民族的融合，发挥了十分重要的促进作用。

灵渠工程的总体规划布局体现了古人全局性的规划理念。古人结合当时的工程技术水平，统筹考虑渠首位置、渠道线路、工程量、水流衔接等因素，选定了最优的工程方案。天平、铧嘴、陡门、堰坝等控导建筑物均就地取材，形式简单但实用，工程规模小，施工和维护方便。

灵渠工程的运行，在没有对沿线自然环境产生造成较大破坏的同时，创造了巨大的经济、社会、文化效益，实现了人类在尊重自然的基础上充分利用自然的目的，是人与自然、人与河流和谐相处的典范[32]。1988年，灵渠被国务院批准公布为全国重点文物保护单位。2018年，灵渠入选世界灌溉工程遗产。

4. 新疆坎儿井

坎儿井是干旱地区的劳动人民在漫长的历史发展中创造的一种地下水利工程。坎儿井引出了地下水，让沙漠变成绿洲，在古代被称作"井渠"。坎儿井的主要工作原理是人们利用山体的自然坡度，将春夏季节渗入地下的大量雨水、冰川及积雪融水通过引出地表进行灌溉，以满足干旱地区的生产生活用水需求。

不同地区的坎儿井在具体构造上均有其不同的地域特点，但一般而言，一个完整的坎儿井系统包括了竖井、暗渠（地下渠道）、明渠（地面渠道）和涝坝（小型蓄水池）四个主要组成部分。在该原理下运转的坎儿井流量稳定，且能保证井水自流灌溉[33]。

坎儿井是干旱地区巧妙开发利用地下水的水利工程，有以下优点：第一，坎儿井节约能源消耗，能自流灌溉。坎儿井把地下水源不断送往农田和果园，灌溉农作物，也不用消耗油电等能源，没有机器的费用。第二，坎儿井能减少水量蒸发损失。吐鲁番地势低洼，素有"火洲"之称，是我国最炎热干旱的地区，而坎儿井水全在暗洞里流淌，避免阳光照射，蒸发损失也就减少。第三，可以避免风沙掩埋输水建筑物。坎儿井在地下，只要将竖井口及时封盖，风沙不能侵入，便可以保证灌溉水正常流动。第四，坎儿井水量稳定，水质好。坎儿井水来自地下水，水量受外界因素影响较少，可以按水量大小组织轮灌，保证农业生产正常进行。坎儿井一般在戈壁滩深处开挖，受人类活动污染少，又在地下经过砂石土壤净化，所以水质好，适宜饮用和灌溉。第五，坎儿井施工技术要求不高。坎儿井施工通常由一位匠人带上几个普通工人用简单的工具就可以开挖，所使用的工具均可就地打造，不涉及电动气动等装置，制造过程相对简单。

坎儿井水利系统是中华民族井渠文化的重要组成部分，亦是我国劳动人民改造和利用自然的巧妙创造。它不仅仅是中华文明体系下一个灿烂的文化成就，更是世界文明的重要组成部分。坎儿井是干旱地区绿洲农业发展史上的一个里程碑。

思考与练习

1. 请分析中国古代建筑工程景观的旅游价值与欣赏点，并举例说明如何在旅游活动中更好地体验和欣赏这些景观。

2. 讨论中国古代建筑思想对于建筑工程景观的影响，以及这些思想在现代建筑设计和旅游开发中的借鉴意义。

3. 请列举几个著名的中国古代军事工程建筑景观，并分析它们各自的特点和历史价值。

4. 分析宫殿建筑在中国古代社会中的地位和作用，并比较不同宫殿建筑的风格和特点。

5. 讨论中国古代楼阁建筑、桥梁建筑和水利工程景观在旅游中的作用，以及如何在保护和传承这些文化遗产的同时，实现旅游业的可持续发展。

本章参考文献

[1] 张轶哲. 中国古代建筑装饰在景观建筑设计中的应用——以溧水梅园山水度假村为案例[D]. 南京：东南大学，2017.

[2] 张玉石. 史前城址与中原地区中国古代文明中心的形成[J]. 华夏考古，2001（1）：29-36+49.

[3] 孙周勇,邵晶,邵安定,等.陕西神木县石峁遗址[J].考古,2013(7):3-7.
[4] 国庆华,孙周勇,邵晶.石峁外城东门址和早期城建技术[J].考古与文物,2016(4):88-101.
[5] 郑诚.守围增壮:明末西洋筑城术之引进[J].自然科学史研究,2011,30(2):129-150.
[6] 郭沫若.钓鱼城访古[J].说文月刊,1942,3(7):12-55.
[7] 孙华,奚江琳.军事工程遗产概说[J].遗产与保护研究,2017,2(5):1-6.
[8] 王子邦,贾泽臻.西安古城墙的文化价值[J].城市建设理论研究(电子版),2017(27):204+175.
[9] 何烨.海龙屯 西南山地军事防御城堡[J].中国文化遗产,2014(6):56-65.
[10] 李纯.中国宫殿建筑美学三维论[D].武汉:武汉大学,2011.
[11] 罗琼.北京故宫文化遗产旅游的原真性体验研究[D].北京:首都经济贸易大学,2016.
[12] 故宫博物院.故宫博物院藏品总目[EB/OL].故宫博物院官网,[2021-08-09].https://zm-digicol.dpm.org.cn/.
[13] 北京晨报.故宫博物院公布院藏文物最新总数为1862690件[EB/OL].环球网,[2017-03-20].https://china.huanqiu.com/article/9CaKrnK1Dt7.
[14] 郑欣淼.故宫的价值与地位[EB/OL].光明网,[2008-04-24].https://www.gmw.cn/01gmrb/2008-04/24/content_765705.htm.
[15] 沈阳故宫与北京故宫古建筑的对比[EB/OL].沈阳故宫博物院.[2014-04-30].https://www.sypm.org.cn/xinwen_2/5.html.
[16] 范明雷.沈阳故宫建筑技术特点及其文化探析[D].沈阳:东北大学,2014.
[17] 唐金宝.中国古典楼阁建筑的设计特点及传统文化内涵[J].山西建筑,2020,46(1):64-65.
[18] 李建平.历史文化名楼十谈[J].中国文化遗产,2012(3):16-25.
[19] 陆熙中,等.中国历史文化名楼[M].昆明:云南科技出版社,2005.
[20] 潘洪萱.中国古代桥梁的概貌、特点以及对现今建桥业的启示[C]//上海市科学技术史学会,东华大学.2006年上海市科学技术史学术年会论文集.同济大学,2006:14.
[21] 唐寰澄.中国科学技术史:桥梁卷[M].北京:科学出版社,2000.
[22] 邓晶晶.长沙古代桥梁建筑现状调研与保护策略研究[D].长沙:长沙理工大学,2014.
[23] 张菊生.话说中国古桥[J].现代交通管理,2000,4:40.
[24] 田津麒.中国古代桥梁建筑的几个特点[J].交通建设与管理,2009(Z1):94-98.
[25] 郭唯,袁书琪,李晓.福州古桥文化资源特征、保护及开发利用初探[J].福建地理,2006,21(2):55-58.
[26] 杨晖,张雪梅,姜雪丽,等.无锡古桥的历史文化内涵与保护研究[J].江南论坛,

2015（12）：33-34.

[27] 张冬宁.世界遗产视野下的中国古代经典石桥申遗研究——以河北赵州桥、福建洛阳桥和北京卢沟桥为例［D］.郑州：河南大学，2013.

[28] 黄帆.中国古代的水利建设及文化传承——评《水利古貌：古代水利工程与遗迹》［J］.人民黄河，2024，46（12）：164.

[29] 朱琳.造福千秋万代的古代水利工程［J］.农村·农业·农民（A版），2016（9）：59-60.

[30] 秦延安，陈景云，黄卫涛.郑国渠：三秦水利的活化石［N］.中国水利报，2009-12-25（001）.

[31] 李云鹏.灵渠：人与自然和谐相处的杰作［J］.中国三峡，2011（8）：34-43.

[32] 朱云枫.灵渠——历史的奇迹［J］.中国水利报（中央级），2014，7：006.

[33] 肉克亚古丽·马合木提.吐鲁番坎儿井保护研究［D］.上海：复旦大学：11-12.

第十章

民俗风情景观

本章导读

中国幅员辽阔，人口众多，自然环境、生产生活方式等的不同，造就了各地民俗文化的差异。正是由于这种差异的存在，形成了我国缤纷多元的民俗风情，而这是吸引中外旅游者的重要旅游景观。民俗文化，是指不同民族民间风俗生活文化的统称，也泛指一个国家、民族、地区中聚居的民众所创造、共享、传承的风俗生活习惯，是在普通人民群众的生产生活过程中所形成的一系列物质的、精神的文化现象。民俗文化体现在人们的衣食住行等各个方面。民俗风情景观属于人文景观的重要分支，不过其更侧重于展示一个地区独特的文化习俗和社会风貌，强调的是人们如何通过这些活动来表达自己的文化身份和社会价值观，反映了当地居民的生活方式和精神世界，因此将本部分单列一章展开阐述。在现代旅游背景下，民俗成为一种重要的旅游资源，是旅游吸引力的一个重要组成部分，很多国家和地区也在着力对其民俗文化加以开发利用，使其形成特定的民俗风情景观。

本章学习目标

1. 掌握生产民俗、传统村寨及民居建筑、饮食民俗、节庆文化等民俗风情景观的主要内容。

2. 能够分析各类民俗风情景观的特点和旅游价值，以及它们在旅游景观开发中的功能和作用。

3. 认识代表性民俗风情景观，包括其形成机制、文化内涵和地域特色。

4. 能够理解民俗风情景观与旅游发展的关系，包括民俗风情景观对旅游业的贡献以及旅游业对民俗风情景观的影响。

第一节 生产民俗景观

生产民俗作为传统文化的重要组成部分，已经成为体现社会民俗性的一种文化符号。这些民俗活动、习俗和习惯等，在景观设计中可以作为设计元素，体现地域特色和文化内涵。除了为景观设计提供视觉上的美感，生产民俗还可以通过与景观的互动，丰富景观的功能。

一、生产民俗的含义

（一）物质生产民俗

民俗，顾名思义，是民间风俗的简称，指人们在群体生活中逐渐形成并共同遵守的习惯和风俗，是人类社会生活中最早产生的一种社会行为规范。一个民族所处的环境不同，经历的历史条件不同，所具有的社会民俗自然不同[1]。同时，民俗又是每一个民族传统文化价值观的具体体现，具有历史的传承性和变异性。物质生产民俗是民俗学的研究对象之一，是一个国家、民族的特定地区、社会群体中的民众在一定生态环境中所创造、享用和传承的物质文化现象。它包括农业民俗，狩猎、游牧和渔业民俗，工匠民俗，商业与交通民俗等[2]。

（二）农业生产民俗

对农业生产民俗的概念和范围界定，民俗学界长期以来意见也并不完全一致。早期欧美民俗学者普遍认为，农业生产活动应被排除在民俗的范围之外，直到英国民俗学家博尔尼女士在其《民俗学概论》中才纠正了这一认识，她认为："民俗学为一总括之词，其内容包含传习之信仰、习惯、故事、歌谣、谚语等。……简言之，民俗包括民众心理方面等事物，与工艺上之技术无关。例如引起民俗学者注意的不是耕具的形状，而是耕田时的礼仪……"[3]日本民俗学的创始人柳田国男则认为农业生产民俗不仅包括农事信仰、习惯、故事、歌谣、谚语，还应涵盖农业生产技术和经验。

国内学者对农业生产民俗的概念和范围界定虽然存在差异，但是研究者普遍认同农业生产民俗是与农业生产紧密相关的各种民俗事项和文化现象。这些民俗事项和文化现象涵盖了农事活动的多个方面，包括生产经验和技术、社会组织、信仰仪式等，是在广大人民长期的生产生活中逐渐形成的。因此，农业生产民俗具有丰富的内涵和多样的表现形式，是研究农业生产和文化传承的重要领域。

综上，在研究物质生产民俗时，农业生产民俗是一个不可或缺的部分，它为我们理解某一地区或民族的历史发展、文化特征及其变迁提供了宝贵的视角，因而在此将"农业生产民俗"单独列出。

二、生产民俗景观的休闲价值

自然季节转换使人类有了生产时间与闲暇时间的划分，这也决定了在各种生产民俗活动中，休闲占有一席之地。而且随着社会的发展，很多物质生产民俗具有了一种附加于实用价值之上的象征意义。这是因为农耕社会中的物质生产事项本身就具有二重性的特点，在物质生产的过程中具有休闲价值，很多国家和地区的生产过程中都能够体现出休闲的意义。

（一）农耕社会结构中的休闲二重性

我国长期以来便"以农为本"，农业民俗的范围十分广泛，农业民俗是在长期的农业生产实践中形成的，反映了农业生产的基本过程、生产经验等内容的模式化行为。无论是北方的旱田耕作方式或是南方的水田生产技术，土地耕作表现形式上的差异性，都能反映出农业民俗的社会生产结构和趋同性，即"自然季节的转换成为农业生产时间和农闲时间划分的唯一条件"[4]。中国的古代社会生产结构建立在特定的耕作文明基础之上，在多元文化的涵养下，以工艺民俗为代表的农业生活兼具了传统农业文化传承性和休闲性的双重价值。

（二）具有休闲附加功能的物质生产娱乐风习

由于受农业耕作结构的制约，人们的娱乐活动主要以农业生产的时令与节气的转换为基础来安排，这就决定了人们休闲活动时间的长短。在这样的划分下，出现了在农闲或农作时的节日民俗，这些节日或习俗与各民族的农业生产息息相关，要么表达对丰收的美好愿望，要么依据节气庆祝生产，这样的节日其实在各个民族的发展早期都能找到。但随着时间的推移和科技水平的发展，一些农事节日的目的已经发生了根本变化，有的节日仅仅成为习惯，有的节日只留下了形式，有的节日中包含的内容除了象征性事项之外，更多指向了娱乐休闲。总体来说，物质生产娱乐风习大体可分为以下三类。

1. 敬天祭神的娱乐风习

在古人的心目中，不只是人有永生不灭的灵魂，世间万事万物也同样有灵魂，天地具备掌管一切的超自然力量。在这样的思想基础上，各种敬天祭神的祭祀活动贯穿于农作物种植过程的每一个重要环节。适时举行这些仪式几乎成为他们一年生产生活中的主旋律，也在无形中成为其劳作之余放松与休闲的方式。

比如，苗年是苗族群众辞旧迎新的节日。过苗年要杀猪、宰杀鸡鸭、打糯米粑。吃年饭一般是在卯日下午，吃年饭前要在祖宗灵位前和大门烧上香纸，并以酒肉和糯米粑祭祀祖宗和天地神灵。苗年的活动主要有跳芦笙、铜鼓舞、斗牛、斗鸟、游方等[5]。

2. 农耕祭祀的节日风习

在过去"神灵主宰世间万事万物"的观念影响下，人们的日常生活和生产中产生了一系列试图通过举行与农耕生产周期密切相连的仪式以达到与诸神灵沟通，进而实现人畜平安、风调雨顺、五谷丰登目的的祭祀活动。人们一方面辛勤劳动，同时也积极地、虔诚地向所有他们认为与农业生产关系密切而且愿意关心、帮助他们的神祇祈求，并通过举行祭祀仪式请各方神灵保佑农作物丰收。这些祭祀仪式产生于长期的农耕活动，并逐渐模式化，其中很大一部分发展成为固定的民俗节祭。

3. 自然节气和农事技巧的农事谚语

农事谚语往往是对一年季节的变化和耕作、生活情景的描绘。从中既可以帮助人们判断寒暑更替和农耕时令，以及在生产、生活中如何适应的要求，又可以满足人们对民俗文化娱乐审美的精神需要。

农事谚语往往非常生动、简练，有的概括了庄稼的生长过程，有的反映了节气，有的解释了天气与农事的关系。在过去，人们往往依靠从老辈流传下来的农事谚语来预测收成或是农作物受天气影响的结果，比如"立春晴一日，农夫不用力（耕田）""好雨下三场，粮食没处藏""立春三场雨，遍地都是米""一阵太阳一阵雨，栽下黄秧吃白米"等；还有一些农事谚语说的是处理农事的技巧，比如"积肥无他巧，十字诀记牢。烧熏挖换扫，割沤堆拾捞""要想多打粮，积肥要经常""猪要圈养，有肥有粮"等；也有说土地和人的关系的,比如"地靠人来养,苗靠肥来长""庄稼百样巧,地是无价宝""人养地,地养人"等。

这些谚语是人们从生活中总结出来的农事经验,经过时间的沉淀,形成了朗朗上口、平仄得当、押韵形象的谚语,流传坊间。这在很大程度上满足了人们对语言和生产之间关系的认同,从而上升到审美的情感,以体验农事生产之余的休闲与乐趣[6]。

三、部分代表性生产民俗景观

生产民俗是在各种物质生产活动中产生的且人们要共同遵循的民俗,这类民俗伴随着物质生产的进行,多方面反映着人们的民俗观念,历史上对保证物质生产的顺利进行产生了一定作用。我国的生产民俗景观比较丰富,大致可分为:农业、牧业、渔业、林业、养殖业、手工业、服务业民俗景观等,以下列举了几处比较具有代表性的生产民俗景观。

(一)花腰傣捕鱼习俗

在云南红河中上游的新平、元江两县,居住着我国傣族的一个支系——花腰傣,以其服饰色彩绚丽、银饰琳琅满目、彩带层层束腰而得名。新平县是中国花腰傣最大的聚居地,也是花腰傣文化保留得最为完整、最为集中的地方,故有"花腰傣之乡"的美誉。

世代居住在这里的花腰傣,至今还保留着古老的生产、生活习俗,过着男耕女织的田园生活,每到农闲季节,男子狩猎捕鱼,女子纺线织衣、挑花刺绣。捕鱼,是一种古老的生产方式,也是原始社会重要的生产活动之一。新平花腰傣至今仍保留着远古先辈传承下来的那些富有特色和成效的捕鱼方法,保留着传统的捕鱼习俗[7]。

(二)鄂伦春族桦树皮工艺

鄂伦春族是主要居住在我国东北地区的少数民族。由于当地的大兴安岭、小兴安岭地区森林覆盖率极高,他们便发挥聪明才智就地取材,将桦树皮制作成自身需要的生产、生活用品。这些普通的生活用具即使在现在看来,也并不单单是为了生活所需,而是一件件颇具审美价值的艺术品。随着旅游业在我国的兴起,鄂伦春族的桦树皮工艺品(见图10-1)自然而然也成了一种独具特色的旅游产品,在民俗旅游业的发展中发挥着举足轻重的作用[8]。

图 10-1　鄂伦春族桦树皮工艺品

桦树皮表层是柔软且富于韧性的纤维组织，可分层剥落，呈白色、纸状，色泽均匀。白桦树这些特点，便于人们在生活中就地取材，把桦树皮制作成各种美观的生活用品。鄂伦春族的桦树皮制品从类型上分为四类，即生产工具类、生活用品类、工艺用品类和宗教用品类。生产工具类中最典型的是桦皮船；生活用品类最为丰富，是鄂伦春族桦树皮制品种类最为集中的类型，有用来存放衣物的、保存粮食肉干的、盛放针线等女红用品的、用作盆碗的等；工艺用品类中最典型的是剪皮艺术和桦树皮玩具；宗教用品类桦皮制品较稀少，较典型的是放置神偶、神像的桦皮盒[9]。桦树皮被鄂伦春族的人们广泛应用于生活的各个方面，这也为桦树皮制品成为旅游资源奠定了基础。

第二节　传统村寨及民居建筑景观

20 世纪 90 年代，随着城市居民对休闲旅游需求的增加以及国内乡村旅游市场的日益壮大，一批带有艺术性的民俗村和颇具地域特色的古村古镇被开发出来，开启了民俗村、古镇等多元并存的乡村旅游时代。国内许多传统村寨与民居有着悠久的历史文化、浓郁的民族风情、鲜明的地域特色，其独一无二的自然格局、建筑风格、民风民俗以及淳朴清新的样貌，吸引着络绎不绝的旅游者和学者来此参观、学习。

一、传统村寨及民居建筑景观

传统村寨是地域文化与自然地理相融合的历史遗存,饱含传统人居环境营建的智慧,具有不可估量的历史存在价值和学术研究价值。传统村寨及民居建筑囊括了与遗产价值相关且翔实真切的社会和历史证据,是当地居民赖以生存与发展的基本物质空间。它继承了千百年来传统住宅的风格,同时也是各民族文化发展的缩影,其营建文化和建构技术,承载着地域文化,颇具生命力。

传统村寨景观空间由村寨范围内各个组成部分的空间景观、空间组合形式组成。它一般包括环境空间、内部空间。此环境空间是与人们日常相关的村寨聚落外部地理环境空间,如周边的山脉、水体等;内部空间是以民居建筑、宅间空间、公共建筑、广场空间、街巷等为主体的空间,是人类生产生活的重要基础设施。其中,民居建筑是村寨景观的物质基底与文化基因,是村寨景观的重要构成要素。

二、传统村寨及民居建筑景观的形成机制

传统村寨及民居建筑中的每一处景观都是人们生活需求的表达,它们是地方文化体系在特殊地理环境中的具体展示,生动反映了当地居民的生活现状。这种景观本质上是一种源于居民生存需求,由群体在长时间内共同建造而成的居住环境。其生成是一个被多种因素限制和界定,同时受主观和客观因素影响的复杂博弈。

(一)自然因素

自然因素最能反映"人—地"关系,传统村寨的选址、农田开垦、水利设施建设、道路交通形成、村寨形态演变发展基本遵循自然环境,尊重村寨所在地域的地形地貌、植被、土壤、水文、光照、风向等自然因素,传统村寨均显示了"天地与我并生,万物与我为一"的生态价值观。其布局大都依山就势、灵活变化,将人工、自然、景观浑然一体,体现了"天人合一"的环境观。传统民居建造方式是自然适应性的结果,多选用当地石材、树木作为建筑材料。因此,虽然各自所在的地理位置、地形和朝向等不同,但都注重自然与村落的关系,以"没有设计师"的方法进行设计和建造。最终形成了尊重自然、浑然天成、形态多样的村寨空间布局形式。

(二) 社会因素

社会因素是"人—人"关系的集中表现，村寨景观受社会因素的重要影响，并在历史发展的过程中体现出明显不同于其他地区的民族性和地域性。文化交流影响村寨景观格局，外来文化所带来的新的技术、新的生活方式在潜移默化中改变着当地的村寨景观格局。村寨中民居的建筑风格、装饰细节以及建筑材料等都反映了当地的历史、文化和民族特色。这些元素共同构成了传统村寨独特的文化景观，使得村寨成了一个活的历史和文化博物馆。村寨分布格局在生产力发展、科技进步、生活生产方式等因素的影响下，也在发生着相应的变化。各民族的交流和融合，也带动了村寨建筑、格局等的渐变过程。

(三) 经济因素

经济基础、产业结构的变化及地区经济的发展势必会反映到村寨的空间形态和景观特征之上，而且会影响村寨生活人群的思想意识与价值观念，从而进一步导致村寨景观的演变。因此，经济因素也是"人—人"关系的集中体现。经济发展水平在一定程度上限制了当地居民对民居等建筑的施工材料的选择，因而在整体上影响着村寨的风貌与景观。而且，随着地方经济的发展和产业结构的调整，传统村寨的景观也会发生变化。例如，随着旅游业的发展，一些村寨可能会更加注重景观的打造和维护，以吸引更多的游客。同时，一些传统的手工艺和民间美术也可能因市场需求而得到保护和传承，成为村寨景观的重要组成部分。经济发展还在很大程度上改变了村寨的道路交通。

(四) 政治因素

政治也是"人—人"关系的反映。在战乱纷繁的年代，人们往往会弃村而逃，另寻他址，重新安营扎寨。战争也会影响村寨的选址和布局，选址必须首先考虑生存安全问题，人们甚至会因此放弃交通与耕作便利的土地，选址于山腰、山脊、悬崖、坡脚等地，以增强村落的防御性，例如西南山地有不少的民族村寨即是如此。村寨也会产生自身的防御系统，例如分布在闽粤地区的客家土楼群。

(五) 宗教因素

宗教因素是"人—神"关系的现实投射，反映了人们对自身认知的不断追问、寻求感情寄托的情感需求，显著影响了村寨的物质空间布局，以及村寨的外部空间环境、聚落的各个空间。由信仰崇拜而产生的祭祀场所则构成了其不可或缺的一部分，例如藏族村寨的白塔、玛尼堆等。祭祀景观也成为村寨景观的重要一环，影响着村落景观的形态，构成了传统村寨景观的特色之一[10]。

三、部分代表性传统村寨及民居建筑景观

（一）岷江上游地区藏羌村寨聚落景观

岷江上游地区主要位于四川西北部，连接着成都平原与青藏高原，是川藏间重要的交通廊道与枢纽。其高山深谷的地理环境、多变的气候特点、丰富的植被特征、多民族杂居的文化现象赋予了这里独特的村寨聚落景观，岷江上游的峡谷地带如串珠一般分布着众多藏族、羌族的村寨，如黑虎羌寨、色尔古藏寨、桃坪羌寨（见图10-2）、甘堡藏寨等。这些村寨不仅在海拔、地貌、坡度坡向、资源关系上存在明显的分布差异，而且在不同区域（如沟谷、子流域）的村寨也明显不同，具体表现在村寨选址、聚居结构、空间布局、建筑形式、建筑材料、公共空间、社会活动等方面。当地民居的修建出于社会文化、生活习俗、农业耕牧等方面的考虑，或建于高半山腰的台地上，随山依势，高低错落，形如城堡；或坐落于群山环抱的河谷地带。碉房与碉楼相伴，与自然环境融为一体，是当地村寨聚落景观的重要构成要素。岷江上游地区村寨景观所呈现出的多元分布格局与景观形态特征，是人地关系与社会、经济、历史、宗教、政治共同作用的结果[11]，也是当地人在条件恶劣、资源匮乏、社会环境复杂的情况下作出的选择与创造，而这种创造因其巨大震撼力，给世人留下了深刻印象。

图 10-2 四川桃坪羌寨

(二)贵州西江千户苗寨

西江千户苗寨(见图10-3)位于贵州省雷山县东北部的西江村,整个苗寨由10余个依山而建的自然村寨相连成片,层层叠叠,气势恢宏,被誉为"苗族露天博物馆"。苗寨现共有住户约1468户,人口6000余人,其中苗族人口占99.5%,被称为世界第一大苗寨[12]。全寨1200多栋苗家传统吊脚木楼鳞次栉比,民风古朴浓郁。

图10-3 贵州西江千户苗寨

西江千户苗寨的景观艺术呈现载体主要如下。第一,整体布局。苗寨随山就势,白水河穿寨而过。一千多栋吊脚楼与喀斯特地貌的青山绿水相映,放眼望去,规模恢宏,美丽如画。第二,建筑与道路景观。苗寨吊脚楼属于干阑式建筑中的半架空形式。民居一般分为三层,即吊脚层、生活层和储物层。苗寨吊脚楼建筑通过不同层级的道路形成视觉通廊。第三,公共设施景观。最为突出的是白水河上的近十座的风雨桥。第四,水体景观。白水河蜿蜒悠长,穿寨而过。河两岸的坡面吊脚楼群顾盼生辉。依着地形的走势,河段落差处会有垂落的跌水瀑布,河流与架于河上的风雨桥、吊脚楼倒影,以及沿河廊道一起构成了美丽的苗寨河畔画卷。第五,植物景观。在苗寨主景区,绿色植被散落在村寨空间,郁郁葱葱。第六,非物质文化景观。在西江千户苗寨,苗族农耕、节日、银饰、服饰、饮食、歌舞等民风民俗保存完好,村寨内有相关的展示与展演。第七,村民的生产生活景观。村民们住在景区,很多人也工作在景区,他们构成了村寨里最生动的风景[13]。

第三节　饮食民俗景观

饮食文化是旅游文化的重要组成部分，不同国家、地区乃至不同民族，拥有不同的用餐礼仪、方式和习俗，饮食文化的演进和发展，都是文化的重要内容，反映了不同文化的特性。我国灿烂辉煌的农耕文明铸就了丰富多样的饮食民俗文化。

一、认识中国饮食民俗

中国饮食民俗主要包括日常食俗、中华传统节日食俗、人生礼仪食俗、宗教食俗、乡村特色食俗等内容。作为中华传统文化的重要组成，探寻中国饮食民俗中蕴含的"泥土乡情"，反观"泥土乡情"底色下的中国饮食民俗文化，对坚定文化自信，培育民族自豪感，促进乡村振兴战略视野下的"泥土乡情"的饮食民俗文化开发有着重要的意义[14]。

二、饮食民俗景观的特点

随着旅游业快速发展，饮食文化越来越引起人们的重视，因为饮食文化不仅仅是人们在旅游过程中的必要需求，同时也可以充分促进地方文化的传播，已逐渐发展成为旅游开发中的重要内容。从旅游景观的角度来看，饮食民俗具有如下特点。

（一）民族性

中国不仅有着悠久的历史，同时也拥有众多民族，不同民族拥有不同的饮食特色，例如蒙古族喜欢喝马奶酒以及吃手抓羊肉，壮族偏爱糯米食物。

（二）地方性

饮食民俗也具有一定的地方性，所处地理环境不同，饮食文化也会存在一定的差异。自古以来，我国就有南米北面的习俗，饮食口味也有南甜北咸的大致区分。同时，每个地方都拥有其主要的饮食特色，例如一些特色小吃。相比于已有的著名菜品，这些地方小吃更具平民气息和乡土气息，能够进一步吸引旅游者。

(三) 传播性

饮食民俗在空间和时间上都具有一定的传播性,而且这种传播具有一定的自发性,并且有时候也带有目的性。例如,贸易往来和人口流动都能够传播和交流饮食文化。当前,许多具有本地特色的饮食都可以作为地方特产,被旅游者将其作为礼品,有目的地带到其他地方,从而使其焕发更多的生命力。因此,饮食民俗文化的传播性是产品开发过程中应被注意的重要特征。

(四) 稳定性

随着历史的不断发展,民俗也会发生较多的变化,但饮食文化属于相对比较固定的形式,虽然会发生变化,但是基本的内涵一般不会改变,具有一定的稳定性。

就饮食文化来看,食物的主要来源一般与当地的经济条件和地理环境密不可分。例如,过去,生活在海边的人们一般以捕鱼为主要的谋生方式,这也决定了鱼逐渐成为他们的重要食物,这也体现出了饮食文化的区域性和稳定性特征[15]。

三、饮食民俗在旅游景观开发中的功能和作用

现代旅游的景观资源相对比较丰富,饮食民俗景观是其中的重要组成部分。它与传统自然、人文景观一起形成了可感知、可体验的综合旅游感受,对旅游消费也有较大影响。

(一) 成为旅游目的地的购物品

中国地大物博,有着丰富的特产,在各种不同种类的土特产中,饮食方面的产品就占据了较大比重,例如,糕点小吃、名酒以及名茶等都是食物中的重要组成部分。旅游者既能够在当地食用,也可以将其购买带回,进一步延续旅游过程中产生的体验,还可以将礼品送给亲戚朋友,与更多的人共享旅游的经历。将地方土特产制作成购物品,既提升了这些产品的价值,也可以继续延伸旅游资源层面的价值链,进一步产生利润和效益。

(二) 满足旅游者的文化需求

饮食文化作为地域文化的重要组成部分,蕴含着丰富的历史、民族、地域特色及风俗习惯。旅游者通过品尝当地特色美食,不仅能够满足味蕾上的享

受，更能深入体验当地文化的独特魅力。这种通过味蕾触发的文化体验，往往比单纯的视觉或听觉体验更加深刻和难忘。通过品尝地方美食，旅游者还能感受当地人的生活方式和态度，从而丰富自己的旅行体验，这种基于饮食文化的交流，有助于打破文化隔阂，促进文化的多元共生。

（三）满足旅游者好奇、求异和求新的心理

日常生活中，旅游地的特色饮食会使旅游者充满更多的新奇之情，尤其是知名度较高的特色饮食更能吸引旅游者慕名而来，一探究竟。例如，即使没有去重庆旅游，也会对声名在外的重庆火锅有所了解，如果去重庆，一般的旅游者可能都会想品尝一下地道的重庆火锅，这就是饮食文化对人们产生的巨大影响。

（四）满足旅游者的口腹之欲

在旅游过程中，饮食是必要的内容，也是旅游景观的重要构成要素。现代人们生活中，旅游已逐渐成为一种生活方式。在游玩过程中品尝相关的食品，首先，是为了维持正常的生理需要；其次，除了满足口腹之欲，人们还希望得到精神层面的快乐，体验旅游活动中更多的乐趣。

四、部分地区的饮食民俗景观

（一）兰州饮食民俗

独特的地理环境、悠久的历史文化、居民构成的多样性等，共同创造了兰州独具特色的饮食民俗和文化。兰州饮食民俗经过长期的历史积淀，风格独特，淳厚悠长，自成特色。当地特色美食有酿皮子、灰豆子、甜醅子、烤羊肉等，最具地域特色的饮食是兰州牛肉面。

兰州牛肉面是一款四季皆宜的地方小吃，也是兰州最具知名度和辐射力的产品。兰州牛肉面讲究手工制作、肉烂汤鲜、面质精细、快捷方便。其配料独特，做工考究。关于牛肉面的配料，民间俗语云："甘南的牦牛永登的面，皋兰的蓬灰甘谷的线（辣椒）。"[16]

兰州牛肉面除了配料精益求精外，还根据食用人群的口味不断创新[17]。发展到今天，兰州牛肉面已经延伸出很多种类，仅就面型就有毛细、三细、二细、韭叶子、二宽、大宽等多种规格，选哪种类型完全随客人喜好而定。多样的面型透露着兰州人的涵养和性情：毛细温柔，三细随和，二细阳刚，韭叶子

平静，二宽豪放，大宽威武勇猛。

（二）苏州饮食民俗与地方餐饮"老字号"

饮食民俗与地缘、物产等自然条件和经济状况有着不可分割的联系，具有鲜明的地域性特征。苏州地处长江三角洲地区，土地丰润肥沃，雨量充沛，有着发达的稻文化和渔文化。范成大在《吴郡志》中写道："江南之俗，火耕水耨，食鱼与稻，以渔猎为业。"[18]优越的自然环境、丰饶的物产，形成了独具地方特色的饮食习俗。苏州的"老字号"餐饮品牌，则是展现苏州传统饮食文化的重要载体，印刻着鲜明的苏州饮食民俗特征。

苏州饮食选料讲究，制作精细，风味独特，既有精美的外观和诱人的味道，又有着对时令菜蔬及食品的讲究和苛刻。苏州餐饮"老字号"经营的苏帮菜很好地体现了这种食不厌精、脍不厌细的文化特色。选料务求鲜活，制作讲究味道、花式与外观，注重食品雕工及配色，菜名力求高雅，装具小巧而精致。如松鼠鳜鱼，苏州"老字号"松鹤楼的名菜，以鳜鱼作为原料，经出骨、剞花、扑粉、油炸等一系列要求极严的工序后，加工成头大口张、尾部翘起、肉似翻毛、形似松鼠的名菜，浇上虾仁、笋干、番茄酱卤时还会嗤嗤作响，犹如松鼠的叫声。这道菜集声、色、香、味、形于一身，是苏帮菜中的佼佼者[19]。

如今，各地政府对旅游业发展均十分重视，极具文化价值和地域性特征的饮食民俗非物质文化遗产也成了重要的地区旅游资源，是推动城镇振兴和发展潮流文化精品城市的重要支撑和推动力。一些具有地域特色的传统小吃，以及经过多年考验的"老字号"品牌，都是饮食民俗品牌文化的重要代表，它们不仅见证了当地饮食民俗文化的发展，同时也是地域文化的有效载体。

第四节　节庆文化景观

形形色色的节庆文化活动总是联系着普通民众、反映着现实需求、汇聚着多元文化。当前以各种节庆为依托，已经开发形成了以节庆文化为对象的特殊、现代、新型的旅游产品，即在特定时间里某一地域范围内依托某一项或一系列旅游资源而人为策划举办的主题性盛大节日庆典活动，但不包括各种交易会、展览会、博览会和文化体育活动等一次性结束的特殊事件。节庆文化作为旅游景观资源具有很大的发展潜力和轰动效应，已成为很多地区发展旅游业的重要抓手。

一、节庆民俗的起源与特点

节庆民俗，是经由农耕文明的洗礼而产生的一种天人相依的文化积淀与生存方式，也是一种具有浓郁地域痕迹的特色文化，是伴随时代变迁而不断传承的思想起点和生活依据，也可被称为"根文化"和"基因文化"。

（一）起源

我国各地节庆民俗的起源与发展是随着社会历史的发展而同步进行的。依据多个学科的相关研究，至少可以判断出以下几个方面的缘由与途径：第一，源于人类原始宗教崇拜；第二，源于人类对自我的重视；第三，源于对自然规律的了解（例如，节令的诞生）；第四，源于对生产经验的感悟；第五，源于人类的精神生活需求[20]。

（二）节庆民俗的特点

节庆民俗在本质上就是一种文化。它在一定的文化环境中产生，带着鲜明的文化烙印。总结起来，它主要有以下几个特征。

1. 节令性

从节庆民俗的起源来看，有一大部分节庆是来源于人类对自然规律的认识，人们发现自然界的四季更替，包括气候的变化、动植物的改变、人类生理反应等，都与大自然的规律有着密切的关系。因此，人类顺应这一变化来安排生产与生活，从而形成了相对固定的节令意识，然后在发展的过程中融入了祭祀等内容，从而形成了节庆民俗。

2. 民族性

节庆民俗的民族性，是指节庆民俗是在一个民族特有的地理环境、历史文化和社会生活背景中形成的，它是节庆民俗的本质特征。节庆民俗是一个群体的行为，而不是个人行为，是一个民族的心态、语言和行为模式。

3. 地方性

节庆民俗的地域差异既是划分文化区域的主要指标之一，也是构成一个地区和民族特色文化的主要因素。节庆民俗的地方性，主要体现在节庆民俗的形成、发展和变迁会受到自然以及社会环境的制约和影响上。节庆民俗是在地理环境的内塑与社会环境的外造的共同作用下所产生的一种文化形态。其中自然环境、社会环境的地方性差异，使节庆民俗具有鲜明的地方特征。

4. 传承性

节庆民俗的传承性，指的是节庆民俗在发展变化上的连续性。节庆民俗的传承，是由它的功能决定的。这种功能系统地体现为教化的职能，节庆民俗使个体在传承过程中潜移默化地获得了知识和能力，是一种有目的进行的行为。

5. 变异性

节庆民俗的稳定性并不是绝对的，而是相对的，包含着可变因素，这就是节庆民俗的变异性。变异性也是节庆民俗的一个显著特征，它指的是在节庆民俗传承过程中引起的自发性和渐进性的变化。节庆民俗的这种变异性实际上是其机能的自身调适，也是节庆民俗的生命力所在。

二、节庆活动是重要的文化景观

日常行为、节庆仪式和传统技艺属于文化景观中物质系统的行为模式，是长期积淀下来的社会心理、思维方式和风俗习惯的外在形式。节庆活动是特定文化背景下形成的、具有深厚历史积淀的传统习俗或庆祝方式。它们不仅仅是时间的节点或庆祝的场合，更是文化传承与展示的重要平台。通过节庆活动，人们能够直观地感受到某一文化的独特魅力和精神内涵。

世界各地的节庆活动种类繁多、形式各异，每一个节庆活动都蕴含着独特的地域文化、民俗风情。这种多样性和独特性构成了丰富多彩的文化景观，使得人们能够通过节庆活动领略到不同文化的魅力和风采。将日常行为、节庆仪式纳入文化景观形态，帮助我们从文化景观角度研究节庆活动找到了一条路径：文化景观不仅仅是建筑构造学、建筑美学知识的运用，文化景观还应该研究构造学、美学背后人们的日常行为、节庆活动，正是这些行为、活动使文化成为景观，并赋予景观以文化[21]。

三、部分代表性节庆文化景观

（一）西双版纳傣族自治州"泼水节"

西双版纳傣族自治州位于云南省最南端，是我国热带生态系统保存最完整的地区，其气候温暖湿润，常年平均气温在20摄氏度左右。"泼水节"是傣族人民的传统节日，也是西南多个少数民族共同的节日，是中华民族多元文化交融的生动体现，也是各民族文化长期交流互动的产物。人们通过欢乐的水仗活动，共同庆祝傣历新年的到来，传承着代代相传的民族传统和文化价值观。它呈现了民族团结奋进的历史画卷，彰显了各民族共融共生的文化理念以及丰富多彩的地方文化特色[22]。

2024年4月13日—17日（2024年泼水节期间），西双版纳傣族自治州共接待游客203.19万人次，同比增长1.49%；旅游总收入24.85亿元，同比增长17.44%；景区入园52.03万人次，同比增长35.53%。丰富多彩的民族文化节庆活动，让来自国内外的旅游者深刻体验了一次浓郁的民族文化盛宴，展现了西双版纳傣族自治州文旅新活力。

（二）自贡灯会

四川的自贡灯会有着非常悠久的历史。在中国灯会发展的历史长河中，自贡灯会以其独特的文化内涵和艺术特色，成为中国灯会文化中独具特色的一部分。自贡灯会始于唐宋，兴于明清，盛于当代，1964年以来先后举办了7届本地迎春灯会和27届国际恐龙灯会，在全国500多个大中城市展出过，在全球70多个国家和地区展出500余场次，累计超50亿人次观灯[23]。"自贡灯会"于2008年被列入第二批国家级非物质文化遗产代表性项目名录，1994年面向社会开放的中国彩灯博物馆为其项目保护单位。多年来，自贡灯会保护坚持政府负责、保护单位牵头、全社会参与，非遗保护与发展景区、夜游、贸易、文创结合，走出了一条以新发展理念引领的、文博资源"两创"与非遗生产性保护有机融合的新路。

传统的自贡彩灯的造型奇特且丰富，取材多来自神话传说、童话故事，以及日常生活中喜闻乐见的故事，样式各异，种类繁多。彩灯材质丰富多样，其骨架大部分采用焊接工艺与丝架裱糊制作。彩灯的表面材质，则采用色彩丰富、透光性高的化纤布料裱糊于丝架造型上。为了更加逼真地展示灯组，设计师常常将彩灯与不同的材料融为一体，发挥不同材料的特性，为旅游者带来不一样的视觉感受。瓷器、玻璃药瓶、自贡扎染、竹子、玻璃等材料皆可被运用于灯组制作中，如药瓶灯、塑料灯、光碟灯、羊皮灯等，具有浓厚的地方特色。

历届自贡灯会均运用多种光源，色彩丰富多样，各种高度的灯组以及成千上万只工艺灯组成灯的海洋,身处其中仿佛置身仙境。而且灯会的设计师会根据展出现场进行布局,充分利用山脊起伏、水路蜿蜒的地势,将不同风格、不同材质的灯组进行合理划分[24],蔚为大观。

思考与练习

1. 请举例说明生产民俗的含义,并讨论其休闲价值在旅游开发中的应用。
2. 分析传统村寨及民居建筑景观在旅游中的吸引力,并讨论如何保护这些传统建筑不受旅游活动的影响。
3. 讨论我国饮食民俗的特点,以及它们在旅游景观开发中的功能和作用。举例说明一种具有代表性的饮食民俗景观,并分析其旅游吸引力。
4. 请列举几种代表性的节庆文化景观,并讨论它们对当地旅游业的影响,思考如何更好地开发和利用这些节庆文化景观。

本章参考文献

[1] 王欢.唐五代宋初敦煌农业民俗考证[D].兰州:西北师范大学,2009.
[2] 钟敬文.民俗学概论[M].2版.北京:高等教育出版社,2010.
[3] 查·索·博尔尼.民俗学手册[M].程德祺,等,译.上海:上海文艺出版社,1995.
[4] 楼嘉军.休闲新论[M].上海:立信会计出版社,2005.
[5] 黔东南州人民政府.苗年[EB/OL].[2022-04-11].https://www.guizhou.gov.cn/ztzl/wzgz/yzgz_5967100/mlfy/202407/t20240708_85075099.html.
[6] 刘婷.论云南少数民族物质生产民俗的休闲价值[J].西南民族大学学报(人文社科版),2015,36(6):16-20.
[7] 陶贵学.新平花腰傣文化大观[M].北京:民族出版社,2004.
[8] 杨凯.试析鄂伦春族桦树皮工艺与民俗旅游业的融合[J].美与时代(中),2013(10):77-78.
[9] 张帆.鄂伦春族桦树皮制品的制作与分类[J].黑龙江民族丛刊,2006(1):122-123.
[10] 文斌.湘西州传统村落景观及形成机制研究[D].北京:北京林业大学,2022.
[11] 孙松林.岷江上游地区藏羌聚落景观特征的比较研究[D].北京:北京林业大学,2020.
[12] 西江千户苗寨.景区简介[EB/OL].[2024-09-12] http://www.xjqhmz.com/.
[13] 余菲菲,郭明瑞.论民族旅游村寨景观艺术的多维表达——以西江千户苗寨为例[J].黑龙江民族丛刊,2021(3):61-66+73.
[14] 高雷.饮食民俗文化透视下的"泥土乡情"探寻[J].农村经济与科技,2020,31

(10): 69-70.
[15] 石静.饮食民俗和旅游开发[J].商场现代化,2017(8):253-255.
[16] 杨小平.兰州牛肉拉面制作工艺的研究[J].中国食品,2003(Z1):78-80.
[17] 石莉萍,祁恒珺,史建国.打造地域特色的清真饮食民俗品牌[J].甘肃高师学报,2012,17(6):115-117.
[18] 范成大.吴郡志[M].南京:江苏古籍出版社,1999.
[19] 顾禄.清嘉录[M].南京:江苏古籍出版社,1999.
[20] 杨凤.蒙古族节庆民俗与草原节庆民俗旅游开发研究[D].内蒙古:内蒙古师范大学,2017.
[21] 刘雅祺.基于城市文化景观的节庆活动研究[J].美与时代(上),2018(6):23-25.
[22] 曾雪莹.云南傣族民族文化记忆研究[D].重庆:西南大学,2021.
[23] 戴燕灵,杨笔,马浩,等.文博资源"两创":行业博物馆的识见与作为——以中国彩灯博物馆及其保护传承的"自贡灯会"为例[J].中国博物馆,2022(2):95-99.
[24] 王映霓.浅析自贡灯会在新媒体环境下的创新趋势[J].西部皮革,2020,42(12):123-124.

第十一章

现代人文景观

本章导读

现代社会快速发展,城乡建设如火如荼,人们的生活水平有了较大提高,对文化生活的需求也与日俱增。随着工业化、城市化和全球化的快速发展,中国城市、乡村各地都在经历着多元文化的融合与碰撞,古老的建筑语言、更多优秀的传统思想和精神正逐渐被发掘。与此同时,景观设计也生发出了多种主题概念与风格,出现了许多优秀的现代人文景观。它们不仅继承了中国的传统文化特色,还被赋予了新的生命力;不仅创造了满足人们需求的良好物质环境,还创造出了丰富多彩的景观艺术;同时促进人们身心的健康发展,陶冶了人们的情操,以及加深了人们对祖国历史文化的自豪感。

本章学习目标

1. 能够分析红色文化景观的价值、特征以及数字化构建与开发路径,了解其在新时代背景下的开发策略和价值。

2. 认识主题公园的类型和发展特点,了解主题公园在旅游市场中的地位及其对旅游产业的贡献。

3. 熟悉现代城市景观的含义、分类和特点,了解现代城市景观是如何体现城市文化和历史的。

4. 掌握现代乡村景观的构成要素和特点,分析代表性现代乡村景观在乡村旅游中的作用。

第一节 红色文化景观

红色文化是中国共产党领导中国人民在革命、建设和改革的伟大实践中创造积累的先进文化，蕴含着指引我们党和人民增强信仰、信念、信心，以及战胜一切强敌、克服一切困难、夺取一切胜利的强大精神力量。新时代新征程，大力弘扬红色文化，从中汲取昂扬奋进、团结拼搏的精神动力，对于深入学习贯彻习近平文化思想，以中国式现代化全面推进强国建设、民族复兴伟业具有重要意义。

一、红色文化景观的价值分析

红色资源是红色文化的载体，红色基因是红色文化世代传承的密码。在中华的广袤大地上，红色资源星罗棋布，见证了我们党艰辛而辉煌的奋斗历程[1]。在中国的热土上，革命者们留下大量长征、抗战、解放等时期的红色文化景观，这些珍贵的红色文化景观，是生成并体现革命战士勇猛精神、彰显革命志士精神动力、具有思政育人作用的重要精神载体，是值得我们珍藏并认真学习的红色文化资源。

（一）红色文化景观具有厚重的历史价值

红色文化景观是革命历史的见证，承载着中国共产党领导人民进行革命斗争的光辉历程。通过参观红色文化景观，人们可以深入了解革命历史，铭记革命先烈，传承红色基因。

（二）红色文化景观具有鲜明的教育价值

红色文化景观具有深厚的教育意义，是进行爱国主义教育和革命传统教育的重要场所。通过实地参观和体验，人们可以更加直观地感受到革命先烈的英勇事迹和革命精神，增强民族自豪感和历史责任感。

（三）红色文化景观具有突出的文化价值

红色文化景观具有丰富的文化内涵和时代价值。通过保护和传承红色文化景观，可以弘扬革命文化，推动社会主义先进文化的繁荣发展。

二、红色文化景观的特征

红色文化景观与一般的纪念性景观不同,也区别于其他旅游景点或景区,如风景名胜区、公园等,因为除了具有一般景观的特征外,红色文化景观还具有其独特性。红色文化景观既能保留或唤起某种特殊的记忆,其本身又富含特殊的精神含义,是能够使人重温中国共产党革命历史、事迹和精神,组织旅游参观,开展学习教育等主题性活动的区域,具有十分重要的纪念意义。

(一)纪念性

红色文化景观是纪念性景观的一种,具有纪念性特征。"纪念"可以被理解为"为了留住或唤起某种记忆的特殊事物",纪念本身具有物质和精神双重属性。因此红色文化景观,不仅仅是一个能够使人产生回忆或联想起革命历史、事迹和精神,组织学习和纪念的主题性红色旅游活动的场所,同时它的景观受体和景观信息都是以红色资源为初始动力,是具有中国革命精神的特殊物质形态。

(二)地域性

红色文化景观具有鲜明的地域特色,反映了当地的历史文化、民俗风情和革命斗争历程。这种地域性使得红色文化景观具有独特性和不可替代性。那些真实的革命历史口口相传,成为众所周知的事迹,而这些事迹的发生地成为人们好奇和向往的地方,吸引着大批的旅游者前往。对革命的旧址遗迹进行保护和利用,形成革命景观,既能保护珍贵的红色文化遗产,又能供人们参观学习,缅怀革命先烈以及传承革命精神。

(三)融合性

红色文化景观在建设过程中,注重将红色文化与当地传统文化、民俗风情和自然景观相结合,从而形成了独具特色的文化景观。这种融合性不仅丰富了红色文化景观的表现形式,也增强了其吸引力和感染力。红色文化景观具有的浓厚革命历史文化内涵,其所承载的革命精神和传统是对广大人民群众,特别是对青少年,进行革命传统教育、开展思想政治教育和爱国主义教育的珍贵教材。

(四)继承性

红色文化景观承载着革命先烈的革命精神和优良传统,是革命精神的传承载体。通过保护和传承红色文化景观，可以激励人们继续发扬革命精神，为实现中华民族伟大复兴的中国梦贡献力量。红色文化景观作为红色文化的载体，肩负着展示和传承红色文化的使命。

三、红色文化景观的数字化构建与开发路径

红色文化是中华民族的精神标识，也是对青年进行思想政治教育的宝贵资源。近年来，随着大数据、人工智能等信息技术的发展，红色文化如何更好获得青年的重视，补足他们的"精神之钙"，红色文化景观的数字化成为当务之急。从社会记忆视角看，数字红色文化景观与红色文化景观实体同等重要，均为传承和保护红色文化基因的重要承载体。

（一）数字化采集及处理

组织多专业多学科团队，包括历史学、计算机信息科学、传播学的专家学者，对红色文化景观相关要素进行系统性收集整理。通过查阅文献资料，到革命遗址所在地和博物馆调查，通过走访革命前辈、烈士遗属、亲历者等方式，全面掌握红色文化景观的情况，并进行数字化资料采集。数字化采集和输入包括对与主题相关的实物、资料、物品等进行拍摄、扫描；对访谈、口述、歌曲等拍摄和录音等；对革命遗址、遗迹现场进行数字摄影、全息拍摄等。数字化采集的资料可按照主题内容、时间顺序或使用途径进行翔实的记录、分类、组织和存储，为后期制作提供完善的资料。

（二）数字化修复及再现

针对红色文化景观采集到的数据可能会存在不同程度的问题，如照片老化模糊不清、文档书籍生霉、录音老化失真等，需要进行修复及再现，以便长期保存和利用。资料后期处理主要利用图像处理、音效处理、虚拟现实等技术，通过对红色文物进行精准建模、虚拟修复，尽可能将其真实地展示出来，包括图片和文献扫描件的色彩处理、划痕修复、图像重构、音效处理、声音修补、声画合成、文字编辑，对革命遗址进行三维数字模型建构，在前期精细化测绘的基础上，采用 Sketch Up 和 3DMAX 三维软件，建立基于遗址的三维数字化档案，为后期虚拟现实展示提供立体的视觉效果。

（三）建立数字资源库

利用计算机技术将已经搜集和修复的红色文化景观相关图片、音频、视频

等进行归类、总结，并存储在网络数据库中，工作人员对存储数据信息进行管理、添加和补充。通过数据库信息建立、数据模拟、数字传输等方式为红色文化保护和传承提供空间和潜力，将各地红色文化的数据合理、有效、永久地存储整合起来，并进行系统化、科学化的管理，解决空间、时间以及环境等因素的影响，实现红色文化景观的共建共享和广泛传播，促进红色文化的研究。

（四）数字化展示和传播

利用数字技术改变革命博物馆、纪念馆文物的静态陈列形式，用声、光、电来营造震撼的视听效果。利用多媒体影视技术、巨幕投影技术、多点触控技术来丰富展示形式，加强浏览和展示互动。比如，在重要战役纪念馆中利用计算机虚拟现实技术，模拟战役战场，把影像技术、舞美技术以及音效技术结合起来，进行情景再现。隐藏音响和投影设备，远处的战场景色利用绘画加虚拟现实投影，再结合"枪炮声"音效，进行战争场景的艺术化重现，空间展示随着参观者的移动而进行变化。震撼的视听效果与沉浸式互动的叠加，让参观者身临其中，使展示空间变得更加生动。数字化展示通过参与性、沉浸性、交互性特点改变传统展示方式，让参观者能够真正感悟红色精神，感受红色文化的魅力。

红色文化景观数字化传播表现在建设红色文化网站、微信、微博、移动客户端、网上虚拟展览馆等多渠道的宣传，这些有着鲜明时代气息的数字化传播方式，节省了人力、物力、财力，让受众能够足不出户在互动体验中感悟红色文化。除此之外，把红色主题、爱国话题制作成音频、视频、故事、小说作品上传、推送，同时链接至相关网站、微信公众号，让更多人去关注、评论和转发，由以前的单纯"观看"变成现在的自发"宣传"，发挥公众个体对红色文化的宣传作用，实现对红色文化更好的保护与传承。

数字化展示和传播将寓思想道德教育于科技之中，通过生动活泼的表现形式，将革命历史、革命传统和革命精神鲜活地传递给广大人民群众，使红色文化更具强大的亲和力和鲜活力，推动社会主义先进文化繁荣发展。

（五）数字化创意类产业

挖掘红色文化景观的内涵，依靠数字化技术发展红色文化产业，是保护与传承红色文化的重要方式。可在全国各地开展红色研学之旅、建设红色主题民宿、打造红色旅游小镇、举办红色文化主题活动等，从而孕育出新的文化业态，并通过互联网加强宣传。另外，随着数字化模式的介入，通过深入挖掘红色文化的内涵，开发红色主题游戏，将玩家置身于丰富的故事情节和变幻的场景中，激发青少年玩家的兴趣与求知欲，并通过将爱国主题与价值理念融入红色网游中，强化教育功能，提升传播力。拍摄革命题材的红色动漫和影视作品以及音像制品，例如，首部全数字化红色经典动画电影《小兵张嘎》以家喻户晓的红色经典为题材，是中国第一部把二维传统技术和电脑三维技术结合而成的动画电影，唤起当代少年儿童的英雄梦，具有积极的文化传播意义。此外，还可以结合青年人喜欢的形式传播红色文化，同时发挥红色文化资源的育人价值，更好地促进红色文化的传承与发展。

四、新时代的红色文化景观

越来越多的红色旅游景点成为大家重温激情岁月、感怀时代变迁的体验地，成为年轻人聆听红色故事、致敬英雄模范的"打卡地"。党的二十大报告明确提出了"弘扬以伟大建党精神为源头的中国共产党人精神谱系，用好红色资源"的重要要求。这一要求不仅体现了党对红色文化景观价值的高度认可，也强调了在新时代要继续传承和弘扬党的优良传统和精神财富的重要性。通过红色文化资源的创新性发展，提升体验活动的多样性和互动性，以及加强资源保护与整合等相关措施，推动红色文化景观在新时代焕发出新的生机和活力，具体如下。

（一）发展的创新性

在传承的基础上，结合新的时代条件和实践要求，不断丰富和发展红色文化的内涵和表现形式，彰显其时代价值和时代特色。党的二十大报告中提出的"自我革命精神"为红色文化景观的创新提供了思路。这意味着红色文化景观需要在保护原有历史文化资源的同时，积极融入新的时代元素和表现手法，使红色文化更具活力和吸引力。

（二）呈现的多样性和互动性

新时代的红色文化景观具有多样性和互动性。多样性体现在通过不同的形式和载体展现红色文化的丰富内涵和价值，如雕塑、建筑、绘画等艺术形式以及虚拟现实等现代科技手段的运用；互动性则体现在增加旅游者的参与感和体验感，通过互动体验让旅游者更加深入地了解历史事件和人物。

（三）资源的整合性

红色文化见证了党领导人民在中国大地上百余年的奋斗史，记录了党领导人民实现民族独立和人民解放、国家富强和人民幸福的光辉历程。每一位革命英雄、每一种革命精神、每一件革命文物，都在不断丰富和扩容红色基因库。一个个革命博物馆、纪念馆、党史馆、烈士陵园，都在讲述着党的故事、革命的故事、英雄的故事；一条条红色旅游线路、一个个红色遗迹遗址，都在生动传播着红色文化。红色基因已经深深融入中华民族的血脉和灵魂，鼓舞和激励着中国人民不断攻坚克难，从胜利走向胜利。

第二节 主题公园

主题公园作为一种完全人为创造的旅游景观，自 20 世纪 50 年代诞生起，就对旅游者产生了巨大的吸引力，经过多年的发展，主题公园已成为全球旅游业的重要组成部分。从 1989 年我国第一座主题公园"锦绣中华"开业以来，主题公园在我国经历了几个轮次的投资建设热潮，已形成巨大的产业规模。伴随着主题公园数量的增多、国外大型主题公园集团的进入，我国主题公园发展已进入了一个全新的时期，为消费者呈现了日趋多样化的人造旅游景观。

一、主题公园的概念与内容资源

（一）主题公园的概念

自从 1955 年美国加州迪士尼乐园营业开始，主题公园作为一种新兴的旅游景区就引起了社会各界的广泛关注。但是由于其内容与形式都在不断充实与发展中，想要准确界定出主题公园的概念还是比较困难的。

国内外对主题公园的概念界定尚没有统一标准，"theme park"是对这一类景区比较一致的称呼。美国国家公园管理局（National Park Service）指出，主题公园是指"围绕一个或几个特定的主题而修建的游乐设施、旅游吸引物，它是集建筑和演出于一体的综合性娱乐公园"[2]；而万豪国际集团（Marriott International）对主题公园的定义则是"以特定的主题或历史背景为基本导向，结合具有一定连续性的特色建筑物和服饰，利用旅游商品和娱乐体验提供奇幻氛围的家庭娱乐综合体"[3]。在学术界方面，奈伊（Nye，1981）认为主题公园与传统游乐园最大的不同就是环境，传统游乐园不注重环境的营造，因为环境本身不能带来直接利润,而主题公园往往都是精心营造主题环境,旅游者可以在愉快、舒适、有序、安全的游乐环境中找到快乐[4]。波特利尔(Botterill,1997)提出主题公园是早期市集、游乐园的现代表现,是一种崭新的社会文化现象,同时总结了主题公园的发展历程[5]。

从1989年9月深圳锦绣中华营业开始,国内对这一新兴景点的认识也在不断深入。锦绣中华开业之时,全称为"锦绣中华微缩景区",学术界称这类景区为"人造微缩景观"。1994年大投资、大制作的深圳世界之窗投入运营,引起了学术界对这类景区的广泛关注,当时对这类景点比较一致的称谓是"人造景观"或"人造景点"。随着欢乐谷等一大批市场化运作的新乐园相继建成开放,学术界开始比较一致地使用"人工景区"来描述这一类景区,后来才发展到"主题公园"这一概念。此后,我国学术界对"主题公园"这一概念的内涵不断作出界定,但目前还没有形成统一的认识。保继刚(1994)认为主题公园是一种人造旅游资源,它着重于特别的构想,围绕一个或几个主题创造一系列有特别的环境和气氛的项目吸引旅游者[6],将"主题公园"列入了人造旅游资源的范畴。楼嘉军(1998)提出:"主题公园是在现代旅游业开发过程中产生的新的旅游吸引物,是根据某一特定主题,采用现代科学技术建设的、集多种娱乐、休闲和服务接待设施于一体的现代旅游目的地"[7],他将"主题公园"看作现代旅游目的地。董观志(2000)提出"旅游主题公园"概念,认为:"旅游主题公园(tourism theme park)就是为了满足旅游者多样化的休闲娱乐需求而建设的一种具有创意的游园线索和策划性活动方式的现代旅游目的地形态"[8]。

本书将其定义为:主题公园(theme park)是围绕一个或几个特定的创意性主题,综合利用现代高科技手段,完全由人为创造的、占有一定规模土地的、以营利为目的的综合性现代旅游空间。具体应该包括以下几个方面的特点。

(1)主题公园应该具有一个或几个特定的主题。

(2)主题公园应该是完全由人为创造的旅游景观。

(3)主题公园应该是以营利为目的的封闭式旅游景区。

(4)主题公园的总占地面积应该不小于2公顷(20 000平方米);完全室内的主题公园(如海洋公园等),其总建筑面积应不小于2000平方米[9]。

（5）主题公园应该是能够满足旅游者求新、求奇、求乐、求知等休闲娱乐需求的现代旅游吸引物。

（二）内容资源

内容资源是打造主题公园的重要基础，是主题公园品牌价值链的核心。"特色资源""创意"立足于不同的开发内容基础，对主题公园整个产业链的构建和运作会产生不同的影响。主题公园的开发基础应该立足于具有巨大增值潜力和可持续性的内容资源，以自身强势的特色文化资源或美妙的创意为核心内容，并围绕其进行产业链的打造，使主题公园获得可持续性和多元化的增长。依据目前主题公园的开发情况，大致可分为两种内容资源情况。

1. 依托特色资源

将特色资源作为开发的对象和要素，借助该区域内已有巨大影响力的文化资源，通过挖掘、整合、提升，将其转化为主题公园的品牌核心价值，从而形成特色文化资源导向型的主题公园[10]。我国文化资源丰富，地域特色浓郁，具备特色导向型的文化资源品牌化开发的优势和条件，从物质文化资源到非物质文化资源，从风景名胜、文物古迹到历史传说、民俗风情都可以成为主题公园品牌开发的对象，这些资源既可以是历史人文资源，也可以是自然资源。

根据可依托的资源内容，特色资源可分为历史民俗文化资源和自然资源两种类型。我国绝大部分主题公园都依托特色资源进行品牌开发，将特色资源拓展作为主题公园内容生产的主要源头，围绕自身的强势特色资源来打造品牌产业链。例如，杭州宋城和开封清明上河园将本地宋文化作为品牌内容生产基础，围绕宋文化这一历史人文资源进行品牌产业链的打造，通过对宋文化资源的不断挖掘与整合，形成了以宋文化为主题的品牌；广东长隆集团有限公司的长隆野生动物世界和长隆海洋王国以当地富有特色的动植物和海洋等自然资源作为品牌内容开发基础，形成了以特色动植物和海洋为主题的品牌。

2. 依靠创意引领

并不是所有的地区都具备丰富的历史文化资源，而且受思维惯性的影响，文化资源丰富的地区往往对其资源会有较强的依赖性，对其缺乏有深度和广度的拓展，易使资源型内容生产固化，导致品牌开发缺乏活力和吸引力。将创意设计作为主题公园内容生产的主要源头，将创意作为核心开发手段和要素，把电影故事、活动等创意内容不断地制作生产，并将其相关的创意内容改编成主题公园的景点和游览项目,则可以使其成为主题公园可持续性发展的"活水源头",从而激发品牌活力,形成自己富有竞争力的产品特色。

根据创意内容形式的不同,创意引领的主要方向有影视故事、节庆活动和形象性的知识产权三种类型。例如,环球影城将电影故事的生产作为其内容开发的源头,持续不断地将电影故事情节内容搬进主题公园,主题公园的内容不断更新;环球嘉年华将节庆活动作为其内容生产的基础,不同主题活动的策划使主题公园内的体验内容丰富多样;迪士尼乐园将动画形象的生产作为其内容开发的核心来源,通过动画生产不断创造有吸引力的卡通形象,打造自己的品牌和知识产权,以此为触点带动整个主题公园品牌产业链。

二、主题公园的类型

主题公园经过多年的发展,其主题多种多样、开发形式各不相同,各种称谓也非常多,而且各个主题公园的规模也差别很大。由于多方面因素的影响,关于主题公园类型的划分,国内外并没有形成统一的标准。实际上,多数大型主题公园往往是集各种功能于一身,很难简单地用一种分类方法对其进行划分,其分类标准趋于多样化。本书主要介绍主题公园常用的三种分类标准:主题内容、规模条件和吸引范围。

(一) 按照主题内容分类

基于国内外各个主题公园的主题及主导产品的类型,结合主题公园的概念定义,将主题公园按照主题内容分为七大类型[11],即主题游乐类、影视娱乐类、微缩景观类、民俗风情类、生物景观类、历史文化类及综合休闲类,见表 11-1。

表 11-1 按照主题内容分类

主题公园类型	代表性主题公园	主要特征
主题游乐类	加州迪士尼乐园、韩国爱宝乐园、深圳欢乐谷	以现代高科技为主要手段。围绕园区主题进行环境氛围营造和游乐项目设计,综合运用参观游览、文艺表演、项目体验等多种手段
影视娱乐类	环球影城、好莱坞影城、横店影视城、西游记艺术宫	以影视文化为主题,综合展示影视剧的拍摄道具与场景,并让旅游者亲身体验电影、电视的拍摄制作过程

续表

主题公园类型	代表性主题公园	主要特征
微缩景观类	荷兰马德罗丹小人国、深圳锦绣中华、深圳世界之窗	以景观微缩为主要内容,选取著名景点景观按照比例进行微缩和再创作,综合展示,使旅游者在最短时间内全面了解某一地区的景观景点
民俗风情类	中国民俗文化村、九顶塔民族风情园	以传统的民族文化、民俗风情为素材,集中再创作,综合展现各民族、各地区不同的生活习惯与特色传统
生物景观类	长隆野生动物世界、香港海洋公园、上海海昌海洋公园	以生物观赏为主,包括野生动物的放养参观、海洋生物展览与海洋文化博览、野生动物及海洋动物的表演等
历史文化类	杭州宋城、开封清明上河园、西安大唐芙蓉园、珠海圆明新园	以历史名人、文化艺术作品以及历史古建筑等为原型,模拟再现历史上的某个时期或某个场景,使旅游者置身其中,感受历史文化氛围
综合休闲类	泰安天乐城旅游休闲区、济宁五彩万象城游乐园	以综合休闲为主,全面包含了观光游览、体验项目、休闲娱乐等多种功能,每种功能作用相差不大,属于一种特殊模式的综合性休闲主题公园

(二)按照规模条件分类

2013年3月,国家发展和改革委员会、国土资源部及国家旅游局等多个国家部委联合下发了《关于规范主题公园发展的若干意见》,对我国主题公园的规范、合理、稳定发展提出了指导性意见。其中规定:结合我国当前实际,根据主题公园的投资规模、占地规模等因素,划分为特大型主题公园、大型主题公园和中小型主题公园三个等级[12]。同时,我国目前还有部分占地面积较小、投资额小于2亿元人民币的小微型主题公园,如苏州乐园·糖果世界等[13],因此主题公园按照规模条件可划分为四个等级,见表11-2。

表11-2 按照规模条件分类

主题公园类型	规模条件	
	规划或实际投资规模	规划或实际占地规模
特大型主题公园	≥50亿元	≥134公顷
大型主题公园	15亿元及以上,不足50亿元	40~133公顷
中小型主题公园	2亿元及以上,不足15亿元	14~39公顷
小微型主题公园	<2亿元	0.2~14公顷

资料来源:根据《关于规范主题公园发展的若干意见》整理

(三) 按照吸引范围分类

主题公园除按照主题内容和规模条件进行分类之外，还可以按照主题公园的吸引范围进行分类。克莱夫（Clave，2007）提出，主题公园可以根据市场吸引范围、项目投资规模、项目设计容量以及项目数量四个方面进行划分，按照这一标准，主题公园共可划分为目的地级、区域级、城市级和社区级四个等级[14]，见表11-3。

表11-3 按照吸引范围分类

主题公园类型	市场吸引范围	投资规模/亿欧元	设计容量/万人次	项目数量/个
目的地级	专程旅游者超过50%	＞2.5	＞350	＞55
区域级	专程旅游者超过25%	1.0~2.5	150~350	35~55
城市级	旅游者中95%是本城市居民	0.8~1.0	70~150	25~35
社区级	旅游者主要是周边社区居民	0.1~0.8	＜70	多变，比较少

资料来源：克莱夫，2007，有调整

在我国，目前普遍公认的大型主题公园包括香港迪士尼乐园、上海迪士尼乐园、北京环球度假区和欢乐谷主题公园等。其中，迪士尼乐园和环球影城常常按照度假区的结构和规模进行设计和建设，吸引范围大，专程旅游者比例高，属于目的地级的主题公园，如香港迪士尼乐园、上海迪士尼乐园和北京环球度假区。而欢乐谷主题公园属于区域级的主题公园。不过，若是多个区域级的主题公园集聚在一起，形成一个主题公园群落，那么也可以形成一个包含多个主题公园的旅游目的地，如深圳锦绣中华·中国民俗文化村（两园2003年合并）、世界之窗和欢乐谷。

我国一般的区域级主题公园的吸引半径在200~300平方千米内，车程一般在2~3小时以内，旅游者通常只停留一天，花费48小时之内的时间进行游玩[13]，这类主题公园通常选址在经济发达、人口密集的大城市，注重本地市场的重游率，对中距离旅游者有一定的吸引力，很难吸引远程市场旅游者。开发区域级主题公园的企业要想获得更大的规模效益，最有效的途径就是在全国范围内布局，如欢乐谷主题公园。

城市级主题公园的市场吸引范围主要是本地居民，对中远程旅游者的吸引力较小。这类主题公园类型多样，投资较小，选址较为灵活，在许多经济发达、人口较多的二、三线城市都可以布局。同样，城市级的主题公园想要覆盖更大的市场，也可以通过多点布局来实现规模效益，如华强方特系列主题公园。

社区级主题公园规模更小，多数附着在大型主题公园附近。这类主题公园投资小，市场针对性强，更新速度快，多为室内主题公园。比较典型的是儿童游乐园、儿童体验园等，如华侨城麦鲁小城、苏州乐园·糖果世界等。

三、新时期主题公园的发展特点

近年来，随着互联网技术、移动终端技术的快速发展，智慧景区、旅游+互联网等新模式已成为我国旅游业发展的重要途径之一。网络的高时效性，也是我国旅游业得以迅速发展的重要推动力。相应的，作为现代旅游业重要组成部分的主题公园也出现了一些新动态。

（一）主题公园投资大、规模大

2000年以前开业的主题公园大多数为中型、小型主题公园，大型主题公园数量相对较少，主题公园的投资规模、占地规模都较小，这一时期，经历过几次盲目跟风式的主题公园建设热潮，设施简陋、运营不专业的中小型主题公园遍地开花；而2000年及之后开业的主题公园多数为大型、特大型主题公园，投资大、占地大，新建主题公园项目投资基本在30亿元以上，占地规模也普遍比2000年之前大很多，各地对主题公园的投资相对趋于理性。我国目前正在筹建的主题公园几乎全部为大型、特大型主题公园，中小型主题公园的建设热潮逐渐消退。大规模投资和大规模占地已经成为主题公园的新特点。见表11-4、表11-5。

表11-4　2000年以前开业的主题公园一览

序号	主题公园名称	所在地	开业时间/年	投资额/亿元	占地/公顷
1	长江乐园	中山	1983	1.2	3.34
2	北京大观园	北京	1984	0.236	12.5
3	北京石景山游乐园	北京	1986	2	35
4	深圳锦绣中华	深圳	1989	1	30

续表

序号	主题公园名称	所在地	开业时间/年	投资额/亿元	占地/公顷
5	中国民俗文化村	深圳	1991	5	20
6	深圳世界之窗	深圳	1994	8	48
7	杭州宋城	杭州	1996	200	30
8	珠海圆明新园	珠海	1997	300	139
9	广州海洋馆	广州	1997	3	1.3
10	深圳欢乐谷	深圳	1998	20	35

表11-5　2000年及之后开业的主题公园一览

序号	主题公园名称	所在地	开业时间/年	投资额/亿元	占地/公顷
1	中华恐龙园	常州	2000	20	27
2	香港迪士尼乐园	香港特别行政区	2005	200	126
3	西安大唐芙蓉园	西安	2005	13	68
4	东部华侨城	深圳	2009	35	900
5	泰山方特欢乐世界	泰安	2010	20	50
6	山东诸城恐龙国家地质公园	潍坊	2012	67	945
7	泰安太阳部落旅游区	泰安	2013	36	200
8	蓬莱欧乐堡梦幻世界	烟台	2013	30	68
9	西双版纳万达主题公园	西双版纳	2015	160	61
10	上海迪士尼乐园	上海	2016	340	390
11	北京环球度假区	北京	2021	500	400

目前，中小型主题公园在大型主题公园的夹缝中艰难生存，多数中小型主题公园经营困难，面临关门窘境。而且随着近几年大型主题公园的不断建设，大型主题公园之间的竞争也变得十分激烈，特别是珠江三角洲、长江三角洲以及环渤海经济带这三个我国主题公园集中分布的地区，主题公园数量多，竞争较为激烈。

（二）高新技术的应用越来越广泛

高新技术的综合运用从主题公园诞生之日起就成为主题公园游乐项目的重

要组成部分,是主题公园不可或缺的元素。2008年4月芜湖方特梦幻王国开业。它是深圳华强集团投资的第一个主题公园,也是当时我国规模最大的"第四代"主题公园。第四代主题公园最大的特征是综合运用现代计算机、数字模拟与仿真、数字影视、自动控制、声光电等高科技手段,在园区游乐项目上给旅游者以科幻、刺激、艺术等新奇的娱乐体验。随着科技的进步以及数字交互技术、虚拟现实技术等各种新技术不断运用到主题公园的设计、建设和运营中,主题公园越来越能够营造更加逼真的场景,能够带给旅游者更加真实、新奇和刺激的旅游体验,而且这也是主题公园产业的主要发展趋势。

随着高新技术的不断发展,以高科技为主体、以文化为核心的主题公园类型将会成为主题公园产业的主要组成部分。我国主题公园的"高科技"元素将会越来越丰富,各种高新技术的大量运用使得主题公园能够更好地提升旅游吸引力,更好地满足旅游者的休闲娱乐要求,为其带来更好的旅游体验。

(三)主题公园市场竞争日益激烈

2016年6月16日,上海迪士尼乐园正式开业。在此前试营业的23天时间里,累计接待游客量约为96万人次,"五一"当天游客数量最高,约为11万人次,其火爆程度可见一斑。随着上海迪士尼乐园的开业,迪士尼、环球影城、六旗集团等国外大型主题公园集团全面进驻国内市场,为我国本土主题公园带来了不小的冲击,给国内主题公园带来很大的挑战。它们巨大的旅游吸引力会带走大部分中高端游客,在一定程度上会直接导致国内主题公园的游客量减少。

国外知名主题公园集团的全面进入和我国大型主题公园项目的不断建设,主题公园的市场竞争日趋激烈,主题公园市场面临重新"洗牌",市场格局将会发生一系列重大变化。中小型主题公园的生存空间将会被进一步压缩,经营更加困难;而国内大型主题公园自身之间、国外主题公园与国内主题公园之间的直接竞争将会成为未来我国主题公园市场竞争格局的主旋律。

(四)消费群体的构成发生新变化

随着经济的快速发展和居民收入的不断增加,大众旅游特征全面显现,旅游已经不再是高收入群体的"专利",而是成为居民的一种日常生活方式,中产阶级日益成为旅游消费的主流群体[15]。在这样的新形势下,主题公园产业面临转型,由原来的主要面向高收入人群进行项目设计转为主要依据中等收入游客的特征进行主题公园的项目设计、建设与运营,以适应中等收入旅游者的新需求，保证主题公园的合理健康发展。

四、部分特色主题公园

目前我国有2700多家各类的主题公园，主题公园行业迎来了井喷式增长。主题乐园能够融入文化、演出等内容，带有很强的参与感，旅游者置身其中既能看表演，又能玩项目，轻松愉悦，能够获得有别于自然风景、历史人文的沉浸式参与体验。

（一）横店影视城

横店影视城位于浙江金华东阳市横店镇，是国家级旅游区，也是一个影视型主题公园。它不但是中国四大影视基地之一、目前亚洲最大的影视拍摄基地，同时也是中国唯一的国家级影视产业实验区，产权为横店集团所有。

横店影视城始建于1996年，短短十几年间，成为中国最大的影视拍摄基地，同时也号称全球最大的影视拍摄基地，被美国《好莱坞报道》(*Hollywood Reporter*)称为"中国好莱坞"。整个横店基地占地4963亩，建筑面积495995平方米。截至2023年，横店拥有多座大型影视基地，如广州街、香港街、秦王宫拍摄基地、明清宫苑拍摄基地、江南水乡拍摄基地、清明上河图拍摄基地、屏岩洞府拍摄基地、大智禅寺拍摄基地、横店老街拍摄基地、唐宫唐街、华夏文化园、九龙大峡谷、情人谷、上海滩、电影梦幻世界等。在横店基地拍摄的影视剧作品已经超过500部，自1996年拍摄了电影《鸦片战争》以来，此后许多影视大片如《汉武大帝》《荆轲刺秦王》《步步惊心》等都是在这里拍摄的。①

作为影视基地的同时，横店影视城也向旅游者开放。在"影视为表、旅游为里，文化为魂"的理念指导下，横店影视城逐渐从影视基地转变为影视主题公园，旅游产品由观光型转变为休闲体验型，在这里旅游者可以深度体验影视拍摄氛围、享受度假休闲乐趣。旅游者在横店不但有机会接近影视工作者，也可以领略中国古代建筑文化，横店影视城每年的收入中有90%来自其旅游产业[16]。2023年横店影视城共接待中外旅游者1980万人次，剧组接待量489个，双双创下历史新高[17]。针对当前的消费市场现状，横店影视城积极向观光、

---

① 数据来源：浙江小镇"独霸"影视圈，横着竖着都创增长奇迹[EB/OL]．光明网，2024-9-12. https://www.gmw.cn.

休闲、体验复合型度假目的地转型,追求旅游业与各个新兴产业的融合发展。

(二)三亚·亚特兰蒂斯水世界

三亚·亚特兰蒂斯位于风景如画的海南岛,是一处充满乐趣的家庭度假胜地。作为先进的综合娱乐中心,三亚·亚特兰蒂斯是三亚的热门度假目的地,设有数十条顶级滑道、极速漂流、嬉水童趣乐园等,汇集酒店、水世界、水族馆、国际会展、餐饮、娱乐、购物、演艺八大业态于一体,能够多维度、全方位带宾客体验特色海洋文化。亚特兰蒂斯水世界作为全国唯一一座全年运营的大型水上乐园,不仅填补了水上乐园冬季市场的空白,同时也是三亚全年旅游的标志性产品,吸引了众多旅游者到访。

(三)只有河南·戏剧幻城

只有河南·戏剧幻城(见图11-1)是一座有21个剧场的戏剧幻城,也是中国最大的戏剧聚落群。该戏剧演艺项目占地622亩,总投资近60亿元,拥有56个方格、21个剧场、328米长巨型城郭,2020年6月6日正式对公众开放,一经开放便引发了业内和媒体的关注。与此同时,这里还创造了多项中国乃至世界单体文化项目之"最":目前世界上最大的戏剧聚落群,21个剧场可同时容纳近10 000人;投资50多亿元,有望刷新中国单体文化项目投资纪录;幻城的东墙是当今世上单面最长的人工夯土墙,长328米,高15米,厚2米,堪称吉尼斯世界之最;运用了最新的艺术表现形式和多种世界最先进的声光电技术为演艺赋能。

图11-1 只有河南·戏剧幻城

在主题的选择上，这里以黄河文明为根基，深挖中原文化，用全新的概念讲述关于"黄河、土地、粮食、传承"的故事；在空间的营造上，从"棋盘"与"盲盒"之中创意取材，打造了328米长的巨型城郭、21个剧场，设计了56个不重样的方格空间。在这样的空间下，所有剧目单次演出总时长近700分钟，覆盖的受众和时间长度都极大拓展。正因为每个空间都相互通连，且承载着不同的时间坐标，因此观众在幻城之中穿行便如同在迷宫中探索，重温历史，邂逅未来，沉淀理性，悦纳悲欢。其体验也从过去单一行进式的体验方式变成了随机多线行进式，时间与空间交错并行，观众与演员错位互换，获得的情感体验更为丰富和多层次。

除了空间的置换所带来的新奇感，数字科技的参与也加强了观众的沉浸体验。通过全新的城市演绎、空间设计和科技造景，其在河南大地上打造出一座承载土地、文化与史诗的幻城，为观众提供了高浓度的情感体验和全新的探索模式。

第三节 现代城市景观

21世纪我国进入城市化大发展时期，在大力重视城市规划、努力提高建筑质量的同时，以现代人本主义的观念，经营低碳生态、富有特色的城市景观是我国未来城市建设的重要方向。我国地域辽阔，历史文化悠久，有着丰富的自然和人文景观，有不少现代城市景观既有较高的城市生态环境效能，又有一定的艺术性和审美趣味。

一、现代城市景观的含义、分类与特点

（一）含义

现代城市景观是指在城市范围内，各种视觉事物和视觉事件构成的视觉总体，是一个多种元素构成的复合体，由城市建筑、城市道路、城市水系、城市公共空间（城市广场及市街绿地）、城市公园及风景区等多种元素综合构成。简言之，城市中具有美感的风景，是自然环境、人工环境和社会环境的结合体。

实体和空间是现代城市景观的两个基本要素。城市中的各种实体，即建筑

物、构筑物、道路、树木等，构成了城市物质环境，而由这些实体组成的外部空间即为城市空间。一般来说，城市空间主要包括街道空间和广场空间。城市空间从形式来看是虚无的，但与城市实体同样重要，二者缺一不可。城市空间是人们进行公共生活的场所，城市人的集会、休憩以及交往，许多都发生在城市空间之中。城市景观包括城市中的各种实体，同时也包括了这些实体的外部空间[18]，因此可以说，城市景观的概念远大于城市空间的概念。

（二）分类

城市景观包括自然景观和人文景观。其中自然景观主要指自然风景，如大小山丘、古树名木、石头、河流、湖泊、海洋等。人文景观主要有文物古迹、文化遗址、园林绿化、商贸集市、建构筑物、广场等。这些景观要素为创造高质量的城市空间环境提供了大量素材，但是要形成独具特色的现代城市景观，必须对各种景观要素进行系统组织，使其形成完整和谐的景观体系和有序的空间形态。

1. 城市自然景观

自然景观是由自然地理环境要素构成的，其构成要素包括地貌、生物植被、气候等，在形式上则表现为丘陵、高山、谷地、平原、湖泊、江海等。自然景观是自然地域性的综合体现，不同地理类型的自然景观呈现出不同的地理特点，也体现出不同的审美特点，如雄伟、秀丽、辽阔、生机盎然等。城市的自然景观既包括后天的园林绿化，更包括城市内原本存在的自然景观，它们与城市现代建设景观形成相互对比，又相映成趣，如上海市区的黄浦江、湖南长沙市区的岳麓山、四川成都市区与周遭的雪山景观等。

2. 城市人文景观

人文景观是人们在长期的历史人文生活中所形成的艺术文化成果，是人类对自身发展过程中历史、科学、艺术的概括，并通过景观形态、色彩以及其他的整体构成表现出来。人文景观是历史发展的产物，具有民族性、历史性、地方性、人文性、实用性等几个方面的特点。城市人文景观具体又可分为以下四种类型。

（1）文物古迹。

包括古文化遗址、历史遗址和古园林、古建筑、古石窟、古代文化设施、古墓或纪念物等。如北京故宫、江苏南京中山陵等闻名于世的旅游胜地，都是前人为我们留下的宝贵的城市人文景观。

（2）革命活动地。

指现代革命家和人民群众从事革命活动的纪念地、战场遗址、遗物、纪念物等，如位于上海黄浦区的中共一大会址、四川省泸定县的泸定桥、贵州省遵义市的遵义会议会址等。

（3）现代经济、技术、文化、艺术、科学活动场所形成的景观。

指高水准的音乐厅、剧院及各种展览馆、博物馆等，如北京的国家体育馆和国家游泳中心等。

（4）地区和民族的特殊人文景观。

包括地区特殊风俗习惯、民族风俗，贸易、文化、特殊的生产工艺与流程、艺术、体育和节日活动，民居、村寨、壁画、雕塑艺术、音乐、舞蹈及手工艺成就等丰富多彩的地方风情和风土民情，例如云南西双版纳市区的傣族竹楼等。

（三）特点

每座城市有每座城市的特点，其凝聚着这座城市的力量，展示着这座城市的文化底蕴，是随着城市的历史延续而逐渐形成的，代表着这座城市的形成过程。现代城市景观也是艺术的一种表达方式，通过传统与现代的结合、表现，可以帮助人们更加深刻地体会一座城市的文化历史[19]。

1. 人为主导性

城市景观的设计发展深受居住于此人们的影响。城市景观应该诚实、正确地反映城市的本质，而不是某种奢华生活的体现，城市景观的设计与打造应当服从于人民和人民的物质生活与精神生活的需要。

2. 生态脆弱性

现代城市飞速发展，城市景观也多数为人文景观。四处林立的高楼大厦、四通八达的交通网络、各种建筑项目如雨后春笋般层出不穷。反之，大量人文景观对生态系统造成了破坏，大自然是人们赖以生存发展的基本条件，人们应尊重自然、顺应自然、保护自然，促进人与自然的和谐共生。

3. 设计趋同性

全球化加快了世界政治经济的发展，在一面也重新激发了人们对地域文化的复兴和重构热情。现代城市景观建设作为庞杂的人类文化要素之一，同样面临着"同质化"等问题，技术和生产方式的全球化带来了人与传统地域空间的分离，地域文化特色渐趋衰微，标准化的商品生产致使城市环境趋同，设计平庸，城市传统文化的多样性遭到破坏。

二、特色现代城市景观

城市景观是时代的反映，随着社会的进步和人类环境保护理念的提升，人们对城市景观的认识、要求和审美评价也在不断地更新和提高。城市化进程中，我国的现代城市景观也在与时俱进地发展，这些进步不是单一的线性模式，而是在认识大自然与人类文明关系的基础上，根据城市特点和发展需要，结合设计理念，多方位并行而形成的特色现代城市景观。以下介绍国内部分的特色现代城市景观，包含城市和城市内的特色景观点。

（一）日光城拉萨

拉萨（见图11-2）是中华人民共和国西藏自治区首府，国务院批复确定的中国具有雪域高原和民族特色的国际旅游城市[20]。拉萨地处中国西南地区、西藏中部稍偏东南、雅鲁藏布江支流拉萨河北岸，地势总体由东向西倾斜，是西藏的政治、经济、文化和科教中心，也是藏传佛教圣地[21]。全市总面积29 640平方千米，全年多晴朗天气，因全年日照时间在3000小时以上，故有"日光城"的美誉。

图11-2 日光城拉萨

拉萨有着风光秀丽、风情独特的雪域圣城风光。除了布达拉宫、大昭寺、小昭寺、罗布林卡、哲蚌寺、色拉寺、八廓街这些物质文化遗产，还有非常丰富的非物质文化遗产，其中最具代表性的有藏纸、泥塑、藏香等传统手工技艺，朗玛等传统藏族歌舞表演艺术，雪顿节、藏历新年等民俗节庆等。拉萨河河谷是拉萨市生态景观的重要廊道，是拉萨市与南部雪山、周边区域之间生态交流的重要通道，同时也是拉萨市民喜爱的休闲场所，是居民过林卡、举行宗教祭祀的重要活动空间，是展示城市印象的游览场所[22]。

（二）成都太古里

作为成都市的名片，太古里是融合历史文化、传统建筑质感和高端商务的杰出作品。作为市中心的开放式、低密度的街区形态购物中心，太古里有着浓厚历史文化与现代商业氛围交融的独特魅力，是独具特色的城市景观，吸引了大量的旅游者。

成都远洋太古里片区保留了老成都的街巷与历史建筑，商业体通常为2~3层的独栋建筑，川西风格的青瓦坡屋顶与格栅配以大面积落地玻璃幕墙，显得既传统又现代，营造出一片开放自由的城市空间。传统建筑遵循其原本的比例，采用最新的保护复原体系，融入更多文化创意以及对建筑保护的全新理解，最大限度地保留和延续了其历史和文化价值。在这个片区，川西民居质朴素雅而又开敞自由的建筑风格、沿用至今的古老街巷、老成都的市井风貌与人文韵味均得以保留重现，创新式的旧城改造使得城市中心活力得以重现。秉持"以现代诠释传统"的设计理念，将成都的文化精神注入建筑群落之中，历史古韵、人文雅致、艺术光辉和购物休闲氛围交融碰撞，一个拥有不同层次、充满生活气息的公共空间应运而生，一个崭新的中心城市景观呈现在世人面前。

（三）青岛五四广场

青岛五四广场修建于1997年，因"五四运动"而得名，是青岛东部新区的主要城市文化景观和青岛新地标。它北依青岛市政府办公大楼，南临浮山湾，总占地面积10余公顷。五四广场呈南北走向，由东海西路将其一分为二。中轴线上布局了市政府办公大楼、隐式喷泉、点阵喷泉、"五月的风"雕塑及海上百米喷泉，展现出庄重、坚实、蓬勃向上的壮丽景象。

标志性雕塑"五月的风"耸立在五四广场南端半圆形的广场上。这座巨型雕塑重700余吨，通体用钢板焊接而成，高近30米，直径为27米[23]，外形好像燃烧的火焰，又好像旋转的劲风，象征着中华民族的爱国力量，如劲风一般,又如火焰一样生生不息,这里已成为青岛的标志性景观之一。

站在五四广场还可以看到周边的高层建筑,大楼外部造型简洁明快。这些高楼大厦既是城市发展的表现,也是文明现代化的一种象征,在"五月的风"雕塑的映衬下形成了具有震撼力的观感。

(四)南京夫子庙—秦淮风光带

夫子庙—秦淮风光带位于南京市秦淮区中部,以夫子庙古建筑群为中心、十里内秦淮河为轴线、明城墙为纽带,串联起众多全国重点文物保护单位和文物古迹,东起东水关,西至西水关(今水西门),是中国第一个开放式AAAAA级景区。

夫子庙—秦淮风光带以儒家思想与科举文化、民俗文化等为内涵,集自然风光、山水园林、庙宇学堂、街市民居、乡土人情、美食购物、科普教育、节庆文化于一体,不仅是南京历史文化荟萃之地,也是中国最大的传统古街市。这里有南京城市发展两千多年的历史文化积淀,泛舟秦淮更是已经成为南京的特色旅游品牌。

第四节 现代乡村景观

作为一个农业大国,"三农"问题一直是国家重点关注的问题。近年来,在乡村振兴战略的政策指引下,乡村的建设和乡村景观得到了越来越多的关注。当代的乡村建设以乡村人居环境的优化为目标,不断在乡村生态和乡村经济发展中寻找平衡点,在尊重乡村原始格局的基础上进行景观的优化和提升——利用乡村自然资源和深厚文化来塑造景观,用优美景观来促进发展,引导乡村建设走上可持续发展道路。

一、乡村景观的概念与内涵

学界对乡村概念的认知都不相同。乡村是乡村地理学的重要概念[24],乡村在乡村地理学上被认为是一个孤立的、聚集人口稀少的人口聚集区域。社会学上认为乡村是人类最早产生的聚集性地域,也是人类社会活动的最小单元[25],其不仅为人类提供着食物和居住地,也为人类提供着社交场所和丰富的游憩资源。在景观学上，乡村是人类的聚居地，以自然景观要素中的农业景观为主并且有着宜人的风景和良好的生态系统，是适合人类居住的场所。

乡村景观的定义是多样化的。从地理学的角度来看，乡村景观是具有特定景观行为的景观类型，它是由农舍到集镇所代表的地区，其土地利用粗放，人口密度也比较小，田园特征明显。从生态学角度来看，乡村景观是指乡村地域范围内由不同土地单元镶嵌而成的复合镶嵌体，既受自然环境条件的制约，又受人类经济活动和经营策略的影响[26]。镶嵌体的大小和形状在配置上具有较大的异质性，兼具经济价值、社会价值、生态价值和美学价值[27]。从乡村旅游学的角度来看，乡村景观指的是乡村的综合资源，这些资源具有生态、美学、娱乐等价值属性，并且可被开发利用[28]。综上所述，乡村景观的内涵如下。

（1）基于地理区位，乡村景观泛指城市范围外的景观，比如城市郊区、镇域、村庄内等。

（2）从景观构成的角度看，乡村景观主要由生活、生态、生产三种景观构成。不同于其他景观，其自然景观要大于人工景观，景观的自然属性高，尤其是较少受人类活动影响的山区。

（3）按规划设计类别划分，乡村景观包括自然景观和人文景观。自然景观指物质层面的建筑、水体、植物、庭院、道路等，人文景观就是精神层面的乡村文化、习俗、历史等[29]。

二、新时代乡村景观的构成要素

乡村是地域特色和乡土文化的载体。乡村景观是由生态、生产、生活等的不同空间组成的集合。农田、住宅、河流、植物、小路构成了乡村景观的有机整体。乡村呈现出来的景观特征是自然和文化共同作用的结果，传统文化和社会思想在其中起到了重要作用[30]。乡民是景观的主体，他们适应自然、改造自然，创造出具有地域文化特质的乡村景观图景网。

现代乡村景观范围比较宽泛，包括在县域、乡村范围内具有特色韵味的乡村自然景观、农作景观、聚落景观、传统地域文化景观四种景观类型。不同景观类型之间既独立，又统一。乡村景观的构成要素主要如下。

1. 乡村自然景观

中国幅员辽阔，地形地貌多样，有丘陵、山地、森林、河流、瀑布、湿地、海洋等。乡村拥有的丰富自然风景资源，同时也是农业生产和生态旅游的资源。乡村自然景观包括多种自然要素，如土壤、气候、水文、动植物、地貌地形等。气候因素对乡村景观产生了巨大的影响，在不同气候影响下乡村景观会呈现区别较大的识别特征。

2. 农作景观

农作景观是乡村景观的主要内容，主要表现为乡村农业生产的景观风貌，其与当地的土地条件和经济发展水平有着很大的关系。传统的农作景观以人工生产为主，辅以简单的生产工具进行小范围耕作。由于传统社会一直是非机械化的生产，使得农作景观一直呈现出精耕细作的特点，这就构成了传统乡村农作景观小斑块式的特征，在南方乡村尤为明显。我国地理条件的差异导致了南北乡村农作景观的风貌各不相同，农业生产的景观成为乡土气息原汁原味的直观体现。乡村工业、农业生产，农田基本建设和灌溉水利设施使用等，包括农业播种、收割、采摘、晾晒、加工制作等都是具有时间性的生产活动。乡村的水利系统连接着乡村生产和生活，与农田一同构成了完整和真实的农耕时代乡村景观场景[31]。

3. 聚落景观

乡村聚落历经几百年甚至上千年的发展历程，形成了如今最适宜当地人生活的环境模式。在漫长的农业文明时代，大大小小的聚落单元散布在中华文明的每个区域，乡村社会所必需的各种建筑构成了独特的人类聚落景观。形成聚落的因素有很多，主要有自然环境、生产方式、社会文化、建筑风貌等，这些因素相互作用而形成不同组合，决定了聚落景观特征，而不同的传统文化和生活习惯的差异造就了不同的聚落形态[32]。乡村地区是中国最广泛和最重要的人类聚居地，乡村景观体现出一种多样的景观类型。聚落入口、建筑、街巷、古树老井、交通、排水、晾晒、聚集等元素构成了完整的乡村聚落空间。

4. 传统地域文化景观

传统地域文化涵盖民风民俗，集中反映在乡村人的生活风貌之中，这是乡村景观中不可忽视的元素。乡村传统地域文化是民族的特色与特质风貌文化的反映，其来源于传统文化，由民族历史长河中各种意识观念形态与思想文化相互碰撞而成，特征较为明确，往往越是较为偏僻的地方受到的外来干扰越少，地域特色越鲜明。乡村景观会以具体的视觉形象表现传统地域文化景观[33]。

三、乡村景观的特点

乡村景观是乡村地域内人与环境的交互作用所产生的综合性景观。它以大地景观为背景，以乡村聚落景观为核心，以地域特色和乡土文化为载体，由生态、生产、生活组成空间形式，由道路、植物、河流、农作物、田地、住宅构成乡村景观整体。乡村景观不同于其他景观（尤其是城市景观），它具有显著的地域特色和田园特征。

（一）乡村景观的自发性

乡村景观的产生是在人无意识的情况下，以生存为目的对自然进行的一定程度的干预。人为了生存而选择在自然条件合适的地域内对场地进行加工，从而形成建筑、道路、田地等景观。这些景观的形成并不是单纯为了观赏，也不像打造一个风景区那样需要刻意地去设计规划，其只是人为了生存的需要、为了满足生活而产生的无意识行为。

（二）乡村景观的地域性

不同地区的环境条件、自然景观和文化习俗都不相同，具有明显的地域性。在历史发展的过程中，人们为了适应不同地域的生活而对乡村景观进行了合理改造，从而形成了不同的生活方式和文化习俗。在不同的地域内，在人与自然的交互作用下，地域文化被赋予了特色和历史的烙印，具有自身的独特性，既灵活又稳定。地域文化通常通过人文景观和人文活动来体现[34]。

（三）乡村景观的生产性

乡村景观具有一定的生产性。乡村地域内的人通过对乡村景观的合理开发和利用，来满足生活生产的需要。乡村景观紧密地联系着乡村人们的生活和生产，人们为了适应不同环境和不同时期环境的变化而不断地对乡村景观进行适当的完善和改造，来满足生活需要。随着社会的进步，人们取精华、去糟粕，将能满足生活生产的部分继承和保留了下来。

（四）乡村景观的生态性

乡村景观具有一定的生态性。相较于城市的开发力度，村民通常只是为了生存而对自然进行合理开发和利用，而不会破坏景观的生态性。社会在发展，乡村也在随之进步，对乡村景观生态性的保护需要合理的乡村发展理念来支撑[35]。在进行乡村景观规划设计时，一切设计改造都应在尊重乡村景观生态性的基础上进行，要将乡村景观的生态性放在首位。

（五）乡村景观的文化性

乡村景观的文化性是由乡村景观的地域性这一特点所引发的。乡村景观是当地所特有的，并且各个地方互不相同，所以受外来文化影响较小，具有地域文化特征。在历史演进的过程中，当地人为满足生产生活需要而在对自然进行改造利用的过程中积淀下了当地的物质文明和精神文明[36]。

四、部分代表性现代乡村景观

（一）浙江省安吉县山川乡高家堂村

高家堂村（见图11-3）位于全国首个环境优美乡——山川乡境内，全村区域面积7平方公里，其中山林面积9729亩，水田面积386亩，是一个竹林资源丰富、自然环境保护良好的浙北山区村。村庄四周竹林环抱，生态环境良好，森林覆盖率达88.8%，使得村庄如一艘航行在竹海里的船，被称为"浙北魅力第一村"。高家堂是安吉生态建设的一个缩影，当地以乡村生态建设为载体，进一步提升了环境品位。

图11-3　浙江省安吉县山川乡高家堂村

(二)福建省漳州市平和县三坪村

三坪村是国家 AAAA 级风景区——三坪风景区所在地。三坪村全村共有山地 60 360 亩,毛竹 18 000 亩,种植蜜柚 12 500 亩,耕地 2190 亩。该村在创建美丽乡村过程中充分发挥森林、竹林等林地资源优势,采用"林药模式"打造金线莲、铁皮石斛、蕨菜种植基地,以玫瑰园建设带动花卉产业发展,壮大兰花种植基地,做大做强现代高效农业。同时整合资源,建立千亩柚园、万亩竹海、玫瑰花海等特色观光旅游,构建观光旅游示范点,提高吸纳、转移、承载三坪风景区旅游者的能力。

(三)陕西省榆林市佳县赤牛坬村

赤牛坬村位于陕西省榆林市佳县城南 40 公里的黄河近岸,四面龟山怀抱,枣林层叠,气韵生动。老村为明清老村,村落建筑错落有致,古朴厚重。新村逶迤延展,绿树掩映,步步入景。全村 282 户,1008 人,枣林面积 2100 亩[37],是榆林市第一批社会主义新农村示范村、市级文明村、市级十大乡村旅游示范村、市级新型农村社区建设示范村、省级文明村、省级生态村、全省最具影响力区域、中国"美丽乡村"创建示范村、中国美丽宜居村、中国乡村旅游模范村、中国美丽休闲村、全国文明村。

(四)四川省阿坝藏族羌族自治州黑水县羊茸村

羊茸村位于四川省阿坝藏族羌族自治州黑水县,距县城 18 公里,位于国道 347 线东侧,地处黑水县奶子沟八十里彩林区精品景点"落叶松林"中心区,北接辽阔的红原大草原,东临气势磅礴的达古冰川,是理想的乡村旅游度假地。羊茸村作为扶贫搬迁新村,采取统一规划设计、统一建设标准、统一时间节点安排的方式建设,通过地方政府统一组织协调、统一经营管理、统一收入分配等方式,积极打造出的一座依靠乡村旅游业致富的美丽新村。在这里,旅游者能够品尝到村民自己饲养的凤尾土鸡、藏香猪及阿坝中蜂蜂蜜,还能与当地人一起跳锅庄、唱歌、品尝青稞酒,感受黑水县厚重的民俗文化。

思考与练习

1. 论述红色文化景观在新时代背景下的价值和意义,并提出如何进一步开发和利用红色文化景观以促进旅游业发展的建议。

2. 请举例分析一个你了解的主题公园成功的原因以及对当地旅游业的影

响。你认为主题公园应该如何不断创新以吸引更多旅游者？

3. 分析现代城市景观如何体现城市的文化和历史，并以一个具有特色的现代城市景观为例。你认为在城市规划中应如何保护和利用这些景观？

4. 阐述现代乡村景观的构成要素和特点，并分析其对乡村旅游的推动作用。提出在乡村旅游开发中如何保护乡村景观的建议。

5. 结合所学内容，论述现代人文景观在旅游业中的地位和作用，以及未来发展方向。你认为应如何平衡旅游开发与人文景观保护之间的关系？

本章参考文献

［1］杜飞进. 在新时代大力弘扬红色文化［EB/OL］. 人民网．［2024-04-10］.http://dangjian.people.com.cn/n1/2024/0410/c117092-40212673.html.

［2］National Park Service［EB/OL］.［2024-10-28］. https://www.nps.gov/index.htm.

［3］FYALL A. 旅游吸引物管理：新方向［M］. 郭英之，译. 大连：东北财经大学出版社，2005.

［4］NYE R B. Eight ways of looking at an amusement park［J］.The Journal of Popular Culture，1981，15（1）：63-75.

［5］BOTTERILL J.The fairest' of the fairs：a history of fairs，amusement parks，and theme parks［M］.British Columbia：Simon Fraser University，1997：46.

［6］保继刚. 深圳、珠海大型主题公园布局研究［J］. 热带地理，1994，14（3）：266-272.

［7］楼嘉军. 试论我国的主题公园［J］. 桂林旅游高等专科学校学报，1998，9（3）：47-51.

［8］董观志. 旅游主题公园管理原理与实务［M］. 广州：广东旅游出版社，2000.

［9］王秀明. 新时期山东省主题公园发展研究［D］. 曲阜：曲阜师范大学，2017.

［10］严荔. 论文化资源产业化开发［J］. 现代管理科学，2010，5（6）：86-87.

［11］钟士恩，张捷，李莉，等. 中国主题公园发展的回顾、评价与展望［J］. 旅游学刊，2015，30（8）：115-126.

［12］国家发展改革委. 关于规范主题公园建设发展的指导意见［EB/OL］.［2018-04-09］. https://www.ndrc.gov.cn/xxgk/zcfb/ghxwj/201804/t20180408_960942_ext.html.

［13］保继刚. 主题公园研究［M］. 北京：科学出版社，2015.

［14］CLAVE S A. The global theme park industry［J］.Cambridge CABI，2007（29）：72.

［15］陈文杰，梁增贤. 新时期中国主题公园的理性发展：回顾、反思与展望——中国主题公园发展高峰论坛综述［J］. 旅游学刊，2015，30（12）：125-126.

［16］周优光. 影视型主题公园游客消费行为和营销策略研究——以横店影视城为例［D］. 杭州：浙江师范大学，2012.

［17］吴志.游客、剧组接待量均破纪录，横店影视城即将上新！［EB/OL］.［2024-01-16］. https://www.stcn.com/article/detail/1094305.html.

［18］鲁晓丽.现代城市景观设计中的中原文化特色研究［D］.郑州：郑州大学，2010.

［19］贾宇楠.现代城市景观的中国特色研究［D］.沈阳：沈阳理工大学，2011.

［20］中华人民共和国中央人民政府网.国务院关于拉萨市城市总体规划的批复［EB/OL］. ［2017-08-08］.http://www.gov.cn/zhengce/content/2017-08/08/content_5216625.htm.

［21］拉萨市人民政府.走进拉萨［EB/OL］.［2018-03-07］.http://www.lasa.gov.cn.

［22］尹超，姜劲松.城市河谷景观规划设计探析——以拉萨河河谷景观设计为例［J］.规划师，2011，27（2）：64-68.

［23］段益莉.青岛五四广场设计研究［J］.内江科技，2013，34（4）：73+80.

［24］胡晓亮，李红波，张小林，等.乡村概念再认知［J］.地理学报，2020，75（2）：398-409.

［25］刘荣胜，廖网.乡村景观建设现状及对策［J］.现代农业科技，2019（6）：125-126.

［26］王云才.现代乡村景观旅游规划设计［M］.青岛：青岛出版社，2003.

［27］刘黎明.乡村景观规划［M］.北京：中国农业大学出版社，2003.

［28］刘滨谊，王云才.论中国乡村景观中评价的理论基础与指标体系［J］.中国园林，2002（5）：76.

［29］赵巍娜.石家庄市七汲乡村景观规划设计［D］.保定：河北农业大学，2021.

［30］周孟雨.乡村振兴战略背景下乡村景观规划研究——以五河县为例［D］.合肥：安徽农业大学，2020.

［31］马佼.浅谈"生态乡村，宜居环境"的重要性和措施［J］.现代经济信息，2017（9）：26.

［32］张薇.《园冶》古典人类宜居环境理论探研［J］.自然科学史研究，2006（3）：255-268.

［33］王云才，吕东.基于破碎化分析的区域传统乡村景观空间保护规划——以无锡市西部地区为例［J］.风景园林，2013（4）：81-90.

［34］慧林，姚刚召.基于"三生空间"的乡村景观优化——以仓埠街井山村王阶久美丽乡村为例［J］.城市建筑，2019，16（32）：122-123.

［35］PETER CHRASTINA, et al. Land-use changes of historical rural landscape—heritage, protection, and sustainable ecotourism: case study of Slovak Exclave Čív (Piliscsév) in Komárom-Esztergom County (Hungary)［J］.Sustainability，2020，12（15）.

［36］刘雪菲.乡村景观多元化发展研究［D］.保定：河北农业大学，2014.

［37］陈静仁，李杰.融合"农文旅"开拓"振兴路"［EB/OL］.榆林日报.［2025-02-07］. http://szb.ylrb.com/html/2025/20250207/20250207_004/20250207_004_01_5737.html.

第十二章

旅游景观的开发

本章导读

旅游景观的价值,主要在于它可以为旅游业所利用,成为服务人类旅游需求的资源。这种价值是无法估量的,开发前景极为广阔。只有全面认识旅游景观资源的价值,才能深层次地对其加以开发利用,积极开发各种旅游产品。本章主要介绍旅游景观开发的基本概念、基本原则和方法,重点介绍如何进行旅游资源开发的价值评价和开发策略,为从事旅游景观开发的学习者、从业者奠定一定的理论基础。

本章学习目标

1. 理解旅游景观开发的概念,明确旅游景观开发在旅游业发展中的重要性。

2. 掌握旅游景观开发的基本理论,了解不同理论在旅游景观开发中的应用。

3. 熟悉旅游景观开发的原则,能够分析这些原则在实际案例中的应用。

4. 了解旅游景观价值评价的发展历史,掌握景观评价方法的基本内容和操作步骤。

5. 学会制订旅游景观开发策略,能够针对不同类型的旅游景观提出合理的开发方案。

第一节　旅游景观开发的概念和基本理论

旅游景观受产出环境、形成条件及形成机理的制约，受存在的环境条件的影响，从而具有"发展"的观念，如变化发展中的山川景观、雪山冰川，建设中的旅游景区，发展中的城市等。自然景观的发展变化大多是缓慢的、周期性的，人文景观的发展变化有时则是快速的。旅游产业应能不断满足旅游者的新需求，通过积极拓展旅游活动的形式和内容，持续开发新的景观，经过消费市场验证之后最终转变为具有一定旅游价值的景观类型。

一、旅游景观开发的概念

景观的旅游价值会随着人们对旅游对象需求的变化而变化，人们对景观价值认识具有可变性。对旅游景观的界定会因特定环境而有所不同。旅游景观开发是指，在旅游景观资源调查和评价的基础上，以市场需求为导向，以发展旅游业为目的，有组织、有计划地对旅游景观加以利用，发挥、改善和提高旅游景观对旅游者吸引力的综合性技术经济工程。它包括以下四层含义：

（1）以旅游景观资源的调查和评价为基础；
（2）以市场需求为导向；
（3）开发的目的是科学发展旅游业；
（4）它是一项综合性系统工程。

二、旅游景观开发的基本理论

旅游景观开发关系到旅游目的地良好形象的树立及其未来的可持续发展。与旅游资源开发不同，它是在旅游资源整合的基础上将旅游景观的旅游价值展示出来的过程，现将指导旅游景观开发的代表性理论简要介绍如下。

（一）可持续发展理论

可持续发展理论指在满足现代人生产生活需求的时候，不影响后代人满足自身需求的能力，强调社会发展和地球自然资源与环境的可持续利用，以及应充分发挥资源能源的循环再生能力[1]。从景观开发的角度上来说，就是不对原有的景观资源进行破坏性的行为,要用改造、辅助的手段来开发、改造景观,不能直接将自然景观打碎重组。比如森林、沼泽、湿地、丹霞地貌等这类自然景观资源,一被人为破坏,想要将其恢复成原貌基本是不可能的,所以在进行景观开发时,应当遵守可持续发展理论,保护自然资源的原本特质。

(二)资源依赖理论

杰弗里·菲佛和杰勒尔德·萨拉尼克(Jeffrey Pfeffer & Gerald Salancik,1978)在《组织的外部控制:对组织资源依赖的分析》一书中最早提出"资源依赖理论"[2],该理论的核心思想是所有组织都需要依靠外部环境中稀缺的宝贵资源来生存和发展,因为任何一个组织都不可能脱离外部环境而独立存在,也不可能拥有赖以生存和发展的所有资源。它需要借助组织内部、外部环境的各种资源,引入、吸收、改造和提高自身的生存和发展,从而在组织之间形成相互依赖的关系网络。资源依赖理论的核心是组织间资源的交换与共生。巴尼(Barney)将这一理论从传统的战略联盟运用到市场战略联盟中。他认为,一个组织只有拥有稀缺、宝贵、难以复制和不可替代的资源,才能实现绝对和持久的竞争优势。因此,资源是旅游景观的基础,如果旅游资源稀缺、难以复制、不可替代,那么景观往往就具备了可持续发展的能力。

(三)顾客满意度理论

1965年,卡多佐(Cardozo)进行了顾客满意理论的相关调查研究,是较早涉足顾客满意理论研究者之一。美国学者罗伯特(Robert Laupert,1990)基于市场营销学说提出了完备严谨的顾客满意理论,他将营销的四个关键点:成本、消费者、沟通和便利性融为一体。他认为,企业应在此基础上注重顾客满意度的提高,然后采取必要措施降低生产成本,进而增强顾客消费活动的便利性。在旅游景观的开发过程中,旅游者的主观体验与满意度不仅直接关乎他们对旅游目的地的整体评价,还深刻影响着旅游地对潜在游客群体的吸引力与宣传效果,因此,这一因素成为衡量旅游景观开发与管理成效的重要标准。

(四)景观生态学理论

景观生态学是研究景观空间结构与形态特征对生物活动与人类活动影响的科学[3]。这是一门将区域内的景观整体作为研究对象,通过研究物质流、能量流、生物流等信息在地表的传输和交换,运用生态系统原理和系统方法研究景观结构和功能、景观动态变化以及相互作用机理，研究景观的美化格局、优化结构、合理利用和保护的学科。

对景观的生态设计主要分为自然式设计理念、特色主题式设计理念和保护式设计理念三种类型。自然式设计理念主要强调自然弱化人工，注重将原有的生态面貌保留，作为景点景观设计的一部分。例如将自然存在的古树保留，作为景点的一大景观；或者是将自然存在的瀑布、溪流等稍作修饰，作为景点的一道景观。总而言之就是要弱化人工改造的痕迹，尽量保留自然原有的风貌。特色主题式设计理念注重人工改造，需要体现景点特色，诸如红色主题、科教主题等。但是，在人工改造的过程中，设计师也必须尽可能减少在改造过程中对生态环境的破坏。比如可以利用场地原有石材进行雕刻修饰，作为景观小品；也可以引用本土植物来进行植物造景，进而打造一个稳定、和谐，并且独具特色的景点景观。保护式设计理念，顾名思义，以大自然原有的生态环境为主，基本不施加人为干预。像我国的九寨沟景区等，均最大限度地保留了景点原貌，做到了原生态设计。

三、旅游景观开发的原则

中华人民共和国文旅部统计数据显示，2024年春节假期8天全国国内旅游出游4.74亿人次，同比增长34.3%，按可比口径较2019年同期增长19.0%；国内旅游者出游总花费6326.87亿元，同比增长47.3%[4]。作为旅游业的重要知觉对象，旅游景观的开发是旅游产品的形成过程。它指的是人类向旅游景观资源追加一定的物化劳动和活劳动而使之成为可以被旅游者直接享用的对象的技术经济过程。这个过程的外在表现就是针对一定旅游地的旅游景观，改造、建设一定的旅游项目及相应的旅游基础设施，提供配套的旅游经营管理和服务。

景观、文化和业态三大核心吸引力，缺一不可，相互依托，相互彰显，共同强化旅游地的特色、主题、品牌和形象。景观的开发应当遵循一定的原则，从而确保景观在创造效益的同时实现可持续发展。

（一）美感原则

从审美的角度看，文化旅游产品的供给状态和使用方式要遵循"美的规律"，优秀旅游产品和服务的形成是审美创造的结果，包括旅游景观的整体设计以及与设置其环境相融合协调的建筑、交通工具、公共设施等。作为旅游景观环境不可或缺的部分,实用价值中审美意识的融入也是必需的,这种实用价值和审美价值的统一应该贯穿于旅游活动的全过程,实现旅游物质文化的审美化生产与创造。强调美感原则,一方面可以使旅游开发者更准确地把握旅游景观,按照其内在美的特征挖掘旅游景观资源的内涵,提高旅游资源的利用效率,最终实现旅游景观的保护性审美开发;另一方面可以更好地满足旅游主体的审美需求,帮助其达到陶冶情操、美化心灵的目的,在怡情悦性中提升自己的审美能力。

（二）有效保护原则

在旅游景观开发中,要坚持科学合理的指导思想和行为方式,注意对资源、环境切实有效保护,防止和杜绝掠夺性、破坏性开发利用,努力实现永续利用和可持续发展的绿色产业目标。但是,一旦开发与保护出现矛盾,保护便对开发拥有绝对的否决权。景观资源是我们赖以生存和发展的基础,不能有效保护景观资源将会使我们失去生存和发展的根本。

科学开发是有效保护的前提,有效保护又是充分发挥资源效益、实现开发利用目的的前提。要使旅游景观实现可持续利用,就必须加强对旅游景观的保护。开发和保护的关系应体现的总原则：开发应服从保护,在保护的前提下进行开发。景观与资源得到妥善保护,开发才能得到收益;开发取得收益,反过来可促进保护工作。

（三）突出特色原则

把旅游景观开发为旅游产品,应当坚持突出特色的原则,特色是产品的生命力、竞争力之所在,没有特色的产品就是没有竞争优势和前途的短命产品。在进行景观开发时,应以市场的价值观念看待景观开发后的吸引力问题,尽可能保护自然和历史形成的原始风貌,充分挖掘在地文化的特点和属性。在旅游景观开发中强调突出特色、扬长避短的特殊意义就在于,旅游吸引力最初就产生于文化的差异性,求新、求奇、求异、求特是主要的旅游动机和目的,也是实现求乐目的的重要途径。因此,旅游景观开发和生产必须重视突出特色原则。

（四）旅游景观开发精品化原则

我国旅游景观丰富多样,为景观开发提供了良好基础条件,但同时也存在着旅游产品重复性开发和开发散乱、景点老化等问题。针对这种情况应当对旅游景观进行精品化设计，开发出形象鲜明并具有较高市场竞争力的旅游产品。从旅游的角度讲，文化对游客的吸引力是有强弱之别的。精品化原则的实现需要深度挖掘这种文化内涵，然后精心设计、表现这种内涵，这样设计出的旅游产品才会含有更多的文化信息，才会更富有感染力和表现力。一方面要注重对老产品的改善，进一步丰富其内容，如对老景区中的景点进行改造，推陈出新，改变原先单纯性观光旅游的思路，把观光与娱乐结合，设计一些地方特色浓郁的民俗节目表演和手工制作，让旅游者参与其中，提高景区的趣味性和吸引力；另一方面要注意开发全新的旅游景观，确定开发的区域顺序、时间顺序和层级顺序，在原有核心区域的基础上发现和开发新景观，以吸引更多的旅游者[5]。

第二节　旅游景观开发的评价与方法

旅游业被视为促进国家和地区经济的重要推动力，而智慧旅游直接催生了旅游大数据。作为旅游核心载体的景观，其评价机制有着尤为重要的作用。结合旅游资源的评价和大数据的背景，能帮助我们研究旅游景观评价和认识，形成以旅游者视域为基础的旅游景观评价机制。

一、旅游景观评价的发展历史

自18、19世纪开始，现代景观设计以欧美发展引领为主，相应的景观评价研究也同样以欧美为中心；20世纪六七十年代开始，则主要肯定景观的美学价值，80年代注重对景观特质的分类与描述，90年代的研究重点则为景观特质在景观评价中角色的研究。2014年克里斯腾（Christne）提出以自然、文化与社会感知、美学三个体系为主的英国景观特征评价指标[6]。21世纪以来，景观价值评价也由以专家打分法为代表的评价方向转为关注主观偏好的感知评价方式，且范畴从单一的视觉景观拓展到多功能景观。

相比国外，国内旅游景观评价研究起步较晚，但发展迅速。20世纪90年代，国内对环境保护和可持续发展越来越重视，旅游景观评价也逐渐受到关注。早期研究主要集中在景观美学的评价上,学者们开始探索景观美景度与景观要素之间的关系。进入21世纪,国内旅游景观评价研究在广度和深度上都有了显著提升。研究领域不断拓展,从单一的景观美学评价扩展到生态、经济、社会等多方面的综合评价。研究方法也更加多样化和科学化,引入了遥感、GIS等现代技术手段,提高了评价的精度和效率。同时,国内学者还结合国情,对乡村、城市公园、风景区等不同类型的旅游景观进行了深入研究,形成了具有中国特色的旅游景观评价体系。

旅游景观评价从评价角度来看,分为三类。第一类是以景为中心,对风景的各项自然指标如植被、水体等进行的评价,分析更加侧重于测量数据;第二类是以观为中心,由专家和公众对风景的评价,分析更加侧重于特征描述、等级打分等;第三类则是景与观的结合,称为量化综合法[7]。除此之外,张国庆等(2017)将视觉景观评价方法分为描述景观指标法、公众偏好法和整体量化法,其中整体量化法是现行国内外主流的使用方法[8]。

(一)国外旅游景观评价实践

特内雷利(Tenerelli,2017)探讨了利用众包地理信息进行景观视觉特征评估的可行性,并分析了其与景观美感关系研究在方法论方面取得的进展。他们使用在线照片共享平台Flickr上的地理标记照片来定位高山地区的美学吸引力区域,并分析从各个视点看到的景观特征[9]。沃兹尼亚克(Wo E.,2018)等建立了一种评估旅游生态系统服务(ecosystem service,ES)潜力的方法,兼容景观复杂性和旅游活动多样性的因素,通过两步分析来区分内在景观潜力和服务景观潜力。从生物因素和非生物因素角度,对波兰北部大马祖里湖区(Great Masurian Lakeland)进行了旅游景观潜力评估[10]。

(二)国内旅游景观评价实践

宋立民(2016)认为我国的旅游景观评价体系,正在从感性评价走向科学评价[11]。聂婷等(2015)基于网络爬虫技术,从新浪微博、大众点评网等抓取珠江水公共景观资源的居民签到和评价数据,挖掘公众心中珠江意象和公众需求评价。该研究涉及简单的词频分析,但没有更加深入的模型搭建[12]。刘(Liu,2016)利用Codoon的自我跟踪应用的VGI数据库,记录跟踪锻炼路线等数据,编码至ArcGIS中,研究深圳市绿道的网络特征,证实了空间行为研究的巨大潜力[13]。葛鸿雁(2017)运用BP神经网络来实现对未发掘的红色旅游资源的机器学习，并通过智能化评价来避免主观随机因素，客观地对红色旅游资源进行评价[14]。李凤仪（2019）选取哈尔滨市冰雪旅游形象，首先，利用计算机编程获取多家OTA平台的旅游UGC数据，建立冰雪旅游形象感知分析的文档数据集；通过关键词提取和主题提取，从认知形象、情感形象、总体形象三个维度探究哈尔滨市冰雪旅游形象感知[15]。刘维维（2019）通过文献和实地调查，结合空间句法、网络文本分析法等研究方法，构建基于大数据的景观规划方法理论框架，并将其运用于田园综合体规划中[16]。吕梦竹（2019）以网络图片及在线UGC数据为基础，以安徽宏村为研究对象，采用内容分析法探究古村落景观认知[17]。赵军勇（2019）在旅游慢行空间系统优化时，以大数据的组合应用为视角，极大地丰富了旅游慢行交通系统的手段[18]。

随着新技术的演进和数据科学研究的深入，GIS（地理信息系统）、遥感技术以及三维立体成像技术应运而生，为景观设计与评价开辟了新的研究路径[19]。GIS地理信息系统也被用来确定区域的视觉风险，用GIS包裹可视化技术（ARC／INFO），包括敏感性分析、景色质量评价、视觉敏感度分析、视觉吸收力评价，运用综合叠加分析得出区域景观质量评价[20]。王丽玲（2016）应用ArcGIS软件对山西省旅游资源进行评价，最终揭示了区域旅游资源的空间分布规律，为旅游者对旅游景点和出行线路的选择提供参考，也为旅游景点的规划和开发提供了有力依据[21]。

二、旅游景观评价方法的发展

（一）评价方法综述

互联网的发展为旅游提供了海量的信息和无与伦比的便捷性，人们可以轻易从网上获取景点的性质、景点地理位置、景观文化背景等信息，此外还有相应的景点服务信息，如交通、餐饮、住宿等信息。同时，旅游者还可以通过互联网留下相应的足迹信息，例如旅游景观评价信息、游览时空信息、旅游成本信息等。这些数据都为科学研究提供了海量的信息支持。有学者将旅游景观评价方法分为四大学派，分别是专家学派、心理物理学派、认知学派以及经验学派，并从理论方法、评价内容、参与者、优势劣势及技术手段等方面进行评价。其中的心理物理学派被认为是更加可靠的研究方法，其运用数理统计的方法建立美景度和各要素之间的数学模型，使评价结果具有说服力，评价方法具有可实践性[22]。

近年来，随着技术的进步和评价方法的不断创新，旅游景观评价越来越注重数据支持和量化分析。同时，公众参与和专家咨询也成为旅游景观评价中不可或缺的一部分，提高了评价的全面性和公正性。常用的旅游景观评价方法如下：层次分析法（AHP）、美景度评价法（SBE）、俞孔坚的审美评判量法（BIB-LCJ）、语义差异法（SD）、人体生理心理指标法（PPI）、后评价分析法（POE）等。沈雯等（2018）在景观植物评价分析中综合运用了层次分析法（AHP）和美景度评价法（SBE），用 Kendall's W 协和系数对结果一致性进行检验，其中包括美学构成、心理感知和文化表达三个方面的 12 个指标，进行比较，结果更为准确、客观[23]。李鹏等（2018）利用 GIS 评价法对区域旅游规划进行分析，首先采集了旅游资源单体，然后将旅游资源格网化，从而对旅游资源群进行评价，为旅游功能群识别以及旅游线路、空间发展轴线识别提供规划依据[24]。

（二）ASG 景观评价法

ASG 景观评价法，即层次分析法（AHP）、语义差异法（SD）以及 GIS 评价法，是常用的景观评价分析方法，三种评价方法各具优势，具体如下。

1. 层次分析法（AHP）

层次分析法（AHP）是美国匹兹堡大学萨蒂教授（Saaty）于 20 世纪 70 年代初提出的一种多准则决策分析方法，其特点为定性与定量相结合，简便、灵活且实用性高。层次分析法本质思想是将复杂问题分解为相应层次，通过分析、比较、量化、排序，形成一个多层次的分析结构模型[25]。

2. 语义差异法（SD）

语义差异法（Semantic Differential），由查尔斯·埃格顿·奥斯古德（Charles Egerton Osgood）于 1957 年首次提出，是一种心理测量的方法，隶属于心理物理学派的解决方案范畴。该方法利用言语反应来测量心理感受，从而获取被调查对象对于评价对象的感受结构的量化数据[26]。基于大数据的语义差异法有下列优势：首先，传统的评价语义形容词需要研究者自身收集 30~40 对，被测评者比较容易判断出场所的感受。通过数据抓取特定的词汇，就能更真实地反映测评者的直接感受，从而通过统计分析最佳测评感受。其次，《社会调查法》一书描述了标本与误差范围之间的关系，通过数据采集可以将数量扩增到千人甚至万人，大大提高了调查人数感受的多样性和准确性[27]。再次，景观评价中，最佳的评定方式是在真实的景观空间中进行实地体验，而这种方式实施的可能性极小，因此多采用照片、录像的方式进行调查问卷。但是采集的照片和录像具有片面性，无法完全反映全景的体验感受。而且照片的角度和场景选择本身就具有主观性，限制了测评者对景观的理解和评价。通过大数据测评，所有的测评者均有实地考察的经验，给出的评价会更加真实、可靠。

3.GIS 分析法

GIS 地理信息系统被用来确定区域的视觉风险，用 GIS 包裹可视化技术（ARC/INFO），可以分析包括敏感性分析、景色质量评价、视觉敏感度分析、视觉吸收力评价，运用综合叠加分析得出区域景观质量评价。通过对大数据产生的数据进行分析后，在 GIS 中表达输出，直观展示景观评价的结果。

（三）景观评价中的常用统计方法

（1）方差分析（ANOVA-F 检验法）：用于检验各种评价方法是否差异显著，是否需要分原则进行评判。

（2）相关分析：通过绘制离散图检验现象间是否有相关性。

（3）回归分析：将变量之间的非确定依赖关系通过数学表达式表达出来，对未知量进行预测，用于决策，包含一元回归、多元回归、曲线回归等。

（4）因子分析：对数据标准化梳理后，通过对被测量数据之间的关系进行分析，计算其更简要的概要属性，利用的是降维思想[28]。

（四）数据可视化方法

数据可视化方法就是将收集整理的原始数据通过直观形象的方式来呈现，从而加深用户理解，常见的有散点图、时间轴和饼图等。数据可视化方法常见的是直接转换法和抽象的转换法。直接转换的方法简单、直接，而抽象转换法则是有多个环节和层次的处理，相对复杂。景观评价常用的数据可视化工具通常有 SPSS、GIS、E-chart 等数据可视化方法。

三、旅游景观的未来开发策略

（一）加强生态环境保护，构筑景观开发资源底色

生态环境是维持旅游业发展的物质基础和开发底色，同时生态环境也涵盖了绝大多数的旅游景观，包括森林资源、农田阡陌、水域溪流等，这些都是

保持城乡区域间优良的景观条件、植被条件、气候条件的基础,是联结城乡的"绿色纽带"。保护和维护景观所在地高品质的生态环境,打造全域景观体系,实现空间全景化,是旅游景观开发可选择的方向之一。

围绕景观特色,还有以下几种开发思路。

1. 风景廊道的打造

随着自驾车旅行时代的到来,以自驾道、慢行道、运动道等道路系统将各大发展板块进行有效串联,进一步结合大尺度的视域景观和服务节点,通过一些新的游览活动和行程组织,构建起非景区化的全域旅游空间廊道系统。风景廊道打造可以充分借鉴和推广各地已获成功的最美乡村公路的经验,充分挖掘域内道路交通功能以外的潜力,利用道路两旁的环境资源,进行植物景观的打造。充分链接分散资源点,实现沿线的业态整合、景区整合、度假区整合以及旅游小镇与特色村落的整合,使其成为交通、游憩、景观的多功能综合体,形成处处有景、随时可停留的旅游休闲氛围,带动区域休闲网络化发展。如图 12-1。

图 12-1 辽宁省盘锦市红海滩风景廊道

2. 田园风光的板块化塑造

对于农业资源丰富的景观地来讲,广阔的田野和特色的农作物是展现全域景观的重要斑块和基底,农作物在全域景观中扮演着重要角色,可以将农作物视为旅游的景观元素,将田园由小块田变成规模较大的田野,通过种植不同品种具有视觉冲击感的作物,加强视觉美感,打造大地景观,使田园的风景变得开阔壮观。

根据地域特征和旅游发展需求,还可以打造具有地方特色的田园景观,吸引旅游者驻足观赏。比如,五彩农田——通过在区内大面积配置特有农作物,使其形态与色彩呈现季节性变化,打造特有的田园景观,塑造震撼的大地艺术;浪漫花海——在地势起伏的地区依坡就势种植兼具观赏价值及经济价值的特色花草,形成强烈的视觉景观效果,展示景观不同季节的风情;多姿果廊——通过在沿国道、省道、县道等交通沿线种植不同时令的水果,打造水果长廊,吸引旅游者进园采摘,体验动手的乐趣。

3. 生态基质的重塑

林业资源丰富、景观特色突出的区域可以打造万亩林场、万亩果园、万亩草场等规模性景观,在做好生态保护区景观打造的同时,突出城镇绿地、道路沿线、景区景点、房前屋后等重点区域,广泛开展植树造林活动,构建乡土树木为主、常绿树种搭配、灌木花草错位发展的立体化绿色屏障。在域内开展环境整治,牢固树立"绿水青山就是金山银山"的发展理念,持续开展城乡绿化活动,实施城市森林、水系森林、通道森林、景区森林、矿区复绿、封山育林等环境工程,加大生物多样性保护力度,放大山水生态优势。大力普及公众的生态及环保意识,全面营造"天蓝、山清、水绿、地净、气爽"的优美环境,充分展现生态之美、环境之美、乡村之美、和谐之美。

(二)深度加强产业融合,发展旅游新兴业态

景观开发要尝试打破旅游产业独自发展的弊端,充分发挥旅游业既有生产性服务业又有生活性服务业的双重优势,使旅游业成为区域内产业融合的媒介,要把在产业融合过程中出现的新业态、新产品作为旅游发展中最活跃的部分来培育,延伸旅游产业链条,发挥产业带动功能。通过把握资源、产品、市场、技术和政策因素,加强产业融合,形成"农业围绕旅游增价值,工业围绕旅游出产品,服务业围绕旅游成规模"的产业融合模式。

1. 传统农牧业的文旅融合

农业与旅游业的融合是实现现代农业发展的重要途径,不仅丰富了旅游活动类型,而且通过产业延伸,促进了农业的转型升级,使农业增加了新的现代服务业元素。乡村风貌独特、田园风光优美、地方饮食独特、新农村建设有声

有色都是进行农旅融合的优势。要促进传统农牧业的文旅融合，就要继续因地制宜，发展特色农业，增强地方农产品竞争力，申请农产品地理标志，打响农产品知名度。积极发展农业合作社、技术交流协会等农业服务体系，推动农业技术集成化、土地利用高效化发展，推广家庭农场、农业庄园等新型农业经营形式，建设一批专业化、规模化、集约化的现代农业产业基地。

可以景观开发为切入点，在农业发展的过程中充分利用现有产业结构，促进传统农业向景观农业、休闲农业、创意农业方向发展。将农业种植与旅游景观结合，丰富农产品种植品种，发展大面积的大地景观，形成农业观光游。在观光的同时发展休闲农业，积极开展系列农业主题活动，开展亲子乐园、婚纱摄影、创意农场、农业餐厅、休闲农庄、主题科技园等业态，吸引周边城市的旅游者参与农业生产、收获和消费体验，享受乡村田园的静谧和悠闲，积极打造一批环境优美、功能齐全、服务规范、品质优良的乡村旅游点，打响乡村旅游品牌。

2. 传统工矿业的文旅融合

工业旅游是随着人们对旅游资源理解的拓展而产生的一种新的旅游概念和产品形式。工业旅游的发展不仅整合了旅游资源，增加了产品供给，还促进了产品结构和社会的持续发展。有矿业的区域可以通过对废弃矿井的综合治理，打造煤炭历史博物馆、建立煤炭工业发展展厅、开设矿井探险游、打造"黑色旅游"基地，开发科普游学、探险揭秘等体验类旅游产品；积极发展风力发电和光伏发电，开发风车田景观等，将生态旅游与新能源开发结合，打造能源生态旅游示范区。

有工业园区的区域可以工业园区为基础，开发工业旅游园区，发展壮大工业旅游规模。建设特色性强、具有代表性、成规模的工业文创体验园，发展工业旅游产品，重点扶持企业开发旅游工艺品、纪念品，提升地方最有特色旅游产品来打造，培育一批全链条的工业旅游产品，从研发设计、生产加工到产品展示、用户体验等各个环节都融入旅游元素，有效改造和延伸传统制造业的产业链条，实现旅游业和工业的协调共赢发展。见图12-2。

图 12-2　天津市长芦汉沽盐场

3. 传统服务业的文旅融合

旅游本身就是第三产业中重要的组成部分，以旅游为龙头的"五大幸福产业"（旅游、文化、体育、健康、养老）是未来第三产业中最具发展潜力的。其中文化是旅游的灵魂，旅游是文化的载体，没有文化的旅游是缺少魅力的。挖掘红色文化、民俗文化和农耕文化，将多元文化有机融于景观开发和建设。充分发挥庙宇、石窟、遗址等文物资源和博物馆、展览馆、剧院等社会文化资源作用，打造旅游演艺、主题酒店、主题公园等新型文化旅游业态，加强文化创意产业发展，将厚重的文化景观资源转化为具有特色的旅游产品。

2021年8月3日，国务院印发了《全民健身计划（2021—2025年）》，就促进全民健身更高水平发展、更好满足人民群众的健身和健康需求，明确了未来5年的发展目标及8大核心任务。在此背景下，体育与旅游作为人们最为青睐的健身休闲方式，在全民健身计划的落实中扮演着举足轻重的角色。体育公园、体育场馆等景观设施，能够促进竞技体育、休闲体育与旅游业的深度融合。有条件的户外山地、湖滨景观也可以开发体育旅游项目，将运动健身设施全面融入旅游基础设施建设中，打造以体育运动、休闲健身为主题的旅游线路产品，大力发展体育运动俱乐部、健康社团组织，开展体育旅游主题活动。此外，风景休闲地还能够发挥医药制造和生态优势，开发多种类型的养生旅游，开发一批中医药保健、身体检查、养生护理、"候鸟"养老等专项特种旅游产品，打造健康生态产业园、养生养老综合服务社区等新兴业态，服务于"银发经济"。

（三）注重城乡功能叠加，营造旅游休闲空间

景观开发应当突破核心景观区，进一步延伸到城市、小镇、村落等全域空间。城镇与乡村也要从过去偏重生产功能，向统筹生产、生活、生态、休闲与旅游度假功能转变，去迎合旅游发展需求，这将有利于拓展休闲空间，减轻旅游景区的环境承载压力，提升全域的旅游空间质量和规模。通过旅游分工和发展导向，城市—乡镇—村落三个层次的城乡建设，将形成更多可持续性的旅游休闲游憩新空间。

1. 生态城区休闲旅游

以核心景观为依托，在城市建设中按照休闲旅游城市的相关标准来规划城市设施、提升城市服务；改善休闲环境、丰富休闲业态、活跃休闲方式、完善城市空间体系；充分考虑城区居民的休闲需求，围绕休闲社区来完善社区这一城市空间基本单元，推动休闲生活落实，全面打造休闲旅游城市。将城市打造为以重要景观资源为依托的城市文化旅游区，进一步完善城市绿地、城市公园、城市广场、郊野公园等公共休闲空间体系，打造音乐厅、博物馆、康体健身中心、电影院等文化娱乐场所；开展艺术节、博览会等节庆活动，营造旅游文化氛围，让旅游者深入整个城市环境和居民生活，实现旅游者与居民的交融共享，打造宜居宜业宜游的现代化、人性化城市和旅游产业的发展龙头。

2. 特色小镇主题旅游

拥有景观资源的乡镇可以根据实际情况，以自身景观资源为基础，以旅游发展为特色，制定旅游发展策略，寻求各自城镇与旅游发展双重功能的项目，实现规划建设与产业发展相融合，打造培育出一批文化旅游、特色养殖、观光农业、民宿体验等多产业融合的特色主题小镇（见图12-3），构建起旅游城镇体系在发展特色旅游小镇的同时，注重培育基础产业，挖掘产业特色，延伸产业链，打造其他产业主题小镇。

图 12-3　浙江莲都古堰画乡小镇

3. 美丽乡村田园旅游

乡村是旅游发展的基本空间单位。乡村是民俗保存和传承最为完整的地区，各地乡村景观各具特色。应充分挖掘村落特色发展潜力，创造一个以上的本地特产，可以是农作物、手工艺品、特色美食，也可以是文化活动、地方传统节日，努力打造一村一品、一家一艺的村庄格局；同时积极增强乡村居民的旅游发展意识，改善生态环境和优化农业景观，保护乡村原始风貌和乡土景观，展演传统民俗活动和手工制作艺术，发展庭院经济，开展农家乐、乡村客栈、度假民宿等旅游接待设施，产生新的旅游文化体验产品；充分依托村落区位优势，重点打造城郊地带、景区外围、乡村山区、沿路区域、滨水片区的乡村休闲旅游示范村，促使休闲农家、休闲农庄、休闲农业产业示范园和特色种植养殖产业基地等休闲点遍布县域。

（四）强化公共服务建设，提升旅游体验质量

旅游公共服务是旅游者参与旅游活动的重要保障，也是提升旅游者满意度的重要指标。在全域旅游时代下，除了景观游览体验之外，旅游者对公共服务设施的数量与质量提出了全新的要求。旅游目的地要不断提升旅游服务水平，构建一体化的服务体系，实现旅游公共服务的全域覆盖，构建旅游者与本地居民共享的高品质的旅游体验及生活环境。

1. 便捷的自驾交通系统

首先要以交通线路、旅游景观区（点）为核心，对现有的旅游线路以及各

级道路进行整合和优化，链接断头路，形成区域旅游大环线。其次要加强跨区公交、公共自行车、旅游租车、自驾营地、停车场、标识引导等旅游交通服务建设；积极在主要客源地城市设置前往目的地的旅游专项客车。最后在域内精心设计一批旅游专线、乡村绿道、自行车慢道、健身步道，完善"快行漫游"路网体系。开辟自行车游览通道，倡导绿色健康的生活方式。在有资源、有条件的地区推动特色交通旅游产品，开发旅游小火车、观光热气球、马背游等新型旅游出行方式，盘活旅游公共基础资源，为当地居民及旅游者提供郊野休闲旅游慢行空间、商业片区慢行空间。

2. 完备的配套服务系统

以改善旅游接待服务条件为目标，政府引导多方位参与，不断丰富完善旅游服务要素供给。加快旅游综合服务中心建设，完善旅游酒店、旅游购物、旅游厕所等接待服务功能；进一步优化住宿及餐饮设施结构，除建设不同星级酒店外，还可以开发具有地方特色的餐饮住宿产品，发展旅游营地建设。关注自助游类游客的喜好，在景观河道沿岸的安全地带设立汽车营地和露营地，供这类旅游者休息、野炊、露宿之用。

在配套服务设施建设的过程中要注重旅游服务理念的打造，景区及旅游经营者要树立服务至上的意识和自觉。大力提升景区景点的软实力，加强景区景点全方位管理，建设专门的旅游引导和服务机构，提升导游和服务人员综合素质；根据旅游者的不同需求，提供差异化的旅游服务，推动旅游服务的精细化和个性化，提升服务质量，打造轻松愉悦的体验环境，在让旅游者感受高品质服务的同时让居民共享旅游发展成果。

3. 全景体验的信息系统

针对目前移动互联时代的到来和全民自助出行意愿高涨的现状，建立全景体验的旅游公共信息服务系统。积极利用"互联网+旅游"的发展模式，实现"智慧旅游"与移动互联网技术的全面融合，建设智慧景区、智慧饭店，打造网上虚拟旅游；充分利用旅游网站、旅游服务热线、旅游微博、微信平台和手机小程序提供旅游地交通、天气等即时信息查询及景区门票、住宿预订等一体化服务；在主要景区、饭店等旅游服务区域实现Wi-Fi全覆盖，充分发挥智慧旅游平台的功能。

围绕网络服务、咨询服务、解说服务三要素来推进旅游公共信息服务体系建设，除了提升智慧旅游服务外，根据实地情况，在城市中心设置旅游公共服务中心，在交通节点及主要景点设置旅游信息咨询服务窗口，及时提供旅游咨询服务；在旅游解说服务方面，提供专业导游解说服务的同时，要鼓励本地居民提供志愿解说服务，帮助旅游者获取最新、最全的旅游指南、交通服务及相关的信息解说服务。

（五）注重全民营销推广，打造旅游品牌优势

旅游营销是旅游产业发展中的必要环节，也是扩大旅游产品销售、创造旅游经济效益的根本途径。营销主体的构成、营销市场的界定、营销渠道的选择、营销战略的制订都将直接影响旅游营销效果。在旅游营销中应全面整合人力、财力、物力等多样化的营销资源，采用多样化的营销手段，提升营销效果，实现营销目标。

1. 全民营销的模式创新

随着新媒体的发展普及，在当下，旅游者的分享营销效果更加突出，可以尝试政府造形象、企业造产品、居民造服务、旅游者造口碑的"四位一体"的营销模式，充分发挥政府、媒体、社会、企业的各自优势，从全方位、多层面、多样式进行立体式宣传推广，形成营销合力，将旅游营销宣传与城市形象推广相结合，将整个城市打包对外营销。

在"四位一体"营销模式中，政府主要负责"形象营销"，通过制作旅游宣传片、投放品牌公益广告、举办旅游推介会、策划文化旅游活动等方式，提升旅游的美誉度和知名度；企业负责"产品营销"，把旅游产品做好做精，加强旅游线路推广、旅游特色宣传，满足旅游者心理、情感、审美等各方面需求；居民负责"服务营销"，居民作为目的地的东道主，是旅游服务者，可积极做好旅游形象的宣传者和传播者；而旅游者负责"分享营销"，可设置奖励机制，鼓励旅游者在社交媒体上对旅游体验"口口相传"，开展口碑营销。

2. 渠道营销的全方位设计

旅游营销渠道是使旅游产品能够被旅游者购买并消费而配合起来的一系列独立组织的组合。为加快推进智慧旅游建设，应不断拓宽旅游市场推广渠道，丰富和创新宣传的策略营销手段。充分运用相关题材的影视剧、电影、歌曲、图书等大众媒体来宣传推介旅游；加强与旅行社等分销商合作，在主要客源地城市设置旅游营销中心，开展旅游交易会，建立和完善旅游分销体系；加强与星级酒店和航空公司等旅游代理商合作,采取各种鼓励和优惠政策,完善旅游产品销售渠道。

在继续巩固传统营销渠道的基础上,积极创新旅游营销渠道,运用网络营销、媒体营销、体验营销和航线营销等新型的营销方式,通过新兴媒体技术进行全方位宣传推广,使旅游产品通过网络销售拓展营销范围,从而扩大客源市场。全面整合现有手机平台、OTA电子商务平台和各级旅游企事业单位官方网站平台、微博、微信等社交平台,建立全媒体时代的立体旅游营销系统,实现线上、线下营销闭环,为旅游者和居民提供便捷的信息查询和在线交易服务。

3.品牌营销的主题创新

旅游品牌形象是旅游目的地吸引旅游者的关键。首先要围绕核心旅游景观打造旅游目的地品牌,推出旅游品牌,树立鲜明的旅游目的地形象;策划系列针对重点旅游产品的主题营销活动,积极营造健康浓郁的旅游文化氛围,展现当地丰富多彩的旅游产品体系,增强对旅游者的吸引力,努力为其留下良好的印象,凸显品牌优势[29]。针对旅游资源和客源分层制订个性化营销策略,实现精准营销,重点对核心客源城市进行客源地营销;同时提升目的地对小众化、高层次、特殊兴趣市场的吸引力,集中力量加强对细分旅游市场的营销——从营销资源、营销产品到营销氛围、营销服务,到最终的营销生活方式;打造品牌的精品化与主题化,提升旅游品牌的知名度与美誉度,最终实现旅游目的地的品牌价值。

第三节 旅游景观的保护与管理

旅游业是全球经济的支柱之一,每年吸引数十亿旅游者前往各个目的地。旅游景观作为支撑旅游业发展的重要载体,不仅为旅游者提供了视觉享受和文化体验,更是地方经济和社会发展的重要源泉。然而,随着旅游业的快速发展,景观的过度开发、城市化进程、旅游者不文明行为、自然灾害等因素对旅游景观造成了不同程度的破坏,有必要对旅游景观进行合理保护和管理,以保障资源的有效利用和旅游业的可持续发展。

一、旅游景观保护与管理的重要性

旅游景观保护的重要性不仅体现在自然环境和文化遗产的保护层面，还关乎可持续发展、经济利益、社会和文化传承等多个方面。

（一）保持自然和文化遗产的完整性和可持续性

旅游景观作为自然与文化遗产的重要载体，包含丰富的生态、地质、历史、文化等价值。通过科学合理的保护与管理，可以确保这些资源得到有效保护，避免遭受破坏和损失。同时，可持续的保护与管理措施能够保证旅游景观长期为人们提供观赏、学习和研究的机会，为后代留下宝贵的遗产。

（二）促进地方经济和社会发展

旅游景观的保护与管理能够吸引更多的旅游者和投资项目，带动地方旅游业的发展；依托旅游景观发展旅游业，可增加就业机会，促进当地经济发展，提高居民的生活水平。同时，对旅游景观的开发保护还能促进当地文化的传承和传播，提高居民对本土文化的认同感和自豪感。

（三）提高旅游者的体验和满意度

保护良好的旅游景观能够给旅游者带来更好的观赏体验和感受，提高其满意度，旅游者在欣赏美景的同时，也会更加珍惜和爱护这些资源，形成良性循环。此外，保护与管理好旅游景观还能够树立景区的良好形象，提升景区品牌价值和知名度。

（四）保障生态平衡和环境质量

旅游景观的保护与管理需要注重生态平衡和环境保护，防止过度开发和无序利用对环境造成破坏，科学合理的保护措施能够维护生态系统的平衡，保护生物多样性，减少环境污染，提高环境质量。

（五）推动科研、教育和文化交流

旅游景观包含了丰富的自然科学、人文科学等知识，为科研、教育和文化交流提供了宝贵的资源。通过旅游景观的保护与管理，可以促进相关领域的研究与发展，提升人们对自然和文化的认识和理解。

二、旅游景观管理和保护的主要措施

优美的自然风光和独特的文化景观是旅游景观吸引旅游者的重要因素，也是提升旅游目的地竞争力的关键。通过对旅游景观进行有效管理，可以维护其良好的生态环境和景观质量，为旅游业提供持续、稳定的发展动力。主要的保护措施如下。

（一）制定科学的景观保护和管理规划

旅游景观在开发和利用之前，需要制订科学的管理规划，明确保护目标、管理措施和开发要求。规划应考虑到生态平衡、文化传承、旅游者容量等多方面因素，确保旅游景观的可持续发展。

（二）加强法治建设和宣传教育，增强公众的环保意识、提高公众的文明素养

制定严格的法律法规，明确旅游景观保护的责任和权益，对违法行为进行严厉打击，同时加大执法力度，确保相关法律法规的有效执行。通过各种渠道，广泛宣传旅游景观保护的重要性和意义，普及相关知识。加强对旅游者的教育和引导，增强其环保意识、提高公众的文明素养，引导旅游者文明旅游，爱护景观。鼓励旅游者参与生态旅游活动，减少对环境的破坏；加强环保教育，增强旅游者的环保意识、提高旅游者的文明素养。

（三）科技创新助力保护，建立旅游景观保护与管理的合作机制

加大对旅游景观保护与管理的科研投入，开展相关研究，探索有效的保护管理方法和技术。利用现代科技手段对旅游景观进行监测和管理，及时发现并解决潜在问题。利用大数据分析旅游者行为和偏好，为管理规划提供科学依据；鼓励科技创新，利用现代科技手段提高保护和管理工作的效率和准确性。鼓励当地社区、非政府组织、企业等各方力量参与旅游景观的保护工作，形成合力。同时加强国际合作与交流，借鉴国际上成功的保护经验和模式。通过合作与参与，实现旅游景观保护与管理的共同责任和利益共享。加强政府、企业、社会组织等各方的合作与交流，共同参与旅游景观的保护与管理工作。通过合作与协调，形成合力，共同应对挑战，实现旅游景观的可持续发展。

旅游景观保护与可持续发展之间存在着紧密的联系，旅游业的可持续发展需要在景观资源的保护和利用之间找到平衡。通过制定合理的政策、采用可持续的运营模式以及提升社区参与积极性等方式，可以更好地实现对旅游景观的保护，并为可持续旅游的发展作出贡献，同时满足旅游者的需求，维护目的地吸引力，促进地方经济的发展。

思考与练习

1. 请阐述你对旅游景观开发概念的理解，并举例说明旅游景观开发在推动地方经济发展中的作用。

2. 讨论旅游景观开发中可能存在的风险和挑战，以及如何通过合理的规划和管理来应对这些风险和挑战。

3. 分析一种具体的旅游景观开发理论（如可持续发展理论），并讨论该理论在旅游景观开发中的应用实例。

4. 请介绍一种你认为有效的旅游景观的评价方法，并说明该方法的操作步骤和优缺点。

5. 假设你是一位旅游规划师，针对某个地区的旅游景观资源，请制订一份旅游景观开发策略，包括目标定位、开发重点、营销策略等方面。

本章参考文献

[1] 姬茜茹.基于景观生态学的湿地公园的保护与景观规划研究[D].福州：福建农林大学，2018.

[2] 杰弗里·菲佛，杰勒尔德·萨拉尼克.组织的外部控制：对组织资源依赖的分析[M].北京：东方出版社，2006.

[3] 杨永峰.我国国家湿地公园建设与发展问题浅析[J].林业资源管理，2014（4）：39-45.

[4] 人民网.2024年春节假期全国国内旅游出游4.74亿人次 同比增长34.3%[EB/OL].[2024-02-18].https://http://www.people.com.cn.

[5] 王兆才，沈香萍.济南市"天下泉城"文化旅游开发的原则分析[J].农村经济与科技，2019，30（8）：57+59.

[6] TUDOR C. An approach to landscape character assessment [J]. Natural England, 2014.

[7] 郑权莉，宋文雯.景观评价中的统计分析方法探究[J].设计，2015（7）：48-51.

[8] 张国庆，齐童，刘传安，等.视觉景观评价方法的回顾与展望[J].首都师范大学学报（自然科学版），2017，38（3）：72-77.

[9] TENERELLI P, PÜFFEL, CATHARINA, etal. Spatial assessment of aesthetic services in a complex mountain region: combining visual landscape properties with crowdsourced geographic information [J]. Landscape Ecology, 2017, 32（5）: 1097–1115.

[10] WO E, KULCZYK S, DEREK M. From intrinsic to service potential: an approach to assess tourism landscape potential [J]. Landscape and Urban Planning. 2018（170）: 209–220.

[11] 宋立民.景观评价——从感性走向科学[J].设计，2016（1）：32.

[12] 聂婷，王建军，胡垚，等.基于网络数据挖掘的珠江景观评价研究[C]//中国城市规划学会，贵阳市人民政府.新常态：传承与变革——2015年中国城市规划年会论文集（04城市规划新技术应用）.广州市城市规划勘测设计研究院，2015：361-367.

[13] LIU K, WAI K, SIU M, et al. Landscape and urban planning where do networks really work? The effects of the Shenzhen greenway network on supporting physical activities [J]. Landscape and Urban Planning, 2016 (152): 49-58.

[14] 葛鸿雁.基于BP神经网络的湖南省红色旅游资源评价模型研究[D].湘潭：湘潭大学，2017.

[15] 李凤仪.基于网络文本挖掘的冰雪旅游形象感知研究[D].哈尔滨：东北农业大学，2019.

[16] 刘维维.大数据背景下的田园综合体景观规划研究——以官新田园综合体为例[D].海口：海南大学，2019.

[17] 吕梦竹.基于网络大数据分析的宏村旅游者景观认知研究[J].戏剧之家，2019（20）：193-195+213.

[18] 赵军勇.大数据视角下旅游慢行空间优化研究——以重庆市南山旅游度假区为例[D].重庆：重庆师范大学，2019.

[19] 杨洋，黄少伟，唐洪辉.景观评价研究进展[J].林业与环境科学，2018，34（1）：116-122.

[20] 程洁心.大数据背景下基于GIS的景观评价方法探究[J].设计，2016（1）：52-56.

[21] 王丽玲.基于GIS的区域旅游资源评价与分析——以山西省为例[D].武汉：湖北大学，2016.

[22] 郑权莉，宋文雯.景观评价中的统计分析方法探究[J].设计，2015（7）：48-51.

[23] 沈雯，李凯，王秀荣.层次分析法与美景度评价法在植物景观评价中的综合运用[J].北方园艺，2018（11）：110-117.

[24] 李鹏，王英杰，虞虎，等.基于GIS格网化分析支撑的旅游空间规划技术方法研究——以青岛市为例[J].自然资源学报，2018，33（5）：813-827.

[25] 孙明，杜小玉，杨炜茹.北京市公园绿地植物景观评价模型及其应用[J].北京林业大学学报，2010，32（S1）：163-167.

[26] 张隽.基于SD法的南通市区园林植物群落景观评价[J].浙江农业科学，2018，59（5）：829-832+836.

[27] 章俊华.规划设计学中的调查分析法16——SD法[J].中国园林，2004（10）：57-61.

[28] 李颖.基于旅游大数据的景观评价研究——以浙江省丽水市为例[D].杭州：浙江大学，2020.

[29] 李爱龙.全域旅游视角下旬邑县旅游开发研究[D].西安：西安科技大学，2017.